Das professionelle 1x1

Hans-Michael Klein

Benimm im Business

Knigge Crash-Kurs für den beruflichen Erfolg

2. Auflage

Cornelsen

Die Internet-Adressen und -Dateien, die in diesem Buch angegeben sind, wurden vor Drucklegung geprüft (Stand: Jan. 05). Der Verlag übernimmt keine Gewähr für die Aktualität und den Inhalt dieser Adressen und Dateien und solcher, die mit ihnen verlinkt sind.

Verlagsredaktion: Ralf Boden
Umschlaggestaltung: Magdalene Krumbeck, Wuppertal
Titelfoto: ©fotointer.net
Layout und technische Umsetzung: Text & Form, Karon/Düsseldorf

Cornelsen online http://www.cornelsen-berufskompetenz.de

2. Auflage Druck 4 3 2 1 Jahr 08 07 06 05

Druck: Druckhaus Berlin-Mitte

ISBN 3-589-23544-6

Bestellnummer 235446

Gedruckt auf säurefreiem Papier,
umweltschonend hergestellt aus chlorfrei gebleichten Faserstoffen.

Vorwort

„Nur geistige Kultivierung verfeinert."
Thomas Mann

„Wer im Verkehr mit Menschen die Manieren einhält, lebt von seinen Zinsen. Wer sich über sie hinwegsetzt, greift sein Kapital an."
Hugo von Hofmannsthal

Benimm ist wieder in – und dies besonders im Business. Die Flegeljahre der Etikette sind vorüber, es wird wieder verstärkt auf Ton und Takt geachtet.

Gestandene Ingenieure und Betriebswirte, ausgebuffte IT-Spezialisten, in ihrem Fachgebiet bestens ausgebildet, geraten ins Schwitzen angesichts der Entscheidung, wer zuerst ein Lokal betritt oder ob man vor oder nach einer Frau eine Treppe hochsteigt. Gutes Benehmen und (parkett-)sicheres Auftreten lernt man eben nicht an der Uni.

Während sich ältere Generationen auf diesem Terrain zumeist souverän bewegen, fehlt es den antiautoritär erzogenen Kindern der 60er-, 70er- und 80er-Jahre an der nötigen Sicherheit. Oft herrscht hier die Einstellung *„Erlaubt ist, was gefällt."* Das rächt sich jetzt. Besonders, wenn es um die Karriere geht. Heute heißt es wieder mit dem bekannten Goethe-Wort: *„Erlaubt ist, was sich ziemt"!*

Die jüngeren Generationen haben aber ihre Defizite erkannt. Die Zeitung Die Woche startete dazu eine Umfrage. Ergebnis: 90 Prozent der unter 29-Jährigen bestehen auf höflichen Umgangsformen. Die Codes, mit denen wir uns in unserer komplexen Gesellschaft verständigen können, werden offenbar wieder wichtig.

Aber auch die Kavaliere der alten Schule müssen manchmal umdenken – viele Benimmregeln und Verhaltensmuster haben sich gewandelt. Sie sind ein Spiegel der Zeit: Militärischer Drill und steifes Gehabe sind heute nicht mehr gefragt. Da sich Benimmregeln den gesellschaftlichen und sozialen Veränderungen anpassen, kann sich auch die etikettegestählte ältere Generation nicht unbedingt in Sicherheit wiegen. Das zeigen auch die ständig aktualisierten Benimmregeln des Arbeitskreises Umgangsformen International in Hannover.

„Die Stilsicherheit auf beruflichem Parkett und bei privaten Anlässen ist heute mehr denn je gefragt", meint denn auch die Hamburger Benimm-Expertin Alexa Hengstenberg.

Chefs verlangen neben fachlicher Qualifikation von ihren Mitarbeitern ein hohes Maß an selbstsicherem und stilvollem Auftreten. Schließlich sind sie so etwas wie die Visitenkarte eines Unternehmens. Und wer auf einer Gesellschaft oder einem Abendessen durch plumpe Konversation und ungehobelte Tischsitten auffällt, wird mit Sicherheit kein zweites Mal eingeladen. Zum gelungenen Auftritt gehören eine stilvolle Begrüßung, die richtige Anrede, gepflegter Smalltalk und der souveräne Umgang mit den Tischwerkzeugen.

Der geschäftliche Erfolg ist von der emotionalen Entscheidung in den ersten Augenblicken einer Begegnung geprägt. Im (Top-)Management macht – und das ist zweifelsfrei in vielen seriösen Untersuchungen belegt, die „Erscheinung" über 90 Prozent des persönlichen Erfolgs aus. Die Qualität der Inhalte nimmt nur einen verschwindend geringen Raum in der Bewertung durch Mitmenschen ein. Wie bei Zauberern und Trickkünstlern eine große Bewegung eine kleine überdeckt, so überdeckt auch im gesellschaftlichen Leben die Form den Inhalt. Nicht, *was* jemand denkt, tut und sagt ist entscheidend, sondern *wie* er es nach außen vermittelt.

Dachte man früher, es komme auf Fleiß, Intelligenz und Fachwissen an, so stellt sich heute zunehmend die bedeutende Rolle unserer Außenwirkung heraus. Wir alle senden Botschaften aus, deren Wahrnehmung zu neunzig Prozent von Gefühlen bestimmt ist. 55 Prozent entfallen auf Körpersprache, Kleidung, Statussymbole und Geruch, 38 Prozent auf den Klang der Stimme und nur 7 Prozent auf den Inhalt des Gesagten. Das Auftreten, der Habitus und eine natürliche Souveränität sind für die Karriere wichtiger als alle Zeugnisse – so das überraschende Ergebnis einer Studie der Universität Darmstadt.

Und: Kinder aus „gutem" Elternhaus haben es leichter. Von klein auf an die richtigen Umgangsformen gewöhnt, gelingt ihnen mit größerer Selbstverständlichkeit, was andere sich mühsam im Erwachsenenalter antrainieren.

Für den berühmten ersten Eindruck bleibt nicht viel Zeit: Wir beurteilen eine Person in drei bis fünf Sekunden. Und natürlich macht sich unser Gegenüber in dieser Zeit auch ein Bild von uns. Das ist ein Augenblick der Wahrheit, in dem der andere Mensch sein Bild von uns formt. Und wir wirken immer! Der erste Eindruck haftet wie Kaugummi an den Schuhsohlen. Daher müssen wir intensiv auf unsere persönlichen Wirkungsmittel achten: aufrechte Körperhaltung, offener Blickkontakt, Gestik, Mimik, Händedruck (fest, aber nicht brutal!), Distanzverhalten (Berührungen im Erstkontakt vermeiden), freundlicher Klang der Stimme, angemessene Kleidung. Und unsere Aufmachung muss stimmen: passende Statussymbole (auch Arbeitsunterlagen), Schmuck, Frisur, Gepflegtsein, Geruch. Da kommen auch die Tischsitten ins Spiel.

Wer seinem Gesprächspartner das Wort abschneidet, sich bei Tisch schlecht benimmt oder unpassend gekleidet ist, hat es auf dem Weg nach oben schwer. Höflichkeit, Rücksichtnahme und Persönlichkeit heißen die Zauberworte für gute Umgangsformen. Um im Berufsleben zu punkten, sollte man sich auf jedem Parkett sicher bewegen, mit unvorhersehbaren Situationen und allen Gesellschaftskreisen zurechtkommen. Erst wer die Etikette genau kennt, kann damit jonglieren, ohne ins Fettnäpfchen zu tappen – darin sind sich Benimm-Experten einig.

Man darf allerdings auch hier nicht übertreiben. Gutes Benehmen ist nicht alles. So wie Geld allein nicht glücklich macht – es gehören ja nach Kostolany auch noch Immobilien und Aktien dazu – muss auch die Etikette auf einem soliden Fundament stehen. Zum Stil gehören auch geistige Größe und Bildung (übrigens auch die des Herzens). *„Nur geistige Kultivierung verfeinert“*, meint dazu Thomas Mann.

Ideal ist es natürlich, wenn beides zusamentrifft: Geist und gesellschaftlicher Schliff. Wer in der Form erstarrt, wer nichts anderes kann, als sich gut zu benehmen, wirkt hohl und lächerlich. Gutes Benehmen muss man *auch* beherrschen, gewissermaßen als Krönung der Persönlichkeit.

Benimm ist kein Selbstzweck, sondern ein Mittel zum Erfolg. Und dazu, das Leben zu erleichtern. Wir brauchen gewisse Spielregeln, die den gesellschaftlichen Verkehr erleichtern und über manche Verlegenheit hinweghelfen. Zudem vermitteln gekonnte Umgangsformen Selbstvertrauen.

Dieses Buch will Ihnen eine Hilfestellung bieten, sich in diesem Sinne auf dem gesellschaftlichen und beruflichen Parkett souverän bewegen zu können.

Essen, im Herbst 2002 *Hans-Michael Klein*

Vorwort zur zweiten Auflage

Das Interesse an modernen Umgangsformen ist ungebrochen. Fast täglich erreichen mich Interviewanfragen aus den Medien, anlässlich zahlreicher TV-Auftritte konnte ich meinen Beitrag zum gutem Benehmen in Deutschland leisten. In meiner neu gegründeten KNIGGE-AKADEMIE.DE erleben wir eine steigende Nachfrage nach Benimm-Kursen (bei allen Fragen zum Thema Etikette: Knigge-Hotline Tel. 02 01 – 8 71 53 05).

Gerade in unsicheren und schwierigen Zeiten orientiert sich der Mensch gerne an Traditionen und Überlieferungen. Dieser Rückgriff auf bewährte Form und Regel gestattet uns, die komplexen Erscheinungen der modernen Welt zu ordnen, zu vereinfachen und besser zu verstehen.

Daher ist es nicht verwunderlich, dass schon bald die erste Auflage meines Knigge-Breviers vergriffen war. Die hier vorliegende zweite Auflage ist auf vielfachen Leserwunsch um das Kapitel „Die neue Stelle: Knigge für die ersten Tage“ erweitert worden.

Essen, im Frühjahr 2005 *Hans-Michael Klein*

Zum Autor

Dr. phil. Hans-Michael Klein studierte Philosophie, Psychologie und Kommunikation. Er ist Autor mehrer Fachbücher und arbeitet als Trainer und Berater für Unternehmen wie die DRESDNER BANK, SIGNAL-IDUNA, DAIMLER-CHRYSLER und viele andere.

Mit einem Team aus Psychologen, Sozialpädagogen und Rechtsanwälten berät er Unternehmen und Einzelpersonen zu Mobbing, Konflikten am Arbeitsplatz, Kündigung und allgemeinen Karrierefragen. Außerdem leitet er die KNIGGE-AKADEMIE.DE.

Inhaltsverzeichnis

1 **Einführung** ... 9

1.1 Wer legt eigentlich fest, was man darf und was nicht? ... 9
1.2 Wer war eigentlich dieser Knigge? ... 10

2 **Ton und Takt an Tisch und Tafel** ... **13**

2.1 Die Ankunft ... 13
2.2 Auftakt und Bestellung ... 16
2.3 Alkoholisches – Prozente oder nicht? ... 17
2.4 Gedeck und Besteck ... 18
Das Lexikon der Besteckfehler ... 20
2.5 Die „Weinprobe“ als Probe Ihrer Persönlichkeit ... 23
Das ABC der Esskultur ... 29

3 **Gesellschaftliche und berufliche Kommunikation** ... **32**

3.1 „No titles, no ranks“? ... 32
Damit der erste Kontakt nicht zur unheimlichen Begegnung wird ... 33
3.2 Duzen und Siezen ... 43
3.3 Who is Who?: Visitenkarten ... 45
3.4 Telefonieren – mehr als Schall und Rauch ... 47
3.4.1 Halten Sie den Telefonhörer richtig ... 47
3.4.2 Sie werden angerufen ... 48
3.4.3 Sie rufen an ... 55
3.4.4 Höfliches Telefonieren bedeutet „aktiv zuhören“ ... 59
3.4.5 Höflich am Handy ... 62
3.5 Schwarz auf Weiß: Briefkultur ... 63
3.5.1 Formulieren Sie authentisch ... 63
3.5.2 Stilfragen ... 64
3.5.3 Die innere Form: Anfang – Hauptteil – Schluss ... 70
3.5.4 Das äußere Erscheinungsbild ... 76
3.5.5 Wer darf eigentlich einen Brief öffnen? ... 80
3.6 E-Mails: Klasse statt Masse ... 81
3.7 Wenn es darauf ankommt: Benimm im Vorstellungsgespräch ... 83
3.7.1 Das Vorspiel ... 83
3.7.2 Die Dramaturgie des Vorstellungsgesprächs ... 86
3.7.3 Das Nachspiel ... 92
3.8 Mit einem Lächeln geht alles besser? ... 92
3.9 Gut gebrüllt Löwe: Rhetorik ... 94
3.9.1 Wortschatz ... 96
3.9.2 Sprechen ... 97
3.9.3 Die Aussprache ... 100
3.9.4 Sprachliche Schnitzer ... 101
3.10 „Denglisch“ ... 107

4 **Des Kaisers neue Kleider – Dress-Code** ... **110**

4.1 Gut betucht: Anzüge und Kostüme ... 110
4.2 Das Hemd des Herrn ... 111
4.3 Socken und Krawatten ... 114
Krawattenknoten ... 116
Lexikon der Textilfehler ... 117
Was trägt Frau wozu? ... 118
4.4 Alles in Farbe? ... 119
4.5 Schmuck ... 119
4.6 Schminken: Weniger ist mehr ... 121
4.7 Welches Outfit zu welchem Anlass ... 123

5 Mit Stil preiswert einkaufen 125

5.1 Feilschen erlaubt ... 125
5.2 Die Aufwärmphase ... 127
5.3 Das Preisspiel ... 131
5.4 Verhandeln mit Komplizen ... 133
5.5 „Rien ne va plus“ ... 134
5.6 Alles zu seiner Zeit ... 135

6 Servicewüste Deutschland? – Der Umgang mit Kunden ... 136

6.1 Umgang mit unhöflichen Kunden ... 137
6.2 Wenn es eng wird ... 138
6.3 „Dafür bin ich nicht zuständig“ 138
6.4 Kundengespräche ... 139
6.5 Preisverhandlungen – Hört beim Geld die Höflichkeit auf? ... 142

7 Etikette in Bewegung ... 143

7.1 Der stilvolle Empfang von Besuchern ... 143
7.2 Besuchskultur ... 144
7.3 Besuch kultureller Veranstaltungen ... 149
7.4 Wer sitzt wo im Wagen? ... 154
7.5 Es geht nach oben: Verhalten im Aufzug und auf Treppen ... 155
7.6 Toilette ... 157

8 Rauchen – Feuer frei? ... 158

9 Jenseits von Knigge: Wenn Stil und Etikette Urlaub haben ... 162

9.1 Für den Notfall ... 162
9.2 Die Anti-Typen ... 162
9.3 Transaktionsanalyse ... 165
9.4 Konfliktfreie Kommunikation ist höfliche Kommunikation ... 169
9.5 Konsequenzen aus der Transaktionsanalyse für den Umgang mit „Anti-Typen“ ... 170

10 Gesundheit: Wer gut aussieht, kommt gut an ... 176

11 Die neue Stelle: Knigge für die ersten Tage .. 180

11.1 Der Chef und der neue Mitarbeiter ... 181
11.2 Wenn Sie einen neuen Kollegen bekommen ... 185
11.3 Wenn Sie einen neuen Chef bekommen ... 187
11.4 Das Verhalten als neuer Stelleninhaber ... 188

Weiterführende Literatur ... 194
Stichwortverzeichnis ... 195

1 Einführung

1.1 Wer legt eigentlich fest, was man darf und was nicht?

Wie immer im (gesellschaftlichen) Leben gibt es auch für Stil und Etikette Regeln und Gesetze. Und genauso wie beim Grundgesetz (Recht), Duden (Sprache) oder den Regeln der Deutschen Standardaussprache werden diese Regeln schriftlich verfasst. Aber von wem? Und: Mit welchem Recht?

Alle verfassten Gesetze, egal ob juristisch oder kulturell-gesellschaftlich, sind eine Mischung aus Postulaten (aufgestellte Forderungen) und der Beobachtung gesellschaftlicher Verhaltensweisen.

Mit Postulaten sind hier theoretische Grundlegungen gemeint, wie sie etwa Philosophen, Wissenschaftler, Politiker und Vertreter der Religionen aufstellen.

Ein Beispiel dafür sind die zehn Gebote („Du sollst nicht töten"), die ethischen Forderungen der altgriechischen Philosophen („Unrecht leiden ist besser als Unrecht tun", Sokrates) oder auch die Ideen des Kommunismus.

Diese Regeln werden von Denkern formuliert und der Öffentlichkeit gewissermaßen zur Abstimmung vorgelegt.

Natürlich sind solche Regeln von ihren Protagonisten nicht einfach aus der Luft gegriffen, sondern liegen sozusagen in derselben. Die Zeit muss „reif" sein für eine bestimmte Idee.

Ideen und Regeln liegen gewissermaßen in der Luft und werden dann formuliert und allgemein gesellschaftlich als (ungeschriebenes) Gesetz akzeptiert

Der Ideengeber muss also ein sehr feines Empfinden für gesellschaftliche Tendenzen haben, sonst scheitert er und sein Postulat wird nicht angenommen.

Die Vorschläge erfolgreicher „Trendsetter" sind daher auch immer Ergebnis sensibler Beobachtungen vorgefundener Entwicklungen. Findet sich dann eine größere Anhängerschaft für eine bestimmte Idee, so kann diese zum Gesetz erhoben werden und gilt fortan für alle Mitglieder einer Gesellschaft.

Solche (ungeschriebenen) Gesetze sind jedoch nicht statisch oder unveränderbar. Wenn sich zum Beispiel herausstellt, dass „Du sollst nicht ehebrechen" zwar gut gemeint war, in der aktuellen Praxis jedoch – wenn man Berichten des STERN glauben darf – nur von etwa 1 Prozent der Bevölkerung beachtet wird, dann ist eine Überprüfung fällig.

Das Gleiche gilt für Strafgesetze, denken wir an die Abschaffung des § 175 (Strafwürdigkeit von Homosexualität).

Auch die Rechtschreibungsregeln sind nicht in Stein gemeißelt, der Duden ändert seine „Gesetze" fortwährend analog zu gesellschaftlichen Entwicklungen.

Nicht anders verhält es sich mit unseren Umgangsformen. Wenn sich z. B. die Rolle der Geschlechter verändert, ändern sich auch die Benimm-Regeln. So ist es heute durchaus üblich, dass eine Frau in der Öffentlichkeit raucht, Alkohol zu sich nimmt oder im Restaurant die Rechnung bezahlt.

„Arbeitskreis für moderne Umgangsformen" in Hannover

Selbsternannte „Sittenwächter" beobachten also das Benehmen (in der Regel elitärer) gesellschaftlicher Kreise und formulieren daraus ihre „Benimmregeln". Heute ist dafür ein Gremium zuständig: der ARBEITSKREIS FÜR MODERNE UMGANGSFORMEN in Hannover.

Der Ahnherr dieser Bewegung ist der allseits bekannte „Freiherr von Knigge", der im 18. Jahrhundert als einer der Ersten Benimmregeln aufstellte.

1.2 Wer war eigentlich dieser Knigge?

Adolph Friedrich Ludwig Freiherr von Knigge wurde am 16. Oktober 1752 in Bredenbeck bei Hannover geboren. Nach seiner Erziehung durch Hofmeister studierte Knigge 1769–72 Jura in Göttingen. 1772 erhielt er eine Anstellung als Hofjunker und Assessor der Kriegs- und Domänenkasse in Kassel. 1777 wurde er weimarischer Kammerherr.

Durch seine Tätigkeit für den Illuminatenorden (1780–84) und sein Eintreten für die Verwirklichung der Menschenrechte geriet Knigge, der in unsicheren wirtschaftlichen Verhältnissen lebte, bei seinen aristokratischen Gönnern ins Zwielicht. Dies führte schließlich zum Verlust seines Vermögens und nötigte ihn zur Anpassung an bürgerliche Lebensformen.

Erst 1790 erhielt er, inzwischen schwer erkrankt, mit der Stelle als Oberhauptmann und Scholarch von Bremen die Möglichkeit zu einem von finanziellen Sorgen freien Leben. Er übersetzte Schriften von Rousseau und verfasste neben mehreren Romanen, Essays und Satiren auch Schriften zu Geschichte, Politik und Gesellschaft und das bekannte Buch „Über den Umgang mit Menschen". Er starb am 06. Mai 1796 in Bremen.

Knigge war nicht nur ein Meister der geschliffenen Umgangsformen, sondern auch einer der ersten, die sich mit dem persönlichen „Impressionsmanagement" beschäftigten.

Hier ein Auszug:
„Verliere nicht die Zuversicht! Vor allen Dingen wache über Dich, dass Du nie die innere Zuversicht zu Dir selber, das Vertrauen auf Gott, auf gute Menschen und auf das Schicksal verlierst! Sobald Dein Nebenmann auf Deiner Stirne Missmut und Verzweiflung liest – so ist alles aus. Sehr oft aber ist man im Unglücke ungerecht gegen die Menschen. Jede kleine böse Laune, jede kleine Miene von Kälte deutet man auf sich; man meint, jeder sehe es uns an, dass wir leiden, und weiche vor der Bitte zurück, die wir ihm tun könnten."

In seinem Buch „Über den Umgang mit Menschen" formuliert Knigge Gesetze gesellschaftlichen Verhaltens. Diese Gebote hat er unter „Allgemeine Bemerkungen und Vorschriften über den Umgang mit Menschen" zusammengefasst. Sie ähneln stark den Vorstellungen der Vertreter moderner Managementtechniken und zeigen, dass deren Ideen so neu gar nicht sind.

Schon Knigge formulierte Regeln zum persönlichen „Impressionsmanagement", die den modernen Managementregeln gar nicht so unähnlich sind

Die wichtigsten „Knigge-Regeln" sind auf der folgenden Seite aufgeführt (die Zahlen bezeichnen die Kapitelnummern).

Die „allgemeinen Bemerkungen und Vorschriften über den Umgang mit Menschen" des Adolph Friedrich Ludwig Freiherrn von Knigge (auszugsweise)

1) *Jeder Mensch muss sich in der Welt selbst gelten machen.*
2) *Strebe nach Vollkommenheit; aber nicht nach dem Scheine der Vollkommenheit!*
3) *Sei nicht zu sehr ein Sklave der Meinung andrer!*
4) *Enthülle nicht die Schwächen deiner Nebenmenschen!*
5) *Eigne dir nicht das Verdienst andrer zu!*
6) *Verbirg deinen Kummer!*
7) *Rühme nicht zu laut Dein Glück!*
9) *Suche Gegenwart des Geistes zu haben!*
10) *Nimm, so wenig als möglich, von andern Wohltaten an!*
11) *Halte streng Wort und sei wahrhaft!*
12) *Sei pünktlich, ordentlich, fleißig!*
13) *Interessiere dich für andre, wenn du willst, dass andre sich für Dich interessieren sollen!*
14) *Sei nicht zu offenherzig!*
16) *Sage jedem etwas Lehrreiches oder Angenehmes!*
19) *Trage keine Nachrichten aus einem Hause in das andre!*
20) *Sei vorsichtig in Tadel und Widerspruch!*
21) *Rede nicht zu viel und nicht langweilig!*
22) *Noch von Dingen, die nur Dich interessieren!*
24) *Widersprich dir nicht im Reden!*
25) *Wiederhole dich nicht!*
26) *Vermeide Zweideutigkeiten;*
29) *Lerne Widerspruch ertragen!*
30) *Wo man sich zur Freude versammelt, da rede nicht von Geschäften!*
32) *Sei vorsichtig in Gesprächen über andrer Gebrechen!*
34) *Suche niemand lächerlich zu machen!*
35) *Schrecke, zerre, beunruhige und necke niemand!*
36) *Bringe bei niemand unangenehme Dinge in Erinnerung!*
37) *Nimm nicht teil an fremdem Spotte!*
39) *Lass jeden seine Handlungen selbst verantworten, wenn du nicht sein Vormund bist!*
47) *Man hüte sich vor zu großen Forderungen!*
49) *Sei, was du bist, immer und ganz!*
50) *Gib andern Gelegenheit zu glänzen!*
51) *Man kann in jeder Gesellschaft etwas lernen.*
55) *Verflechte niemand in deine Privat-Zwistigkeiten!*
56) *Wenn du etwas in der Welt erlangen willst, so musst du darum bitten.*
61) *Vor allen Dingen handle immer konsequent!*
62) *Habe immer ein gutes Gewissen!*

2 Ton und Takt an Tisch und Tafel

Von allen Bereichen stilvoller Umgangsformen im Business ist wohl das Kapitel „Tischsitten“ das mit der höchsten Außenwirkung.

Bei Geschäfts- oder Bewerbungsessen entscheidet sich, ob die gewünschte Zusammenarbeit Zukunft hat.

2.1 Die Ankunft

Wer geht voran?

Sofern sich zwischen Gastraum und Eingangstür ein Zwischenkorridor befindet, öffnet der Gastgeber die Tür und lässt den Eingeladenen eintreten. Dieser bleibt im Zwischenkorridor stehen, der Gastgeber geht an ihm vorbei und betritt als Erster das Restaurant.

Der Gastgeber betritt das Restaurant als Erster

Diese Sitte stammt noch aus der Zeit, als es in mittelalterlichen Spelunken nicht immer ganz ungefährlich war, ein unbekanntes Lokal zu betreten. Da konnten einem schon mal die Weingläser und Hühnerknochen entgegenfliegen oder man wurde gleich in unerwünschte Händel verwickelt. Dort hatte der Gastgeber oder der Herr in Damenbegleitung dann die Pflicht, seinen „Schützling“ vor der gefährlichen Situation zu schützen.

In heutiger Zeit ist zwar kein körperlicher Angriff mehr zu fürchten, es gibt aber auch eine psychologische Schutzfunktion des Gastgebers. Es ist einfach unangenehm, in eine unbekannte Situation in einen fremden Raum zu treten. Diese unangenehme Anfangssituation nimmt der Gastgeber seinem Gast ab und sondiert, bevor dieser das Lokal betritt, das Terrain.

psychologische Schutzfunktion des Gastgebers

Garderobe

Der Gastgeber kann durchaus auch einem männlichen Gast aus dem Mantel helfen, dies gilt allerdings nicht für eine Gruppe. Es ist völlig unpraktisch, wenn ein Gastgeber fünf Gästen aus dem Mantel hilft, daher beschränkt sich dies auf einen Gast.

Sollte der Gast eine Dame sein, ist die „Ausziehhilfe“ eine Pflicht. Selbst dann, wenn ein eifriger Kellner herbeieilt und dem Gastgeber diese Pflicht abnehmen möchte. Dazu gilt in abgewandelter Form immer noch der aus Feudalzeiten stammende Spruch: „Domestiken fassen die Damen nicht an“. Klingt

Der Gastgeber hilft der Dame aus dem Mantel

schrecklich, ist aber auch heute noch Grundsatz für eine vorbildliche Gastgeberrolle. Schließlich ist der Gastgeber für das Wohl seiner Gäste zuständig, nicht das Personal.

Die Tischwahl

in besseren Restaurants niemals den Tisch selber aussuchen

Der Gastgeber sucht den Tisch aus bzw. wartet, bis ihm ein (reservierter) Tisch zugewiesen wird. Für bessere Restaurants gilt grundsätzlich: Niemals selbst einen Tisch aussuchen! Der Kellner wird herbeikommen und die Eintretenden empfangen und ihnen einen Tisch empfehlen.

Man kann durchaus dabei eigene Wünsche äußern und ein oder zwei, eventuell sogar drei Tische ablehnen. Was auf den ersten Blick als unhöflich erscheint, erzielt doch beim Kellner eine gewisse Bewunderung, da ein solch wählerisches Verhalten in der Regel VIPs vorbehalten ist. In dem Buch „Manipulieren, aber richtig“ von Joseph Kirschner wird ein solches wählerisches Verhalten sogar empfohlen, um vom Personal in Zukunft bevorzugt behandelt zu werden. Nicht alles, was unhöflich ist, wirkt auch unhöflich. Es kann auch sehr souverän und selbstbewusst wirken.

Die Garderobe wird der Dame vor dem Tisch stehend abgenommen

Wer sich in vollendeten Umfangsformen üben möchte, der wird als männlicher Gastgeber seinem weiblichen Gast den Stuhl heranrücken und auch ansonsten, wo es möglich ist, behilflich sein. Die Garderobe wird der Dame vor dem Tisch stehend abgenommen, woraufhin der Gastgeber, den Mantel über dem Arm tragend, die Dame oder auch seinen männlichen Gast bittet, Platz zu nehmen. Dem männlichen Gast wurde allerdings (wenn man diese etwas überkommene Höflichkeitsform überhaupt beachten möchte) der Mantel schon kurz nach dem Eingang abgenommen und auf die Garderobe gehängt.

Lady's special

Doch kehren wir zu dem weiblichen Gast zurück. Nachdem der Gastgeber den Mantel im Empfang genommen hat, geht er, noch mit dem eigenen Mantel bekleidet, zurück zur Garderobe und hängt seinen Mantel und den seines Gastes nach Möglichkeit auf Kleiderbügel an die Garderobe. Daraufhin begibt er sich zum Tisch zurück und nimmt Platz. Sollte sein (weiblicher) Gast den Wunsch verspüren, sich „die Nase zu pudern“ und dazu die Toilette aufsuchen, erhebt sich der männliche Gastgeber. Dies gilt auch, wenn der weibliche Gast zurückkehrt. Grundsätzlich setzt sich der Gast immer zuerst und der Gastgeber wartet, bis er an der Reihe ist. Dies gilt sogar bei größeren Gruppen, die von einem Gastgeber eingeladen wurden.

Grundsätzlich setzt sich der Gast immer zuerst und der Gastgeber wartet, bis er an der Reihe ist

Apropos „schminken“: Alle Retuschierarbeiten wie Pudern, Lidschatten nachziehen, Kämmen und auch die Benutzung des Lippenstiftes sind bei Tisch streng verboten! Das erledigt man bzw. frau selbstverständllich ausschließlich in den Toilettenräumen.

Begrüßen von Bekannten

Wenn Sie im Restaurant Vorgesetzte, Mitarbeiter oder Kollegen sehen, die gerade essen, wird nur von weitem mit einem Kopfnicken gegrüßt. Die persönliche Begrüßung kann später nachgeholt werden. Kündigen Sie im Vorübergehen dieses Vorhaben an: *„Guten Tag. Ich möchte Sie nicht beim Essen stören. Deshalb komme ich später zur richtigen Begrüßung zurück.“*

Vermeiden Sie es, längere Gespräche entstehen zu lassen. Verlassen Sie mit einer kurzen Entschuldigung den Tisch, damit die anderen weiteressen können.

Im Restaurant und bei der Begrüßung: Die schlimmsten Fettnäpfchen ... **PRAXIS**

- beim Grüßen vorschnell die Hand ausstrecken, Hierarchien nicht beachten,
- die Hände beim Begrüßen in den Hosentaschen lassen,
- bei der Selbstvorstellung akademische Titel oder Adelsprädikate aufzählen,
- Doppelnamen bei der Vorstellung einfach abkürzen,
- in einem guten Lokal selbst einen Tisch suchen,
- mit Jacken und Mänteln die Stühle blockieren,
- beim Essen zwischen den verschiedenen Gängen rauchen,
- das Weinglas am „Bauch“ anfassen statt am Stiel,
- das Brot vom Brotteller wie eine „Stulle“ ganz beschmieren und „abbeißen“,
- mit dem Besteck gestikulieren und die Ellenbogen aufstützen,
- Reste aus dem Sorbetglas austrinken,
- die Zigarette auf dem Unterteller ausdrücken,
- beim Verlassen des Lokals die Kerze am Tisch selbst auspusten.

2.2 Auftakt und Bestellung

Aperitif oder nicht?

Der Gastgeber wird nun die Speisekarten bestellen. Sofern der Kellner dabei einen Aperitif vorschlägt und der Gastgeber einen solchen bestellt, kann auch der Eingeladene entsprechende Wünsche äußern. Er sollte darauf jedoch verzichten, wenn der Gastgeber die Frage nach einem Aperitif verneint.

In der Regel erhält nun jeder die gleiche Speisekarte mit Preisangaben. In erstklassigen Restaurants ist die so genannte „Damenkarte" noch nicht gänzlich ausgestorben. Dabei handelt es sich um eine Speisekarte, die zwar das gesamte Getränke- und Speisenangebot aufweist, nicht aber die dazugehörigen Preise.

Die Wahl des Gastgebers sollte immer auch eine Preisorientierung für den Gast sein

Grundsätzlich gilt, dass die Wahl des Gastgebers auch eine Preisorientierung für den Gast sein sollte. Er darf also weder deutlich darüber noch aus vielleicht falscher Bescheidenheit deutlich darunter liegen. Sofern aus irgendwelchen Gründen nicht unmittelbar zu ermitteln ist, in welcher Preisklasse sich der Gastgeber bewegt, sollte man mutig ein Gericht aus einer mittleren Preislage wählen. Dies gilt auch für die erwähnte „Damenkarte", wenn der Gastgeber ein Wiener Schnitzel bestellt, sollte man nicht unbedingt Hummer in Auftrag geben.

„Preisfragen"

Um Unsicherheiten bezüglich der zulässigen Preisobergrenze zu vermeiden, sollte der Gastgeber kleine Hilfssignale aussenden wie: *„Essen Sie gerne Fisch?"* Wer sein Monatsbudget bereits überschritten hat, kann auch mit einem dezenten Hinweis *„Die Currywurst soll hier übrigens vorzüglich sein."* den Preisrahmen abstecken. Der Gast weiß nun, in welchem Preisgefüge er sich bewegen kann.

Wer übrigens in ein Restaurant eingeladen wird, in dem eine preiswerte Mittagskarte angeboten wird und der Gastgeber sich daraus ein Menü wählt, gilt als grob unhöflich, wenn er „à la carte" bestellt.

Die Karte

Der Gastgeber bekommt die Karten

Der versierte Kellner wird übrigens die Karten an den Gastgeber aushändigen, nicht an die Gäste. Die Weitergabe an die Gäste ist ausschließlich dem Gastgeber vorbehalten.

Die Karte benötigen Sie auch, wenn Sie sich nach den Preisen erkundigen wollen. Es wäre äußerst ungalant, den Kellner danach zu fragen. Nachdem Sie gewählt haben, geben Sie Ihre Speisekarte (und natürlich auch die Getränkekarte) an den Gastgeber zurück, nicht an den Ober! Der Gastgeber nimmt auch die Bestellungen und Wünsche seiner Gäste entgegen, der Gast bestellt nicht direkt beim Kellner.

Der Gast bestellt nicht direkt beim Kellner

Die Getränkekarte wird in der Regel erst dann ausgehändigt, nachdem die Speisen gewählt worden sind. Auf diese Weise ist sichergestellt, dass Getränke und Speisen miteinander harmonieren (siehe dazu auch Kap. 2.5).

„Herr Ober"

Der Kellner wird grundsätzlich nur vom Gastgeber herbeigerufen oder durch entsprechendes (dezentes!) Handzeichen herbeigewinkt. Dies gilt übrigens auch für eventuelle Reklamationen, die ausschließlich vom Gastgeber vorgetragen werden oder auch für den Fall, dass das Nachschenken von Getränken gewünscht wird. Sollte das Nachschenken des Weines aus welchen Gründen auch immer vom Ober nicht oder nicht rechtzeitig erfolgen, darf der Eingeladene auf keinen Fall selbst Hand anlegen. Er muss warten, bis der Gastgeber sein leeres Glas bemerkt und dem Gast nachschenkt.

In einem guten Restaurant heißt der Kellner übrigens nicht „Ober" (obwohl Sie ihn natürlich so nennen sollen), sondern „Chef de Rang", was nichts anderes bedeutet als „der für Sie zuständige Kellner". Bevor die Speisekarten verteilt werden, fragen Sie diesen, was er empfehlen könne. Er wird Ihnen daraufhin einige Menüvorschläge unterbreiten. Sie sollten sich dabei bevorzugt an den Empfehlungen des „Chef de Rang" orientieren. Sollten Ihnen dennoch die Empfehlungen nicht zusagen, bitten Sie um die Karte.

Fragen sie zunächst nach den Empfehlungen des Kellners

2.3 Alkoholisches – Prozente oder nicht?

Die „Weinprobe" wird durch den Gastgeber vorgenommen, auch wenn es sich um eine Gastgeberin handelt.

An dieser Stelle taucht die etwas knifflige Frage auf, ob man Alkohol auch ablehnen dürfe. Natürlich gibt es kein Gesetz, das Sie zum Alkoholtrinken gerade auch in der Mittagszeit verpflichten würde. Wenn jedoch Ihr Gastgeber dem Alkohol zuspricht und Sie ihn etwa anlässlich eines „Testessens“ im Rahmen eines Bewerbungsgespräches positiv beeindrucken wollen, so sind Sie schlecht beraten, wenn Sie sich als – vielleicht sogar noch moralisierender – Antialkoholiker geben.

Es ist kein willkommenes Zeichen von Ehrlichkeit, wenn Sie an dieser Stelle den Moralapostel oder Übervorsichtigen geben. Wer hier äußert: *„Ich trinke nun einmal keinen Wein (Alkohol), dazu kann ich doch wohl stehen und überhaupt währt Ehrlichkeit am längsten“*, der zeigt damit nichts anderes, als dass er die Bedeutung von Stil und Etikette, von Ton und Takt nicht verstanden hat. Es geht dabei nicht um den wie auch immer zu definierenden Begriff von „Ehrlichkeit“, sondern um kultivierte Verhaltensformen, die den gesellschaftlichen Umgang angenehm, entspannt und harmonisch machen sollen.

Wenn Sie den angebotenen Alkohol ablehnen, könnte der Gastgeber argwöhnen, dass Sie entweder ein „trockener“ Suchtmensch sind oder aber ungesellig. Um es noch einmal zu betonen: Selbstverständlich haben Sie das Recht, Alkohol abzulehnen, Ihr Gegenüber hat aber auch das Recht, sich seinen ihm genehmen Kandidaten auszuwählen. Und da zeigen eben alle Erfahrungen, dass Alkohol genießende Zeitgenossen nur eine sehr schwach entwickelte Toleranz für Alkoholabstinenzler haben.

Sie müssen Ihr Glas ja nicht bis zur Neige leeren

Wer also wirklich keinen Alkohol verträgt, der sollte diesen trotzdem nicht ablehnen, er muss ihn ja nicht trinken, ein höfliches kurzes Nippen genügt. In der Regel fällt es im Eifer des Gefechtes nicht auf, wenn Sie Ihr Glas nicht bis zur Neige leeren. Sie können aber auch, wenn Sie merken, dass dies toleriert wird und opportun ist, einfach eine Cola bestellen.

2.4 Gedeck und Besteck

Tiefe Unsicherheit befällt viele Menschen, wenn sie an einem festlich gedeckten Tisch Platz nehmen und sich dort mit einer Fülle von Tellern, Gläsern und glänzenden Gerätschaften konfrontiert sehen, deren Anwendungszweck sie zwar erahnen aber nicht sicher wissen. Der verstohlene Blick auf die Hände des Nachbarn bringt hier nicht immer Entspannung: Die Hände des Tischnachbarn hängen unschlüssig in der Luft und er sieht seinerseits auf die Hände dessen, der von ihm Orientierung erhofft hat. Dabei verrät dem Kenner schon der erste Blick auf die Tafel, welche kulinarischen Genüsse er erwarten darf.

Man unterscheidet kleines, erweitertes und Festtagsgedeck

Man unterscheidet hier das kleine, das erweiterte und das große Festtagsgedeck. Während das kleine Gedeck aus Teller, Gabel (links), Messer und Suppenlöffel (rechts), einem Dessertlöffel (oben quer) und einem Glas (rechts oben) besteht, weist das erweiterte Gedeck zusätzlich noch ein Vorspeisenbesteck (kleine Gabel links, kleines Messer rechts), einen Brotteller mit senkrecht rechts darüber liegenden kleinem Buttermesser sowie ein weiteres Glas (z. B. Sekt) auf. Die Schneiden der Messer zeigen immer nach links. Gibt es mehrere Gänge, kann der Hauptteller zum Platzteller werden und dient dann z. B. als Unterteller für die Suppe.

Das große Festtagsgedeck kann folgendermaßen aussehen:

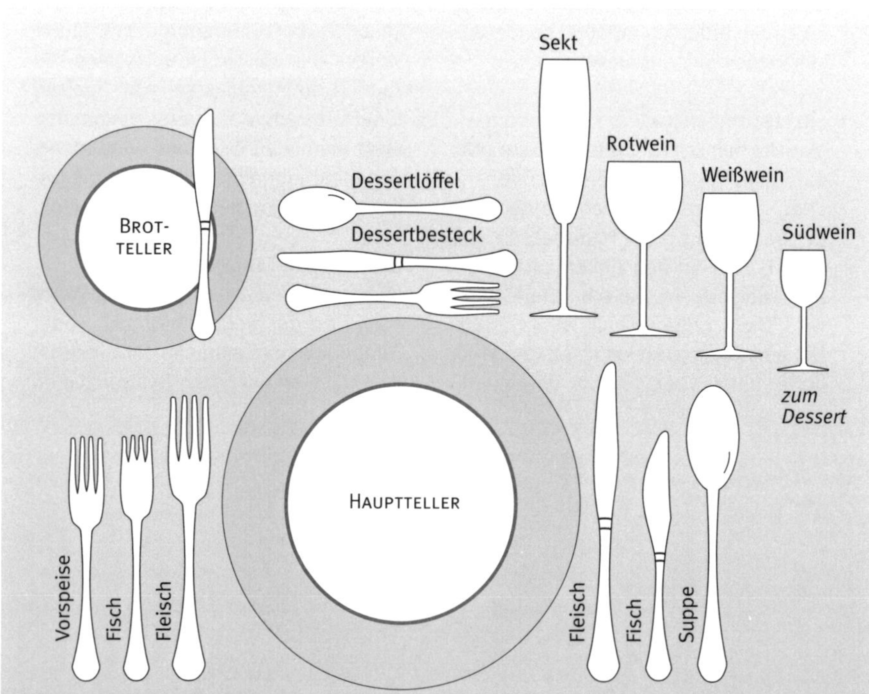

Das große Festtagsgedeck

Das Lexikon der Besteckfehler

- **Ablege-Fehler**
Dies ist ein „Renner“ in der Fehler-Hitliste: Besteckteile werden nach dem Essen in Schalen, Tassen oder Gläsern abgelegt. Diese Praxis bleibt nur den (Not-)Situationen vorbehalten: Wenn in der Gastronomie unvollständig serviert wird. Zum Beispiel in einer Eisdiele, wenn der Eisbecher ohne Unterteller gebracht wird. Eine solche Servierart ist in der gehobenen Gastronomie nicht üblich. Deshalb gilt dort: Wird eine Speise oder ein Getränk auf einem Unterteller (einer Untertasse) serviert, legen Sie bitte das entsprechende Besteckteil immer auf diesem ab.

- **„Bleistift-Fehler“**
Manche Menschen greifen Messer und Gabel, als hätten sie Bleistifte oder andere Schreibgeräte in den Händen. Bei der Gabel führt diese Handhabung dazu, dass sie mit den Zinken nach oben zum Beispiel in Fleisch eingesteckt wird. Die richtige Technik ist in diesem Fall allerdings umgekehrt: Mit der Wölbung nach oben. Wenn überhaupt, wird die Gabel nach dem Abschneiden eines Bissens umgedreht. Das ist die ganz feine, alte Art. Sie ist heute aber kein Muss mehr. Wird die Gabel zum Transport von Beilagen gebraucht, lautet die Empfehlung: Benutzen Sie sie so, dass die Wölbung nach unten zeigt.

- **Geräusch-Fehler**
Hier wird das Messer zum Geräusch-Produzenten. Sie kratzen damit so intensiv auf dem Teller herum, dass andere Anwesende den dringenden Wunsch verspüren, der Gastronom möge bitte die Hintergrundmusik lauter stellen. Das Messer ist auf keinen Fall zum Zusammenkratzen von Speisen (Speiseresten) da, streng genommen nicht einmal als Schieber, sondern als Gegenhalt, um eine Speise auf die Gabel zu nehmen. Dies geschieht lautlos.

- **Gestikulier-Fehler**
Manchmal werden nachdrückliche Worte – „*... und das sage ich dir ...*“ – oder Temperamentsausbrüche mit höchst gefährlich anmutenden Besteckgesten

Tafel- / Vorspeisen- / Fisch- / Dessert- / Obstbesteck   Kaffee- / Mokkalöffel

begleitet. Ist ausladende Gestik bei Tisch an sich schon verpönt, wird sie mit einem Besteckteil in der Hand ganz unmöglich oder gar zur Drohgebärde, wenn die Messerspitze beispielsweise auf jemanden am Tisch zeigt. Vermeiden Sie deshalb den Gestikulier-Fehler beim Essen.

- **GRIFF-FEHLER**
  Die Zeigefinger liegen so tief auf den Besteckteilen, dass sich der eine am Beginn der Gabelwölbung, der andere am Anfang der Messerklinge befindet. Dies sieht so aus, als brauchten Sie enorm viel Kraft, um beispielsweise Fleisch zu schneiden. Besser ist es, die Besteckteile weiter oben an den Griffen anzufassen.

- **PUTZ-FEHLER**
  Vermutlich haben Sie auch schon diesen „Putzfimmel" beobachtet: Jemand zieht die Messerklinge vom Ansatz bis zur Spitze beispielsweise am Rand eines abgeschnittenen Fleischstückes entlang, ehe er dieses zum Mund führt. Oder diese Putzaktion findet an der Gabel statt und dann auch noch an beiden Seiten. Das ist zuviel des Guten, streifen Sie Ihr Messer also nirgendwo ab.

- **SCHLECK-FEHLER**
  Eine weitere Möglichkeit für einen Messer-Fauxpas. Es sollte weder mit irgendeinem Happen zum Mund geführt, noch in der Öffentlichkeit genüsslich abgeschleckt werden.

- **TELLERRAND-FEHLER**
  Der wohl am häufigsten zu beobachtende Fehler: Bei einer Unterbrechung des Essens werden Messer und Gabel rechts und links mit den Griffen auf dem Tisch schräg an den Tellerrand gelehnt. Das ist wenig elegant und außerdem unpraktisch: Schmiergefahr! Eine unveränderte traditionelle Tischsitten-Regel besagt: Einmal in Gebrauch genommene Besteckteile sollen nicht wieder mit dem Tisch(-tuch) in Berührung kommen. Deshalb werden während einer Essenspause das Messer mit der Spitze und die Gabel mit den Zinken zur Tellermitte zeigend abgelegt. Falls genügend Platz vorhanden ist, leicht überkreuzt. ❑

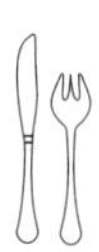

Butterstreicher und Austerngabel

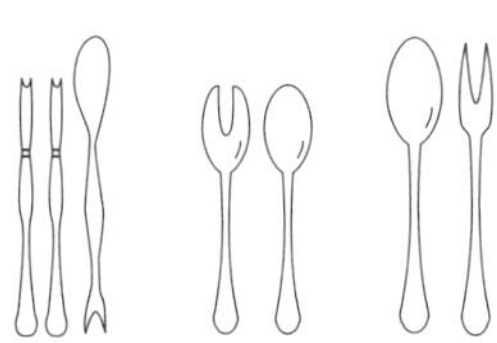

Hummer- / Salat- / Bratenbesteck

Kartoffellöffel

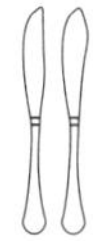

Butter- und Käsebesteck

Messer und Gabel als Signalgeber

Ich bin noch nicht fertig

Kennen Sie schon die „Geheimsprache“ von Messer und Gabel? Wenn Sie dem Kellner zu verstehen zu geben wünschen, dass Sie zwischen den Gängen oder während des Essens eine Pause einlegen möchten, so legen Sie die Gabel mit nach unten zeigenden Zinken auf dem linken Tellerrand ab und das Messer auf dem rechten. Die Griffe ruhen dabei auf dem Tischtuch.

Ich möchte noch etwas

Wenn Sie von einem Gang noch einen „Nachschlag“ wünschen, so signalisieren Sie dies durch ein auf dem Teller über Kreuz abgelegtes Besteck. Haben Sie Ihre Mahlzeit beendet und wünschen, dass der Teller abgeräumt wird, so zeigen Sie dies, indem Sie Messer und Gabel nebeneiner auf der rechten Seite des Tellers ablegen. Die Griffe ruhen dabei auf dem Tellerrand.

Ich bin fertig

Wenn die Serviette ein Schwan ist

Wie sollen Sie sich verhalten, wenn sie auf ihrem Teller eine hübsch gefaltete Stoffserviette oder gar einen aus Papier kunstvoll dekorierten Schwan finden. Herrje, wohin mit dem Ding? In den Ausschnitt stopfen? Neben den Teller legen? Falsch. Die Serviette wird – und das ist bei erstaunlich vielen Leuten immer noch unbekannt – auf den Schoß gelegt! Obwohl es doch vielleicht praktischer wäre, gerade beim Spaghetti-Essen, die kostbare Armani-Krawatte vor den Soßenspritzern durch eine umgehängte Serviette zu schützen.

Der Mund wird abgetupft nicht abgewischt

Die Serviette liegt also auf dem Schoß. Sie verlässt diesen ausschließlich, um sich den Mund abzutupfen. Der Mund darf auf keinen Fall abgewischt werden! Dieser Vorgang ist jedes Mal zu wiederholen, wenn Sie spüren, dass es nötig ist.

Darüber hinaus ist sie jedes Mal dann zu benutzen, bevor Sie das Glas zum Munde führen. Ansonsten gäbe es nämlich hässliche Fettflecken auf den Glasrändern.

Nach beendetem Mahl wird die Stoffserviette neben dem Teller abgelegt. Sie kann dazu gefaltet werden, muss es aber nicht. Seien Sie hier insbesondere nicht zu ordnungsbewusst und akkurat.

Hinterlassen Sie aber auch kein Schlachtfeld. Keinesfalls darf die Stoffserviette auf dem beschmutzten Teller abgelegt werden. Eine Ausnahme bildet hier die Papierserviette, sie kann sowohl neben dem Teller als auch auf dem Teller abgelegt werden, aber bitte niemals zusammenknüllen und eventuell noch mit Zigarettenkippen auf dem beschmutzten Teller zurücklassen.

Stoffservietten niemals auf den schmutzigen Teller legen

Gefährliche Gerichte

Gibt es eigentlich Gerichte, die Sie aus taktischen Gründen meiden sollten? Oder gibt es andererseits Speisen, die aus verzehrtechnischen Gründen weniger Probleme erwarten lassen?

Zum Beispiel sollte man sich nicht zu der Aufregung, die ein Bewerbungsessen naturgemäß mit sich bringt, auch noch durch komplizierte Speisen zusätzlich belasten. Hummer, Krebse und andere widerspenstige Kreaturen sollte man daher ebenso wenig bestellen wie Spaghetti, deren Verzehr garantiert nicht ohne Malheur abgeht.

Was gut schmeckt, muss sich unter Umständen hart erarbeitet werden

Dieses wäre eine völlig unproblematische und einfach zu befolgende Empfehlung, gäbe es da nicht einen kleinen, aber feinen Haken. Von einer deutschen Großbank etwa ist bekannt, dass sie den Punkt „Speisenwahl“ im Assessment Center zu einem wichtigen Prüfungskriterium macht.

Dort werden im Auswahlverfahren während der Pause grundsätzlich zwei verschiedene Gerichte angeboten, ein „harmloses“ und ein verzwicktes. Wer nun auf „Nummer sicher“ geht und das unproblematische Gericht wählt, hat sich schon einige Minuspunkte eingehandelt. Die Sympathie gehört da eindeutig den Risikofreudigen und Mutigen. Wofür Sie sich daher entscheiden, ist leider ausschließlich Ihre eigene Sache.

2.5 Die „Weinprobe“ als Probe Ihrer Persönlichkeit

Esskultur oder zuweilen auch Kultur überhaupt wird heutzutage nicht selten daran festgemacht, wie jemand mit dem Thema „Wein“ umgeht. Hier trennt sich die Spreu vom Weizen, hier können Sie wahre Meisterschaft und zivilisatorisches „haut goût“ beweisen.

Richtiges Verhalten an der „Weinfront"

Weißweinglas

In mittleren und guten Restaurants wird der Ober nach der Weinbestellung mit der gewünschten Weinflasche zu Ihnen an den Tisch treten und das Etikett präsentieren.

Falls Sie übrigens Ihren Gästen zu Hause Wein kredenzen, präsentieren Sie bitte die Weinflasche stets im gereinigten Zustand. Staubüberdeckte Weinflaschen mit Spinnweben, die das Alter eines besonders guten Tropfens belegen sollen, gibt es nur in englischen Krimis.

Wie gesagt, der Kellner präsentiert die Weinflasche. Der Kenner wird nun das Etikett studieren, um zu überprüfen, ob es sich auch tatsächlich um den bestellten Wein handelt.

Rotweinglas

Dazu kann man auch sehr effektvoll seine Lesebrille hervorkramen, hier ist ausnahmsweise Time nicht gleich Money. Wahrer Weingenuss braucht Zeit. Der Gastgeber gibt nun dem Kellner durch ein huldvoll-freundliches Kopfnicken das Zeichen, dass alles in Ordnung ist.

Der Kellner gießt daraufhin dem Gastgeber einen „Probierschluck" ein. Hier wartet nun eine ganze Reihe von Fettnäpfchen auf den fröhlichen Zecher. Aus entsprechenden Filmen ist uns überliefert, dass man bei einer „Weinprobe" im Restaurant den Wein „flöten" lasse und durch genüssliche Schmatzlaute beim Verkosten Wein-Professionalität beweise.

Das „Flöten" (den Wein im Mund durch Lufteinziehen mit Sauerstoff vermischen und ein wenig sprudeln lassen) ist tatsächlich ein Ausdruck von Kennerschaft und durchaus erlaubt. Aber nur an einem einzigen Ort: bei einer Weinprobe im Weinkeller, niemals aber bei Tisch! Dorthin gehört auch kein Gurgeln, Schmatzen oder sonstiges Grunzen. Hier glänzt man durch dezente Zurückhaltung.

Roséglas

Der Weingourmet wird, nachdem der Kellner den Probierschluck eingeschenkt hat, das Glas erheben und es gegen das Licht (möglichst Kerzenlicht, da dies dem Tageslichtspektrum am nächsten kommt) halten. Er begutachtet dabei die Farbe des Weines und überprüft durch Schwenken des Glases, ob sich an den Glaswänden die so genannten „Kirchenfenster" bilden. Dabei handelt es sich um transparente Schlieren, die ein Wein hinterlässt, der an einer Glaswand abläuft. Je schneller der Wein zurückläuft, desto „dünner" ist er.

Nach der „Sichtprobe“ geht der Kenner zur „Duftprobe“ über

Nach der „Sichtprobe“ geht der Kenner zur „Duftprobe“ über. Er schnuppert nun leicht am Glasrand, ohne allerdings seinen Gesichtserker bis kurz vor die Weinoberfläche ins Glas zu versenken.

Danach darf endlich probiert werden. Man „zischt“ den Wein jetzt allerdings nicht wie ein kühles Bier zum Durstlöschen, sondern lässt ihn auf der Zunge zergehen. Die Zunge und der Gaumen haben unterschiedliche Geschmackspunkte, einige sind nur für „süß“, andere nur für „sauer“, wiederum andere für „bitter“ zuständig. Durch eine Verteilung des Weines im Mund sollten nach Möglichkeit alle Punkte auf ihre Kosten kommen. Nur so lässt sich ein Weingeschmack umfassend beurteilen.

„Korkigen“ Wein sollten Sie beanstanden

Wenn Sie bei dieser Probe feststellen, dass der Wein „korkig“ schmeckt, lassen Sie ihn zurückgehen.

Korkig bedeutet übrigens nicht nur, dass der Wein Korkstücke enthält oder nach Korken schmeckt. (Sollten Sie übrigens Korkstückchen im Wein entdecken, ist dies ein sicheres Zeichen für einen amateurhaften Weinservice des Restaurants. Das darf nun wirklich nicht passieren. In einem solchen Fall wurde der Korkenzieher zu weit durch den Korken gedreht, sodass sich am Ende des Korkens kleine Stückchen lösten.)

„Korkig“ ist vielmehr ein Sammelbegriff für alles, was am Wein unappetitlich ist. Dazu gehört, wenn der Wein „muffig“ oder faulig schmeckt, wenn er „umgekippt“ ist, also einen leichten Essigcharakter angenommen hat oder sonst irgendetwas Unangenehmes passiert ist.

Nachdem Sie abschließend auch noch die Temperatur überprüft haben, erteilen Sie dem Kellner Ihre Absolution. Durch ein freundliches Nicken bedeuten Sie ihm, dass er nun den Wein an alle Beteiligten ausschenken kann.

Burgunderpokal

„Sti(e)l“ und Etikette: Wie Gläser gehalten werden

Gläser werden auch heute noch grundsätzlich nur am dem dafür vorgesehenen Stiel angefasst. Dies gilt natürlich nur dann, wenn ein Stiel vorhanden ist.

Stielgläser nur am Stiel anfassen

Niemals aber Wein- oder Sektgläser oder Ähnliches am Bauch berühren, dies erzeugt erstens Flecken und zweitens beeinträchtigt es die Temperatur des Getränks. Wer diese beiden Punkte für nebensächlich hält – worüber man sogar diskutieren könnte – der sollte sich aber vergegenwärtigen, dass, selbst wenn sein Gegenüber auf dem Gebiet „Ton und Takt bei Tisch und Tafel" ein Amateur sein sollte: Eines hat er jedoch mit Sicherheit gelesen, nämlich dass man Stielgläser nur am Stiel anfasst.

Welcher Wein zu welchem Gericht?

Diese Frage wird heute sehr liberal gehandhabt. Die strengen Regeln der Vergangenheit, wie zum Beispiel „Rotwein nur zu dunklem Fleisch, Weißwein zu Schweinefleisch" etc. gelten nicht mehr. So können Sie durchaus zu einem Fisch einen Rotwein bestellen.

mit der leichtsten Weinsorte beginnen

Allein die Getränkeabfolge ist noch gewissen Regeln unterworfen. So beginnen Sie bei unterschiedlichen Weinsorten mit der leichtesten Sorte, das ist in der Regel ein Weißwein. Darauf folgt dann ein jeweils schwereres Getränk wie etwa Rotwein.

einmal Bier – immer Bier

Wer absolut kein Weintrinker ist und wem es nichts ausmacht, nicht gerade als feinsinniger Gourmet zu beeindrucken, der kann heute durchaus auch zum Bier greifen. Dabei gilt aber der wichtige Grundsatz: einmal Bier – immer Bier. Man kann also nicht gewissermaßen als „Durstlöscher" mit einem Bier als Aperitif beginnen und danach zu (vielleicht sogar noch verschiedenen) Weinsorten greifen.

Da die neue „liberalisierte" Weinwahl noch nicht jedem bekannt ist, finden Sie rechts noch einmal eine kurze Zusammenstellung der ehemaligen „Weingesetze".

Anstoßen ist anstößig

Obwohl es eine lustige Sitte ist und vielen Leuten einen Heidenspaß bereitet, ist leider die Mode des Zuprostens oder lauten Anstoßens der Gläser „mega-out". Die einzige Ausnahme gilt für Sektgläser, dies nach Möglichkeit aber auch nur bei ganz besonderen Anlässen wie etwa Silvester etc. Für alle anderen (Bier-, Whisky-, Schnaps-)Gläser gilt: Anstoßen verboten! Auch das allseits beliebte „Prost" ziemt sich nicht mehr.

PRAXIS

Welcher Wein zu welchem Gericht?

WEIN	FARBE	GEEIGNET FÜR	GESCHMACK	SERVIERTEMPERATUR
BORDEAUX	rot	Wild, Wildente, Puter	elegant, blumig	Zimmertemperatur
BURGUNDER	rot	dunkles Fleisch, Wild	weich, voll	Zimmertemperatur
CHABLIS	weiß	Austern, Hummer, Langusten	herb	leicht gekühlt
CHIANTI	rot	dunkles Fleisch, Käse	herb	Zimmertemperatur
FRANKEN	weiß	Seefisch, Forelle, Geflügel, Spargel, kalte Platten	würzig	leicht gekühlt
MOSEL	weiß	Fisch, Braten, Kalbfleisch	blumig, frisch	leicht gekühlt
PFÄLZER	weiß	Seefisch, Geflügel, weißes Fleisch	würzig	leicht gekühlt
PORTWEIN	rot	zum Empfang, zum Käse, nach dem Essen	süß, edel	Zimmertemperatur
RHEINGAU	weiß	Vorspeise, kalte Platten, Seefisch, Kalbfleisch	fruchtig, kernig	leicht gekühlt
RHEINHESSEN	weiß	Karpfen, Forelle, Geflügel, Spargel, Käse	lieblich	leicht gekühlt
SAUTERNES	weiß	Fisch mit Sauce, Dessert	edel-süß, duftig	kalt
SEKT	weiß	vor dem Essen, zum Dessert, Hummer, Austern, Kaviar	herb, süß	sehr kalt
SHERRY	golden	zum Empfang, vor dem Essen	herb	Zimmertemperatur
TOKAYER	golden	nach dem Essen, Dessert	süß	leicht gekühlt
FRANZ. VERMOUTH	weiß	zum Empfang, Vorspeise	herb	leicht gekühlt
ITAL. VERMOUTH	rot	zum Empfang, Vorspeise	trocken, süß	Zimmertemperatur

„Prost" gilt als spießig

Wer es dennoch betreibt, der outet sich als Spießer, genauso wie der, der in der Pause „Maaahlzeit" durch den Flur brüllt. Das ist wirklich Schnee von gestern, verzichten Sie bitte darauf.

Wer unbedingt zu dem durchaus noch üblichen Glasheben etwas sagen möchte, der sollte sich auf ein freundliches „Zum Wohle" oder schlichtes Zunicken beschränken.

Toast für alle

Mit Toast ist hier kein Weizenbrot gemeint, sondern ein Trinkspruch. Zum vollendeten Ton und Takt an Tisch und Tafel gehört unbedingt eine Tischrede. Der eigenartige Name „Toast" kommt von der ehemaligen englischen Sitte, vor einem Trinkspruch ein Stück gerösteten Weißbrots in das Trinkglas zu tauchen.

Die Gläser müssen gefüllt sein, ehe Sie einen Trinkspruch ausbringen. Denn am Ende soll ja angestoßen und getrunken werden. Achten Sie also darauf – und sei es, dass Sie rechtzeitig vor Ihrer Rede die Gastgeber oder die Bedienung auffordern, die Gläser zu füllen.

Für den Toast gibt es keine Vorschriften. Je feierlicher der Anlass und je prominenter die Gäste, um so eleganter der Trinkspruch. Dies gilt vor allem in diplomatischen Kreisen. Im Kollegenkreis dagegen wird der Trinkspruch weniger offiziell angelegt. Hier kann der Toast zum Beispiel auch in Form eines kleinen Gelegenheitsgedichtes oder eines kurzen Zitates ausgebracht werden.

auf keinen Fall mit dem Messer gegen den Glasrand klopfen

Um die Aufmerksamkeit Ihrer Gäste auf sich zu ziehen, sollten Sie sie zunächst bitten das Glas zu erheben. Bitte klopfen Sie auf keinen Fall mit dem Messer gegen den Glasrand, auch diese verbreitete Sitte ist längst passé ...

Das ABC der Esskultur

- **Alkohol**
  Alkoholisches darf abgelehnt werden. Auch ohne Angabe von Gründen.
  Erklärungen sind natürlich nicht verboten. Es sollten allerdings schwerwiegende Gründe vorhanden sein, auch wenn diese nicht genannt werden. Nicht den Moralapostel oder kapriziösen Asketen geben! Eventuell nur nippen und dann Getränk stehen lassen. Das ist höflicher als eine krasse Ablehnung.
  Gastgebende: Die Ablehnung alkoholischer Getränke soll ohne weitere Fragen sofort akzeptiert werden. Keine weiteren Anbietversuche starten. Gastgeber selbst müssen nicht mittrinken, auch wenn sie alkoholische Getränke anbieten.
  Bier statt Wein kann bestellt werden, es darf dann allerdings nicht mehr „umgestiegen“ werden.

- **Amuse-Gueule**
  „Vorabgruß“ des Hauses als Zeitüberbrücker, Gaumenkitzler und zur Einstimmung auf weitere kulinarische Freuden. Kleine Vorspeise. Erforderliches Besteck wird grundsätzlich mit dem Gericht gebracht. Fehlt es, handelt es sich um eine „fingertaugliche“ Kleinigkeit. Benutzen Sie niemals das auf dem Tisch liegende Besteck dazu!

- **Ankunft**
  Im Restaurant: Der Gastronom begrüßt den Gastgeber. Chefs werden wie „normale“ Menschen behandelt. Bei mehreren Paaren werden die Damen in die Mitte genommen.
  Bei fehlendem „Grüßonkel“ übernimmt ein Herr die Aufgabe des Wegbahnens. Beim Verlassen geht es anders herum: Er lässt ihr den Vortritt.

- **Anrede, Restaurantpersonal**
  „Herr Ober“ ist höflich und respektvoll. Nicht jedoch *„Fräulein“*!
  Wo es mithilfe eines Namensschilds möglich ist, Restaurantfachkräfte mit ihrem Namen ansprechen. Kennen Sie den Namen nicht, machen Sie durch ein dezentes Handzeichen auf sich aufmerksam.

- **Aperitif**
  Aperitif austrinken, bevor zum Wein übergegangen wird. Findet vor einem gemeinsamen Essen ein Aperitif-Empfang statt, nicht den Rest des Aperitifs mit an den Tisch nehmen und dort austrinken.
  Ausnahme: Es wurde ein Aperitif an der Bar serviert, weil Ihr Tisch noch nicht frei war. Das Hinterhertragen zum Tisch erledigt das Personal. Nicht mit dem Glas in der Hand durch das Lokal wandern.

- **Besteck**
  Messer mit der rechten Hand halten, auch wenn Sie Linkshänder sind. Gabel und Löffel in waagerechter Linie zum Mund führen – nicht mit dem Körper dem Besteck entgegenkommen!
  Wer sein Besteck zwischendurch ablegen möchte, legt es so auf den Teller, dass sich die Spitzen kreuzen. Die Messerspitze kann auch in die Gabelmulde gelegt werden. ➤

- **Besteck-„sprache“**
  Gekreuztes Besteck: „Bin noch nicht fertig, hätte gerne einen Nachschlag.“
  Messer und Gabel parallel nebeneinander: „Essen beendet.“
  Besteck parallel mit den Griffen nach links unten auf den Teller: „Das Essen war vorzüglich.“
  Griffe rechts unten: „Das Essen war mittelmäßig.“

- **Bestellen**
  „Speisekarten-Geheimsprache“: Nach Auswahl der Speisen Karte zuklappen. Dadurch signalisieren Sie, dass Sie bestellen möchten. Solange die Speisekarte geöffnet ist, bedeutet dies, dass Sie noch nicht gewählt haben. Wer vor der geöffneten Karte sitzt und ärgerlich über den „säumigen“ Service wird, hat ein Benimm-Problem. Nicht hetzen lassen, wenn Sie Zeit zur Auswahl benötigen.

- **Bezahlen**
  Auch Damen dürfen für einen Herrn bezahlen.
  Bereits vor dem Essen den Gastronomen darauf hinweisen, dass Sie der/die Gastgeber(in) sind und die Rechnung begleichen werden. Möglichst bereits bei der Tischreservierung.
  Niemals demonstrativ vor den Augen der Gäste einen Schein nach dem anderen hinblättern. „Diskret“ heißt die Devise. Also zum Beispiel mit Kreditkarte. Besonders elegant ist es, zum Bezahlen den Tisch zu verlassen.
  Je offizieller die Einladung, desto diskreter die Bezahlung.
  Geschäftsessen: Rechnung ins Unternehmen schicken lassen (vorher vereinbaren).

- **Digestif (Abschlussgetränk)**
  ... ist kein Muss, wird aber immer mehr üblich.
  Achtung: es gibt edle alte Cognacs, Armagnacs, Obstbrände oder Calvados, die mehr kosten als das Essen pro Person. Unbedingt vorher über den Preis informieren!
  Lässt das Budget keinen Digestif zu, beschränken Sie sich auf Kaffee oder Espresso. Cappuccino ist übrigens kein Getränk, das nach dem Essen bestellt werden darf!

- **Ehrenplätze**
  Die Plätze rechts neben den Gastgebenden sind die Ehrenplätze. Gastgeber kleinerer Gruppen überlassen ihren Gästen die Wahl der Plätze. Die Plätze mit Blick in den Raum (statt gegen eine Wand) oder aus dem Fenster überlässt man den Gästen.

- **Essensbeginn**
  Der Gastgeber eröffnet das Essen. Er wartet, bis alle Gäste den ersten Gang serviert bekommen haben. Auch dann, wenn es sich um verschiedene Gerichte handelt.
  In einfachen Gasthöfen kann das Warten aufeinander problematisch werden, wenn es sich um warme Gerichte handelt. Dort läuft der Service evtl. nicht immer professionell ab und die zuerst Bedienten sind benachteiligt, weil die Speisen kalt werden. Hier kann man ausnahmsweise anbieten, mit dem Essen anzufangen, auch wenn noch nicht alle bedient wurden.

- **Getränke**
  Der Einladende fordert zum ersten Schluck auf.

Gläser stets am Stiel halten. Beim Zutrinken in die Augen sehen. Als Trinkspruch ist ein *„Zum Wohle"* oder *„Auf Ihr Wohl" üblich*, seltener *„Prosit"*. Wird die Weinsorte gewechselt, nicht mehr vom vorher servierten Wein trinken.

- **„Guten Appetit!" wünschen?**
Im Familien-, Freundes- und vertrauten Kollegenkreis ja, bei offiziellen (Geschäfts-)Essen nein. Allenfalls ein leichtes Kopfnicken zur Eröffnung des Essens. Wer *„Mahlzeit!"* sagt, wird unverzüglich von der Knigge-Polizei verhaftet.

- **Handy**
Handy im Restaurant ausschalten oder Vibrationsalarm einschalten. Wenn Sie unbedingt telefonisch erreichbar sein müssen, zum Telefonieren den Tisch verlassen.

- **Make-up auffrischen?**
Niemals bei Tisch!

- **Platzierung „Wait to be seated"**
In gehobenen Restaurants warten Sie, bis Sie zum Tisch geführt werden.
Bei Unsicherheiten: „Erkundungsminute" einlegen. Wenn Platzierung üblich ist, wird schon jemand auf Sie zukommen.

- **Probierschluck**
Wird durch den (die) Gastgeber(in) erledigt. Bei offenen Weinen ist ein Probierschluck nicht üblich, ebensowenig bei Sekt und Champagner. Änderungswünsche bezügl. der Temperatur sind möglich, es wird dann aber keine neue Flasche serviert, sondern die geöffnete wird nur kalt gestellt.

- **Rauchen**
Vor dem Essen oder zwischen den Gängen wird nicht geraucht.

- **Sitzhaltung**
Aufrecht, entspannt und etwa eine Handbreit vom Tisch entfernt. Arme eng am Körper halten, Hände nur bis zu den Handgelenken auf den Tisch legen. Leichtes Abstützen mit den Unterarmen ist erlaubt (aber niemals mit den Ellenbogen!). Wer Besteck hält, legt selbst die Handgelenke nicht auf.

- **Trinkgeld**
Zwischen fünf und zehn Prozent des Rechnungsbetrags. *Ausnahme:* Der Service war (sehr) schlecht.
Trotz Trinkgelds ist bei gutem Service Dank und Lob angebracht.

- **Vorangehen**
Frauen können heute durchaus vorangehen.

- **Wein**
„Wie es euch gefällt", die alten Weingesetze „Weißer Wein zu weißem Fleisch usw." gelten nicht mehr.
Reihenfolge: Leichte Weine vor schwereren, trockene vor lieblichen, jüngere vor älteren und weiße vor roten.

- **Zuprosten**
Bei offiziellen Essen wird nicht zugeprostet. *„Zum Wohl!"* wünschen, das Glas heben und mit einem Lächeln und leichtem Kopfnicken kurz in die Runde schauen. Vor dem Absetzen des Glases wird dieser Blickkontakt mit allen wiederholt. *„Prost!"* oder *„Hau weg"* für den angeheiterten Kegelklub aufsparen. ❑

3 Gesellschaftliche und berufliche Kommunikation

Kommunikation ist das Thema dieses Jahrhunderts. Ob privat oder im Business: Das Leben verläuft schneller, die Kontakte werden unvorhersehbarer und vielfältiger, Routinen sind nicht mehr das Alltägliche, sondern werden immer mehr zur Ausnahme. Das Mittel diese zunehmende Komplexität zielführend zu bewältigen ist Kommunikation.

Egal, ob Sie in einem Vorstellungsgespräch einen guten Eindruck hinterlassen wollen, Verkaufsverhandlungen mit Kunden führen, am Handy von einem Kollegen eine Auskunft erfragen oder auf einem Empfang jemand ansprechen, der Sie in irgend einer Form weiterbingen kann – Sie sollten dies souverän und stilvoll tun.

Nur dann wird man Ihnen so begegnen wie Sie es sich wünschen und wie es der Entfaltung Ihres Privatlebens oder der Förderung Ihrer Karriere dienlich ist.

3.1 „No titles, no ranks"?

Aus den USA erreicht uns seit einigen Jahren die Bewegung, die nach dem Motto „No titles, no ranks" auf jede übertriebene Titelei verzichtet. Doch, und nun kommt der Haken an der Sache, das hat sich noch nicht bei jedermann herumgesprochen. Insbesondere einige Eitle schmücken sich immer noch gerne mit ihren akademischen Würden.

Der akademische Titel ist kein Namensbestandteil

Entgegen landläufiger Vorstellung ist übrigens der akademische Titel keineswegs ein Namensbestandteil. In einem entsprechenden Gerichtsurteil wurde erst unlängst wieder festgestellt, dass der Titelträger behördlicherseits nicht das Recht hat, mit seinem Titel angesprochen zu werden. In der Urteilsbegründung heißt es: „Der akademische Titel ist kein Namensbestandteil".

Man hat allerdings das Recht, diesen Namenszusatz in seine Personaldokumente eintragen zu lassen. Aber dieses Recht hat auch jeder, der einen Künstlernamen eintragen lassen will. Wer also Lust verspürt, in seinem Personalausweis den Namenszusatz „Monsignore Sartorius" zu tragen, der kann dies tun.

Damit der erste Kontakt nicht zur unheimlichen Begegnung wird

PRAXIS

Begrüssung

Im Business: Herren und Damen stehen bei der Begrüßung auf.
Privat: Damen dürfen auch sitzen bleiben.
Normalerweise grüßt die untergebene Person zuerst, die „höher stehende" Person entscheidet jedoch, ob es zum Handschlag kommt.

Wichtig: Wenn Sie das Gefühl haben, Ihr Gegenüber möchte, dass Sie die Initiative ergreifen, sollten Sie sich über diese Regeln hinwegsetzen und die Hand reichen. Kommt Besuch ins Unternehmen, reicht der Gastgeber die Hand.

Wer zuerst sieht, grüsst zuerst

Wer als Privatperson auf der Straße auf Grußvorrechten besteht, ist von vorgestern. Früher war es üblich, dass der Rangniedere den Ranghöheren, der Mann die Dame begrüßt. Heute grüßt derjenige zuerst, der den anderen zuerst sieht. Ein Vorgesetzter, der erwartet, von seinen Angstellten beim Eintreten in einen Raum zuerst gegrüßt zu werden, hat ein Informationsdefizit.

Anrede

Auf die korrekte Anrede legen die meisten Menschen besonderen Wert: Doppelnamen vollständig nennen!
Akademische Grade zunächst nennen, danach auf Aufforderung weglassen. Nicht aus falsch verstandener Höflichkeit immer weiter „doktorn". Adelstitel stehen über der Anrede Herr oder Frau, Graf Herbert von Falkenstein wird mit „Graf Falkenstein" angesprochen. Bei Unsicherheiten nachfragen – sonst wird das Gespräch zur Quälerei.

Namen merken

Namen vergessen? Peinlich, peinlich! Noch peinlicher wäre es allerdings, nun krampfhaft um den Namen herumzureden. Fragen Sie besser mit einer kleinen Entschuldigung sofort nach: *„Ich erinnere mich gut an unsere nette Begegnung in Ost-Turkestan, muss aber leider gestehen, dass mir Ihr Namen nicht mehr präsent ist."*

Vorstellen

Rangniedrigere Person zuerst vorstellen danach die ranghöhere Person. Nach Möglichkeit zur Orientierung Position des Ranghöheren nennen.
Bei Gleichrangigen: Alter vor Jugend und Dame vor Herr.
Ausnahme: Gastgeber haben das Recht, als Erste zu erfahren, wer sie besucht. Damen dürfen sich durchaus selbst vorstellen.

„Selbstverständlich, Herr Doktor!"

Die Frage, ob man einen Professor oder Doktor mit seinem Titel anreden sollte, ist trotz der eindeutigen Rechtslage nicht ganz einfach zu klären. Normalerweise können Sie den Titel weglassen, es besteht heute keine (gesellschaftliche) Verpflichtung mehr, jemanden mit seinem akademischen Titel anzureden. Mit akademischem Titel sind hier der Professoren- und Doktortitel gemeint, nicht aber Berufsbezeichnungen wie Diplomingenieur, Betriebswirt oder Ähnliches.

Wenn der Herr Doktor von gestern ist

Was aber tun Sie, wenn Sie auf einen eitlen Titelträger stoßen und vielleicht sogar noch etwas von diesem wollen. Zum Beispiel eine Beförderung, eine Einstellung oder Sie hegen den Wunsch, dass er als Kunde bei Ihnen ein Geschäft tätigen soll. Sie wollen den Titelträger nun natürlich nicht dadurch vergraulen, indem Sie demonstrativ seine Eitelkeit verletzen. In solchen Fällen kann nur geraten werden – auch wenn es „old fashioned" ist – bei der Titelhuberei zu bleiben.

Wenn der „akademische Würdenträger" aber nur ein Fünkchen Geschmack und Geist besitzt, so wird er von sich aus dazu auffordern, den Titel doch bitteschön beiseite zu lassen. Danach verwenden Sie ihn aber auch nicht mehr, es würde Ihr Gegenüber sonst verärgern. Schließlich würden Sie damit eine freundschaftlich gemeinte Geste abweisen.

„Guten Tag, Herr Professor Dr. Diplomingenieur von Schönbach-Lipinski"?

in der Anrede den jeweils unteren Grad vernachlässigen

Wenn jemand sowohl über einen Professoren- als auch über einen Doktortitel verfügt, so können Sie in der Anrede den jeweils unteren Grad vernachlässigen. Einen *„Professor Doktor"* nennen Sie nur *„Herr Professor"* oder *„Herr Professor Schneider"*.

Wenn Sie dagegen jemanden mit „Doktor" ansprechen, so muss danach immer der Name desjenigen kommen: *„Guten Tag, Herr Doktor Müller"*, niemals: *„Ja, Herr Doktor, bitte, Herr Doktor, aber sofort, Herr Doktor"*.

Die Anrede „Herr Doktor" ist allein im Verhältnis Arzt–Patient zulässig. Auch einen Tierarzt können Sie mit *„Herr Doktor"* anreden, allerdings nur, wenn er gerade Ihren Wauzi behandelt.

„Ich bin der Dr. Müller“

Achtung! Auf die Titelträger wartet ein gefährliches Fettnäpfchen! Stellen Sie sich niemals, aber auch niemals mit Ihrem Doktor- oder Professorentitel vor. Dies wäre der peinlichste Fauxpas, den Sie sich überhaupt auf gesellschaftlichem Parkett leisten können.

Stellen Sie sich niemals mit Ihrem Doktor- oder Professorentitel vor

Obwohl man sich durch die Nennung seines Titels nicht selten einen wichtigen Vorsprung verschaffen kann, verzichten Sie also darauf, auch wenn es schwer fällt.

Übertreffen könnte man diese Peinlichkeit nur noch dadurch, dass sich Doktoren untereinander mit Doktor anreden. Auch das ist tabu. Der Herr Doktor Müller sagt zu Herrn Doktor Meier natürlich nur „Herr Meier“.

Ein Graf ist ein Graf

Im Gegensatz zu akademischen Titeln ist ein „von“ oder „Graf“ wirklich ein Bestandteil des Namens. Als vor einiger Zeit der letzte Spross des berühmten Adelsgeschlechts derer zu Hohenstein aus beruflichen Gründen den Adelstitel ablegen wollte, wies ihn ein deutsches Gericht in die Schranken. So wenig wie kurz nach dem Krieg die meisten Adolfs ihren ungeliebten Vornamen ablegen konnten, geht dies heute mit Namen oder Namensbestandteilen. Dabei war die Intention des Ärmsten durchaus verständlich. In seinem Beruf als Bauarbeiter war er täglich beißendem Spott ausgesetzt. Man verhöhnte ihn ständig mit *„Reichen Sie mir doch bitte mal die Spitzhacke, Euer Durchlaucht“*. Die Richter schlugen dem Betreffenden vor, er könne ja auf Adelstitel plus Vornamen ausweichen. Aber auch ein noch so nett gemeintes *„Prinz August“* passt nur sehr schlecht zu einer Spitzhacke.

Ein „von“ oder „Graf“ ist wirklich ein Bestandteil des Namens

Wie redet man aber nun einen Grafen oder eine Baronesse an? Nun, ein Herr Graf wird auch als Herr Graf angeredet, auch wenn er Graf Lambsdorff heißt, man darf ihn nicht ersatzweise mit „Herrn von Sowieso“ titulieren.

Ein Herr Graf wird auch als Herr Graf angeredet

Beim Baron ist das anders, dort hat man die Wahl. Man kann ihn mit „Herr Baron“ oder „Herr von ...“ ansprechen. Beim „Freiherrn“ dagegen hat man keine Wahl. Den muss man in der Anrede nämlich weglassen. Dort reicht ein „Herr von Heeremann“. In der Briefanrede dagegen muss der Titel „Freiherr“ erscheinen. Die Frau des Freiherrn ist die „Freifrau“, seine Tochter die „Freiin“.

Sie können übrigens auch gerne ein adliges Fräulein mit „Comtesse Mizzi“ ansprechen, allerdings nur, wenn Sie selber „von Familie“ – wie die adligen Familien ihre blaublütige Herkunft in demütiger Bescheidenheit nennen – sind.

Wussten Sie eigentlich, dass Freiherr und Baron dasselbe sind? Baron, Baronin und Baronesse sind einfach nur die französischen Übersetzungen.

Auch wenn es jetzt schrecklich kompliziert klingt: Wenn Sie sehr jung und der oder die Adlige dagegen sehr alt sind, ist durchaus auch die devote Form „Herr Baron“ oder „Frau Baronin“ üblich. Aber auch nur dann.

Adlige Verwandte nennen sich mit dem Titel und ihren Vornamen, alle anderen gebrauchen die Anrede „Frau“ oder „Herr“ in Verbindung mit dem Nachnamen.

„Ach, lassen's doch die Baronin weg“

Es ist heute durchaus zulässig, Adelsprädikate in der Anrede fortzulassen

Es ist heute aber auch durchaus zulässig, Adelsprädikate in der Anrede fortzulassen. Das empfiehlt sich besonders bei modern eingestellten Titelträgern. Wenn Sie jedoch nicht wissen, wie Ihr Gegenüber disponiert ist oder wenn es zum erlauchten Kreis derer gehört, von denen Sie sich etwas erhoffen, sollten Sie dennoch zunächst den Titel nennen. Bis Sie darauf hingewiesen werden, dass Sie doch bitte zu der bürgerlichen Variante der Anrede übergehen mögen.

Sybille Gräfin Schönfeld weist übrigens auf den kuriosen Umstand hin, dass die Anrede mit Adelsbezeichnungen früher für die Dienerschaft und die Untertanen bestimmt war. Wenn unsere modernen Umgangsformen uns heute wieder auferlegen, Adelige mit ihrem Titel anzusprechen, so *„hat merkwürdigerweise der Bürokratismus der Demokratie Grafen samt alle anderen Adeligen verbal so aufgewertet, dass sie wieder wie vor der französischen Revolution dastehen“.*

Auch wenn es eher unwahrscheinlich ist, dass Sie morgen dem Bundeskanzler die Hand schütteln werden, liegt es doch im Bereich des Möglichen, dass Sie Ihrem Regierungspräsidenten schreiben wollen oder müssen oder den Rektor einer Hochschule oder einen Diplomaten kennen lernen.

Wie Sie Angehörige solcher und ähnlicher Personenkreise richtig ansprechen oder anschreiben, können sie detailliert der folgenden Liste entnehmen.

PRAXIS

Wie redet man wen an?

TITEL, RANGBEZEICHNUNG	PERSÖNLICHE ANREDE	SCHRIFTLICHE ANREDE	BRIEFANSCHRIFT
Träger öffentlicher Ämter und Funktionen			
Bundespräsident	Herr Bundespräsident	Hochverehrter Herr Bundespräsident *oder* Sehr geehrter Herr Bundespräsident	An den Präsidenten der Bundesrepublik Deutschland
Bundeskanzler	Herr Bundeskanzler	Hochverehrter Herr Bundeskanzler *oder* Sehr geehrter Herr Bundeskanzler	Herr Bundeskanzler
Präsident des Deutschen Bundestages, Deutschen Bundesrates, ... Landtages	Herr Bundestags-präsident (Bundes-ratspräsident usw.) *oder* Herr Präsident	Hochverehrter Herr Bundestagspräsident (Bundesratspräsident usw.) *oder* Sehr geehrter Herr Bundestags-präsident (...ratspräsi-dent usw.)	An den Präsidenten des Deutschen Bundestages (Bundesrats usw.) Herrn ...
Ministerpräsident	Herr Ministerpräsident	Herr Ministerpräsident *oder* Hochverehrter Herr Ministerpräsident *oder* Sehr geehrter Herr Ministerpräsident	An den Ministerpräsidenten des Landes ... Herrn ...
Bundes- (Staats-, Landes-) Minister	Herr Minister *oder* Herr Bundesminister	Sehr geehrter Herr Minister	Dem (Staats-) Bundes-minister des (z. B. Innern), der (z. B. Justiz) Herrn ...
Senator	Herr Senator	Sehr geehrter Herr Senator	Amtierend: An den Senator für ... (z. B. Inneres, Justiz usw.) Herrn ... Privat: Herrn Senator
Staatssekretär, Ministerialdirektor, Ministerialdirigent, Ministerialrat, Oberregierungsrat, Regierungsrat	Herr Staatssekretär (Ministerialdirektor usw.)	Sehr geehrter Herr Staatssekretär (Ministerialdirektor usw.)	An den Herrn Staatssekretär (Ministerialdirektor usw.) *oder* Dem Staatssekretär (Ministerialdirektor usw.) beim Bundesministerium des (z. B. Inneren) Herrn ...

Vortragender Legationsrat, Legationsrat 1. Kl., Legationsrat	Herr Legationsrat (Legationssekretär)	Sehr geehrter Herr Vortragender Legationsrat *oder* Sehr geehrter Herr Legationsrat	An den Herrn Vortragenden Legationsrat (Legationsrat 1. Kl. usw.) ... beim Auswärtigen Amt der Deutschen Bundesrepublik *oder* Dem Vortragenden Legationsrat (Legationsrat 1. Kl. usw.) beim Auswärtigen Amt der Deutschen Bundesrepublik Herrn ...
Honoratioren			
Exzellenz	Exzellenz oder Eure Exzellenz	Eure Exzellenz	Seiner Exzellenz (z.B. Generalfeldmarschall a. D. ...)
Hof-, Staats-, Geheim-, Justiz-, Kommerzien-, Sanitäts-, Medizinal- und sonstige Räte	Herr Hofrat (Geheimrat usw.)	Sehr geehrter Herr Hofrat (Geheimrat usw.)	Herrn Hofrat ...
Universitäten, Hochschulen			
Rektor	(Eure) Magnifizenz oder Herr Professor	Eure Magnifizenz *oder* Hochverehrter Herr Professor	An (Seine Magnifizenz) den Rektor der ... (z. B. Humboldt-, Freien Universität (Technischen Hochschule, Handelshochschule) Herrn Professor Dr. (z. B. jur., Phil.)
Hochschulsenat	–	Sehr geehrte Herren Senatsmitglieder	An den (Hohen) Senat der ... (z. B. juristischen) Fakultät der ... (z. B. Freien Universität)
Dekan	(Eure) Spectabilität *oder* Herr Professor	(Euere) Spectabilität *oder* Hochverehrter Herr Professor	An den Dekan der ... (z. B. juristischen Fakultät an der ... (z. B. Freien) Universität Herrn Professor Dr. (z. B. jur.) ...
Professor	Herr Professor	Sehr geehrter Herr Professor *oder* Sehr geehrter Herr (Dr.) ...	Herrn Professor Dr. (z. B. jur.) ...
Doktor	Herr Doktor ... (an praktizierende Ärzte auch) Herr Doktor	Sehr geehrter Dr. ... *oder* (prakt. Ärzte) Sehr geehrter Herr Doktor ...	Herrn Dr. (z. B. jur.) ...
Diplom-Ingenieur, Diplom-Kaufmann, Diplom-Volkswirt usw.	Herr ...	Sehr geehrter Herr ...	Herrn Dipl.-Ing. (Dipl.-Kfm.)

Oberstudiendirektor Rektor, Konrektor, (Oberstudienrat)	Herr Oberstudien-direktor (Rektor usw.)	Sehr geehrter Herr Oberstudiendirektor (Rektor usw.)	Herrn Oberstudiendirektor (Dr. phil. Rektor usw.) ...
Wirtschaft			
Präsident der Industrie- und Handelskammer	Herr Präsident	Sehr geehrter Herr Präsident *oder* Sehr geehrter Herr ...	Dem Präsidenten der Industrie- und Handels-kammer Herrn ...
Präsident (z. B. Bank, Union)	Herr Präsident	Sehr geehrter Herr Präsident *oder* Sehr geehrter Herr ...	Dem Präsidenten der ... des ... Herrn ...
(General-) Direktor	Herr (General-) Direktor	Sehr geehrter Herr (General-) Direktor *oder* Sehr geehrter Herr ...	An den (General-) Direktor der (des) ... Herrn ...
Geschäftsführer	Herr ...	Sehr geehrter Herr ...	An den Geschäftsführer der (des) ... Herrn ...
Dekan, Dechant, Geistlicher Rat, Pfarrer, Kaplan, Ko-operator, Kurat, Benefiziat, Rektor, Definitor, Erzpries-ter, Pastor, usw.	Herr Dekan (Dechant usw.)	Sehr geehrter Herr Dekan (Dechant usw.)	Herrn Dekan (Dechant usw.) ...
Würdenträger der jüdischen Gemeinde			
(Landes-, Ober-) Rabbiner	Herr (Landes-, Ober-) Rabbiner	Sehr geehrter Herr (Landes-, Ober-) Rabbiner	Herrn (Landes-, Ober-) Rabbiner
Adelshäuser Deutschland			
Prinz, Großherzog, Herzog Fürst, Graf, Baron	*Beispiel für Graf und Gräfin:* Graf (von) ..., Graf von ... *oder* Herr Graf (von) ..., Frau Gräfin (von) ...	Sehr geehrter Graf (von) ..., Sehr geehrte Gräfin (von) *oder* Sehr geehr-te(r) Herr Graf (von), Frau Gräfin (von) ...	(Vorname) Graf (von) ..., (Vorname) Gräfin (von) ... *oder* Herr (Vorname) Graf (von) ..., Frau (Vorname) Gräfin (von) ...
Freiherr und übriger Adel	Herr von ..., Frau von ...	Sehr geehrter Herr von ..., Sehr geehrte Frau von ...	Herrn (Vorname) von ..., Frau (Vorname) von ...
Adelshäuser Ausland			
Prinz (aus regierendem Haus)	Königliche Hoheit (dritte Person)	Königliche Hoheit (dritte Person)	An Seine Königliche Hoheit den Prinzen (Vorname) von ...
Großherzog, Herzog (aus regierendem Haus)	Königliche Hoheit (dritte Person)	Königliche Hoheit (dritte Person)	An Seine Königliche Hoheit (Groß-, Erz-) Herzog (Vorname) von ...

Prinz (aus herzoglichem Haus)	Hoheit	Eure Hoheit	An Seine Hoheit Prinz (Vorname) von ...
Herzog (aus nicht-regierendem Haus)	Durchlaucht	Eure Durchlaucht	An Seine Durchlaucht den Herzog (Vorname) von ...
Fürst	Durchlaucht	Eure Durchlaucht	Seiner Durchlaucht den Fürsten (Vorname) von ...
Prinz (aus fürstlichem oder nichtregierendem Haus)	Durchlaucht	Eure Durchlaucht	An Seine Durchlaucht (Prinz) Vorname von ...
Graf, Reichsgraf (aus standesherrlichem Haus)	Erlaucht	Eure Erlaucht	Seiner Erlaucht dem Grafen (Vorname) von ...
Graf	Graf ...	Sehr geehrter Herr Graf ...	Herrn Graf (Vorname) von ...
Baron von ...	Baron ...	Sehr geehrter Herr Baron ...	Herrn Baron (Vorname) von ...
Freiherr	Herrn von ... *oder* Baron ...	Sehr geehrter Herr von ... *oder* Sehr geehrter Herr Baron	Herrn (Vorname) Freiherr von ... *oder* Seiner Hochwohlgeboren (Vorname)
Übrige Angehörige des Adels	Herr von ...	Sehr geehrter Herr von ...	(An) Herrn von ...
Diplomatisches Corps Deutschland			
Botschafter, Gesandter (Deutschland)	Herr Botschafter (Gesandter)	Sehr geehrter Botschafter (Gesandter)	An den Botschafter (Gesandten) der Bundesrepublik Deutschland (in ...) Herrn ...
Botschaftsrat, Generalkonsul, Gesandtschaftsrat 1. Kl., Gesandtschaftsrat, Konsul, Vizekonsul (Deutschland)	Herr Botschaftsrat (Generalkonsul usw.)	Sehr geehrter Herr Botschaftsrat (Generalkonsul usw.)	An Herrn Botschaftsrat (Generalkonsul usw.) ... bei der Botschaft (Gesandtschaft, beim Konsulat) der Bundesrepublik Deutschland (in ...) *oder* Dem Botschaftsrat (usw.)
Kirchen und Religionsgemeinschaften			
Würdenträger der ev.-luth. Kirche			
Landesbischof	Herr Landesbischof	Sehr geehrter Herr Landesbischof	Herrn Landesbischof (Dr. *oder* D.) ...
Kirchenpräsident, Präses	Herr Kirchenpräsident (Präses)	Sehr geehrter Herr Kirchenpräsident (Präses)	Herrn Kirchenpräsident (Präses) (Dr. *oder* D.)

(Kreis-) Dekan (*meist* Oberkirchenrat)	Herr Dekan *oder ggf.* Herr Oberkirchenrat	Sehr geehrter Herr Dekan *oder ggf.* Sehr geehrter Herr Oberkirchenrat	Herrn (Kreis-) Dekan *oder ggf.* An den Herrn (Kreis-) Dekan Oberkirchenrat (Dr. oder D.) ...
(Landes-) Superintendent, Konsistorialrat	Herr (Landes-) Superintendent (Konsistorialrat)	Sehr geehrter Herr (Landes-) Superintendent (Konsistorialrat)	Herrn (Landes-) Superintendent (Konsistorialrat) (Dr. oder D.) ...
Probst	Herr Probst	Sehr geehrter Herr Probst	Herrn Probst ...
(Oberlandes-, Landes-, Ober-) Kirchenrat	Herr (Oberlandes-, Landes-, Ober-) Kirchenrat	Sehr geehrter Herr (Oberlandes-, Landes-, Ober-) Kirchenrat	Herrn (Oberlandes-, Landes-, Ober-) Kirchenrat
Pfarrer, Pastor, Vikar	Herr Pfarrer (Pastor usw.)	Sehr geehrter Herr Pfarrer (Pastor usw.)	Herrn Pfarrer (Pastor usw.)
WÜRDENTRÄGER DER RÖM.-KATH. KIRCHE			
Papst	Euere Heiligkeit *oder* Heiliger Vater	Euere Heiligkeit *oder* Heiliger Vater	Seiner Heiligkeit Papst ... Vatikanstaat (*oder* Citta del Vaticano)
Kardinal	Euere Eminenz	Euere Eminenz	Seiner Exzellenz ... Bischof (Erz-, Weih-) von ...
Prälat, Monsignore	Herr Prälat; Monsignore	Sehr geehrter Herr Prälat, Sehr geehrter Monsignore	Herrn Prälaten (Monsignore ...)
Domkapitular (Kanonikus), Domvikar, Ordinariatsrat, Domprobst, Domdechant	Herr Domkapitular (Domvikar usw.)	Sehr geehrter Herr Domkapitular (Domvikar usw.)	An das Domkapitel der Kathedralkirche ... (bei der Metropolitankirche ...) Herrn ...
Träger öffentlicher Ämter und Funktionen			
Mitglied des Bundestages, Landtages	Herr Bundestagsabgeordneter, Herr Landtagsabgeordneter	Sehr geehrter Herr ... *oder* Sehr geehrter Herr Bundestagsabgeordneter, Sehr geehrter Herr Landtagsabgeordneter	An den Abgeordneten des Deutschen Bundestages Herrn ..., des Deutschen Landtages Herrn ... *oder* Dem Abgeordneten des Deutschen Bundestages Herrn ..., ... des ... Landtages Herrn ...
(Ober-) Bürgermeister	Herr (Ober-) Bürgermeister	Sehr geehrter Herr (Ober-) Bürgermeister	An den (Ober-) Bürgermeister der Stadt ... Herrn ... *oder* Dem (Ober-) Bürgermeister der Stadt ... Herrn ...

Landrat	Herr Landrat	Sehr geehrter Herr Landrat	An den Landrat des Kreises ... Herrn ... *oder* Dem Landrat des Kreises ... Herrn ...
(Ober-) Stadtdirektor	Herr (Ober-) Stadtdirektor	Sehr geehrter Herr (Ober-) Stadtdirektor	An den (Ober-) Stadtdirektor der Stadt ... Herrn ... *oder* Dem (Ober-) Stadtdirektor der Stadt ... Herrn ...
Gerichte			
Präsident des Bundesgerichtshofes, Bundesverfassungsgerichts, Bundesfinanzhofes usw.	Herr Präsident	Sehr geehrter Herr Präsident	An den Präsidenten des Bundes... Herrn ... *oder* Dem Präsidenten des Bundes... Herrn ...
Kammergerichtspräsident (Oberlandes-), Landgerichtspräsident, Generalbundesanwalt, Generalstaatsanwalt	Herr Kammergerichtspräsident (Oberlandesgerichtspräsident usw.) *oder* Herr Präsident	Sehr geehrter Herr Kammergerichtspräsident (Oberlandesgerichtspräsident usw.)	An den Kammergerichtspräsidenten (Oberlandesgerichtspräsidenten usw.) Herrn ...
(Ober-) Landgerichtsrat, Amtsgerichtsrat (Ober-, Erster) Staatsanwalt, Amtsanwalt	Herr (Ober-) Landgerichtsrat (Amtsgerichtsrat usw.)	Sehr geehrter Herr (Ober-) Landgerichtsrat (Amtsgerichtsrat usw.)	Herrn (Ober-) Landgerichtsrat (Amtsgerichtsrat usw.) ...
Rechtsanwalt, Rechtsanwalt und Notar	Herr ...	Sehr geehrter Herr ...	Herrn Rechtsanwalt ... *oder* Herrn ... – Rechtsanwalt und Notar –
Diplomatisches Corps gemäß internationalem Protokoll			
Botschafter, Gesandter (Chef der Mission fremder Länder)	Exzellenz *oder* Euere Exzellenz	Euere Exzellenz	Seiner Exzellenz dem Botschafter (Gesandten) der ... des (Staatsbezeichnung) Herrn ...
Botschafter und Frau Gesandter und Frau (ausländ.)	Exzellenz *oder* Euere Exzellenz	Euere Exzellenz, Ihre Exzellenz	Ihre Exzellenzen dem Herrn ... (z. B. englischen) Botschaftsrat und Frau ...
Apostolischer Nuntius	Exzellenz *oder* Euere Exzellenz	Hochwürdigste Exzellenz	Seiner Exzellenz dem Apostolischen Nuntius Monsignore ...
Botschaftsrat, Gesandtschaftsrat, Gesandtschaftssekretär (ausländ.)	Herr Botschaftsrat (Gesandtschaftsrat) usw.	Sehr geehrter Herr Botschaftsrat (Gesandtschaftsrat usw.)	Dem Botschaftsrat (Gesandtschaftsrat) bei der (Staatsbezeichnung) Botschaft (Gesandtschaft Herrn ...)

3.2 Duzen und Siezen

Ein heikles Thema! Schnell wird auf weinseligen Betriebsfesten das Du angeboten. Zurück im nüchternen Büroalltag ist es vielen Beteiligten dann oft unangenehm und sie wissen nicht, wie sie sich verhalten sollen. Soll man einfach wieder zum Sie übergehen? Oder das Du beibehalten, obwohl es der andere vielleicht längst vergessen hat und diese Vertraulichkeit nun als plump empfindet?

Regionale Unterschiede

Der Gebrauch des Du unter Erwachsenen ist regional stark unterschiedlich. In Norddeutschland ist die Anrede Du weit weniger gebräuchlich als im mittleren oder südlichen Teil von Deutschland. Dafür ist dort die Kombination aus Sie und Vornamen weit häufiger anzutreffen als anderswo. In der deutschsprachigen Schweiz ist es üblich, seine Mitmenschen, die man im Singular siezt, im Plural zu duzen: „Seid ihr gut angekommen?"

„Ihr ist nicht der Plural von Sie"

An dieser Stelle sollte man einmal grundsätzlich auf die Unterscheidung zwischen Einzahl und Mehrzahl in der Anrede eingehen. Vielen Leuten ist nicht bewusst, dass sie, wenn sie ihren Kunden fragen: *„Könnte das für euch interessant sein?„,* ihren Kunden duzen. Die Mehrzahl von „Sie" ist nämlich immer noch „Sie", aus „Sie" im Singular wird nicht „ihr" im Plural. Der Satz „Könnte das für Sie interessant sein?" ist also sowohl in der Einzahl als auch in der Mehrzahl richtig.

„Könnte das für euch interessant sein?"

Wer bietet das Du an?

Wenn Erwachsene untereinander das Du anbieten, so geht die Initiative stets vom Älteren, Höhergestellten, Vorgesetzten aus, nie umgekehrt.

Die Initiative geht stets vom Älteren, Höhergestellten, Vorgesetzten aus

Wenn zwischen Mann und Frau das Du angeregt wird, so geht die Initiative stets von der Frau aus.

Bevor Sie sich aber entschließen, Ihrem Gegenüber das Du anzubieten, sollten Sie sich ganz sicher sein, dass der Grad Ihrer gemeinsamen Vertraulichkeit ausreicht, diesen Entschluss nie wieder revidieren zu müssen.

Ein einmal erteiltes Du wieder rückgängig zu machen kommt einem Schlag ins Gesicht gleich

Es gibt im gesellschaftlichen Verkehr zwei wichtige Tabus, die nur unter extremsten Ausnahmen gebrochen werden. Dazu gehört es, eine dargebotene Hand zu „übersehen" und den Händedruck nicht auszuführen und zweitens, ein einmal erteiltes Du wieder rückgängig zu machen. Dies kommt einem schlimmen Affront wie etwa einem Schlag ins Gesicht gleich und sollte unter allen Umständen vermieden werden.

„Ich möchte nicht geduzt werden"

Was aber, wenn Sie das dargebotene Du nicht erwidern möchten? Auch diesen Schritt sollten Sie sich sorgsamst überlegen. Denn wie diplomatisch Sie auch immer antworten mögen, Sie werden Ihren Gesprächspartner schwer beleidigen. Deswegen gilt hier die Regel: Wägen Sie sorgfältigst ab, ob Sie nicht unter Umständen doch mit einem ungeliebten Du leben könnten.

Wenn jedoch schwerwiegende Gründe dagegen sprechen und Sie bei aller Toleranz nicht damit leben können, so wählen Sie eine über die Maßen freundliche „Begleitmusik" der Ablehnung. Eine solche Formel könnte folgendermaßen aussehen:

Wenn man das Du ablehnen möchte

„Ich fühle mich sehr geehrt durch Ihr Angebot. Und würde mich überaus freuen, wenn wir zu einem angemessenen Zeitpunkt zum Du übergehen könnten. Ich habe mir aber zum Grundsatz gemacht, eine solche Entscheidung nicht zu überstürzen. Bitte lassen Sie mir noch ein wenig Zeit, damit ich mich an die neue Anrede gewöhnen kann."

Wenn sich jedoch in Ihrem Büro alle duzen, würden Sie mit einem Beharren auf dem förmlichen „Sie" rettungslos zum Außenseiter abgestempelt. Die Benimmexpertin Petra Beegemann sagt dazu: *„Eine ‚Auszeichnung' ist das Du hier ohnehin nicht mehr. Meist stellt sich schnell heraus, dass hinter der Fassade vermeintlicher Vertrautheit die Konflikte genauso brodeln – und genauso ausgetragen werden – wie in einer ‚Sie-Gemeinschaft'. Dasselbe gilt übrigens auch, wenn Ihnen Ihr Chef (unprofessionellerweise) das Du anbietet. Im Ernstfall wird das hierarchische Verhältnis zwischen Ihnen ohnehin wieder greifen."*

Als schlimmsten Fauxpas bezeichnet sie übrigens, wenn jemand seinem Chef von sich aus das Du anbietet.

3.3 Who is Who? – Visitenkarten

Visitenkarten (von französisch „visite“ = der Besuch) hatten früher die Aufgabe, einen Besuch vorzubereiten oder ihn gar zu ersetzen. Dazu gab es eine bestimmte Geheimsprache, die in bestimmten Kreisen auch heute noch verwendet wird. Hier die entsprechenden Kürzel:

PRAXIS

Visitenkarten-Sprache

p.c.	*pour condoler,* um Beileid auszudrücken
p.p.p.	*pur prendre part,* ebenfalls: um Beileid auszudrücken
p.f.	*pour féliciter,* um Glück zu wünschen
p.r.	*pour remercier,* um zu danken
p.f.n.a.	*pour féliciter nouvel an,* um zum neuen Jahr Glück zu wünschen
p.f.	oder eine Kombination aus *p.r.* und *p.f.:* *p.r.p.f.,* also: Dank und Glückwunsch
p.p.	*pour présenter,* um vorzustellen
p.p.c.	*pour prendre congé,* um Abschied zu nehmen

Visitenkarten verliert man nicht

Visitenkarten helfen Netzwerke zu knüpfen

Heute ist die Visitenkarte ein wichtiges Medium, um Netzwerke zu knüpfen. Die Erfahrung zeigt, dass fast alles nach Erhalt fortgeworfen wird: Prospekte, Werbung usw. Nur eins nicht: Visitenkarten. Wer einmal eine solche Karte erhalten hat, der bewahrt sie wie einen Schatz auf. Überprüfen Sie einmal Ihre Unterlagen, Sie finden garantiert in Ihrem Visitenkartenbüchlein noch Karten, die Sie vor 15 Jahren erhalten haben und längst nicht mehr zuordnen können.

Verteilen Sie Ihre Visitenkarten so oft Sie können

Die Visitenkarte zeigt Ihrem Gegenüber blitzschnell, wen er vor sich hat: Beruf, ggf. Ausbildung, Position und Adresse. Verteilen Sie Ihre Visitenkarten so oft Sie können, ohne allerdings dabei lästig zu werden. Überreichen Sie sie nicht sogleich am Anfang eines Gesprächs, aber auch nicht erst an dessen Ende. Überreichen Sie die Karte diskret und ohne große Geste. Lassen Sie Ihrem Gesprächspartner einige Sekunden Zeit, die Karte zu betrachten.

Nur kein Geiz

Seien Sie nicht knauserig mit Ihren Visitenkarten, auch wenn diese teuer waren. Fordern Sie sie niemals zurück, auch nicht, wenn Sie auf dem Weg zu Ihrem Ansprechpartner versehentlich zunächst an „den Falschen“ geraten sind. Sprechen Sie mit einer Gruppe von bis zu fünf Personen, so reichen Sie auf jedem Fall jedem eine Karte.

Professionelles Outfit

Lassen Sie Ihre Visitenkarte bitte nicht am Bahnhof an einem Automaten drucken. Das sieht immer ärmlich aus. Verzichten Sie auch auf bunten Firlefanz wie Cliparts, Bildchen oder typographische Spielereien. Denken Sie daran, dass die Visitenkarte ein wichtiges Instrument in Ihrer persönlichen PR ist und lassen Sie sie daher von Profis entwerfen und drucken.

Visitenkarten sollten ein Maß von 6 x 10 cm nicht übersteigen

Die Größe einer Visitenkarte sollte ein Maß von 6 x 10 cm nicht übersteigen. Größere Karten wirken allzu protzig und sind auch in den entsprechenden „Archiven“ wie Visitenkartenalben, Timern usw. nicht unterzubringen. Damit sinkt Ihre Chance, beim Empfänger der Visitenkarte im Gedächtnis zu bleiben.

„Wo war sie doch noch gleich?“

Was aber passiert, wenn man Ihnen gerade eine Visitenkarte überreicht hat und Sie finden Ihre eigene als Gegengabe nicht, obwohl Sie minutenlang in all Ihren Brief-, Hosen- und Anzugsjackentaschen nach ihr gekramt haben?

Dann bekommen Sie erst einmal eine Fünf und sind durchgefallen. Jedenfalls im Kapitel „Stil und Etikette rund um die Visitenkarte“. Denn oberstes Gebot ist:

PRAXIS

Visitenkarten: Stets zu Diensten

Jederzeit – das heißt wirklich immer, bei jeder Gelegenheit und an jedem Ort – müssen Sie in der Lage sein, schnell und ohne umständliche Sucherei Ihre Visitenkarte zu präsentieren. Eine kleine Hilfe dazu ist, in alle erreichbaren Anzüge, Sakkos, Kostümjacken, Brieftaschen und Portemonnaies von vornherein einen kleinen Vorrat von Karten zu platzieren. Bevor Sie aus dem Haus gehen, überprüfen Sie, ob Sie Ihre Karten auch griffbereit haben.

Sauber und aktuell

Visitenkarten sollten übrigens sauber sein. Kaffeeflecken, Fingerabdrücke und Eselsohren machen einen ebenso schlechten Eindruck wie Karten, die schon einmal der Sonne ausgesetzt waren und daher leicht angegilbt sind. Sehen Sie also daher zu, dass Ihr Vorrat an Visitenkarten stets „frisch“ ist.

Sollten Sie umziehen und dieser Umzug so plötzlich und unerwartet schnell gekommen sein, wie man es etwa von Weihnachten und Ostern kennt, dann dürfen Sie ausnahmsweise in den ersten Tagen Ihre neue Anschrift, Telefonnummer usw. handschriftlich korrigieren. Diese Erlaubnis gilt jedoch nur für den äußersten Notfall, wer noch nach Wochen oder Monaten mit handbemalten Exemplaren herumläuft, hat ein „Benimm-im-Business-Problem“. Vorausschauende Zeitgenossen geben sogar rechtzeitig vor dem Umzug an Ihre Druckerei neue Karten in Auftrag.

Würdigung erhaltener Karten

Wenn Sie selbst eine Karte erhalten, studieren Sie diese aufmerksam und zeigen durch eine kurze Bemerkung Ihre Wertschätzung: „Aha, Sie sind der Abteilungsdirektor“. Stecken Sie die Karte danach nicht einfach achtlos in Ihre Sakkotasche, sondern zelebrieren Sie diesen Vorgang. Zücken Sie dazu Ihre Brieftasche oder, wenn Sie Ihrem Gesprächspartner wirklich schmeicheln wollen, noch besser ein silbernes Visitenkartenetui. Versuchen Sie es einmal, es hat eine verblüffende Wirkung auf den anderen.

Stecken Sie eine dargebotene Karte nicht einfach achtlos ein

3.4 Telefonieren – mehr als Schall und Rauch

Viele, wenn nicht die meisten geschäftlichen Kontakte werden über das Telefon aufrechterhalten. Da man am Telefon aber anders als im Rahmen der direkten Kommunikation den Gesprächspartner lediglich hört und nicht auch sieht, ist hier die Einhaltung einiger Regeln besonders wichtig.

3.4.1 Halten Sie den Telefonhörer richtig!

In manchen Großraumbüros herrscht ein Geräuschpegel wie an einem Hauptbahnhof. Viele Kollegen schreien beim Telefonieren so laut, als hätten sie es mit Schwerhörigen zu tun. Trotzdem hat der Gesprächspartner am anderen Ende der Leitung den Eindruck, er werde aus New York angerufen. Dabei befinden sich beide in derselben Stadt. Warum?

Ein Telefonhörer hat ein Mikrofon, das die Sprache des Anrufers aufnimmt. Es sitzt am unteren Ende des Hörers und ist so angebracht, dass es sich direkt vor dem Mund befindet. Allerdings nur, wenn man es auch wirklich vor denselben hält! Am Hals tritt keine Stimme aus, das passiert eben etwas höher. Warum aber halten so viele Leute den Hörer tief gegen ihre Brust und brüllen dann darüber hinweg?

Die Aufnahmefähigkeit des Mikrofons nimmt dabei um 50 Prozent ab. Die Stimme klingt leise, und das nicht nur beim Gesprächspartner, sondern auch im eigenen Ohr. Im oberen Ende des Hörers befindet sich bekanntlich ein kleiner Lautsprecher, der nicht nur die Stimme des Anderen überträgt, sondern auch zur Kontrolle die eigene. Wenn ich also den Hörer zu tief halte, klingt meine eigene Stimme sehr leise. Ich habe dann den fälschlichen Eindruck, zu leise zu sprechen und beginne zu schreien. Dennoch erscheint meine Stimme gedämpft. Dies irritiert sowohl den Sprecher selbst als auch den Empfänger. Die Gesprächsatmosphäre ist von vornherein belastet.

3.4.2 Sie werden angerufen

Wie oft sollten Sie es klingeln lassen?

Ein Anrufer braucht, bevor er Sie anruft, eine gewisse Einstimmungs- und Vorbereitungsphase.

Wenn Sie nun beim ersten Signalton bereits den Hörer abnehmen würden, wäre der Anrufer in seiner Vorbereitungsphase jäh unterbrochen und würde sich gewissermaßen „erschrecken“.

Überfahren Sie den Anrufer nicht

Wenn Sie beim zweiten Läuten den Hörer abnehmen, haben Sie den optimalen Einstieg in eine harmonische Gesprächsatmosphäre vorbereitet. Würden Sie erst beim dritten Läuten den Hörer abnehmen, so könnte beim Anrufer schon eine erste Befürchtung entstehen, dass seine Vorbereitungszeit vergebens war, da der Gesprächspartner eventuell nicht zu erreichen ist und dass ihm mit seinem Anliegen nicht geholfen wird. Die Verstimmung ist allerdings noch nicht gravierend, daher ist auch ein Abnehmen nach dem dritten Läuten noch halbwegs akzeptabel.

Bei jedem weiteren Läuten steigert sich allerdings die Verstimmung des Anrufers und wer acht Klingelzeichen abwarten musste, bevor sich jemand meldet, der ist deutlich verärgert.

Das Telefon als Visitenkarte

Hintergrundgeräusche

Da der erste Eindruck entscheidend ist, ist ein weiterer harmonischer Gesprächsablauf auch von den ersten Sekunden nach Abheben des Telefonhörers abhängig. Beginnen wir zunächst mit den Hintergrundgeräuschen.

Die ersten Sekunden nach Abheben des Telefonhörers prägen das weitere Gespräch

Eine bekannte Franchisekette hat zum Beispiel in ihren Aufnahmekriterien für weitere Franchisepartner dem telefonischen Ersteindruck und da insbesondere den Hintergrundgeräuschen einen entscheidenden Stellenwert zugeordnet.

Wenn zum Beispiel ein Akquisiteur einen potenziellen Franchisenehmer telefonisch kontaktiert und im Hintergrund einen bellenden Hund, zwitschernden Kanarienvogel oder Babyschreien wahrnimmt, so wird der Angerufene sofort von der Liste der möglichen Geschäftspartner gestrichen. Besagte Franchisekette hatte es sich nämlich zum Ziel gesetzt, ausschließlich mit professionellen Partnern zu arbeiten, die über ein eigenes Büro verfügen. „Private" Hintergrundgeräusche lassen aber auf einen eher amateurhaften Kontext schließen.

Selbst wenn Sie in Ihrem Büro weder Kanarienvogel, Hunde noch Kinder haben sollten, so gibt es auch in Ihrem Bereich Hintergrundgeräusche, die einen Anrufer negativ einstimmen können. Insbesondere zählen dazu: Lachen oder Unterhaltungen von Kollegen, Radiomusik, Straßen- und Baulärm sowie das Klappern von PC-Tastaturen.

Schließen Sie Hintergrundgeräusche nach Möglichkeit aus

Selbst wenn der Anrufer diese Geräusche nicht bewusst wahrnimmt oder verstandesmäßig sogar akzeptiert (wenn er zum Beispiel von lachenden Kollegen im Hintergrund auf ein angenehmes Betriebsklima schließt), fühlt er sich unbewusst doch zurückgesetzt. Sein Unterbewusstsein registriert: Hier bin ich nicht die Nummer eins, der Gesprächspartner ist durch andere Tätigkeiten abgelenkt.

Das gilt auch für Schmatzgeräusche, wie sie etwa beim Essen oder Kaugummikauen entstehen, bei Geräuschen, die ein Raucher verursacht oder wenn der Angerufene, während er den Hörer abnimmt, noch ein Gespräch mit einem Dritten beendet à la: „... *selbstverständlich können wir liefern, Herr Müller, am 15. haben Sie Ihre Paletten auf dem Hof stehen. Firma Meier, Schulze, guten Tag!*"

nicht ein Gespräch ins andere laufen lassen

Der Anrufer hört noch den Ausklang des Vorgesprächs und gewinnt zumindest unbewusst den Eindruck, dass er nicht über die hundertprozentige Aufmerksamkeit des Angerufenen verfügen kann.

Avanti avanti

zwischen Abnehmen des Hörers und der Namensnennung nicht allzu viel Zeit verstreichen lassen

Auch sollten Sie zwischen dem Abnehmen des Hörers und Ihrer Namensnennung nicht allzu viel Zeit verstreichen lassen. Als man in einer Untersuchung testete, welche Fehler Anrufer besonders störten, stand eine zu lange Dauer zwischen Abheben und Melden ziemlich oben auf der Liste.

Melden Sie sich

Nun folgt die eigentliche Meldung. Es liegt in Ihrer Hand bzw. in Ihrer Stimme, wie sich der weitere Gesprächsverlauf entwickeln wird.

Jetzt haben Sie die Möglichkeit, sich selbst und Ihr Unternehmen als zeitgemäß und service- bzw. kundenorientiert zu präsentieren. Das ist deshalb wichtig, weil der Anrufer seinen kompletten Hormonhaushalt auf das Image des angerufenen Unternehmens einstellt.

Trifft er auf ein konservatives Unternehmen, das in punkto Kundenorientierung noch in den Fünfzigerjahren beheimatet ist, so weiß er in Sekundenbruchteilen: „Jetzt musst du kämpfen, wenn du hier etwas erreichen willst." Er wird also alle zur Verfügung stehenden Aggressionshormone mobilisieren, um sich Gehör zu verschaffen. Das gilt selbstverständlich nicht nur für den Kundenverkehr, sondern auch, wenn der Anrufer ein Kollege, Vorgesetzter oder Mitarbeiter ist.

Solche aggressionsauslösenden, „verstaubten" Meldeformeln wären zum Beispiel:

- *„Uniflex!"*
- *„Uniflex GmbH & Co. KG"*

- *„Firma Uniflex"*
- *„Uniflex, Müller"*
- *„Uniflex, Müller am Apparat"*

„Meier von der Firma Müller"

Das Wörtchen „Firma" ist mega-out

Es sollte sich mittlerweile herumgesprochen haben, dass das Wörtchen „Firma" ungefähr so einen Hype besitzt wie „Reklame, Backfisch, Altersheim" oder „Fahrstuhl". Auch Wörter haben ihre Moden und ihre Konjunktur. Das Wörtchen Firma ist mega-out und weckt Assoziationen wie „kleiner Krauter", „Klitsche".

„Hier ist die Firma Meier GmbH und Co KG o je aha olè"

Auch die Nennung der Rechtsform wie GmbH, AG usw. ist nicht mehr zeitgemäß. Sie klingt zu distanziert, offiziell und bringt das Gespräch gleich in ein bestimmtes Rechtsverhältnis, was einer freundschaftlichen Atmosphäre doch sehr im Wege steht.

„Wie bitte?"

Grob unhöflich wäre es, sich einfach nur mit dem Namen des Unternehmens vorzustellen, ohne seinen eigenen Namen zu nennen.

Zu Irritationen führt es auch immer, wenn man zwar das Unternehmen und seinen eigenen Namen nennt, zwischen beiden Namen aber keine Pause macht, die Namen also zu schnell nennt oder vernuschelt.

Es ist entscheidend, dass beide Gesprächspartner einander identifizieren können und möglichst auch mit Namen ansprechen können. Oft kann man einen Namen gar nicht als solchen identifizieren, wie es zum Beispiel bei Ortsnamen wie „Großheide" der Fall ist.

Melden Sie sich mit Vor- und Nachnamen

Wer einen solchen Namen hat, sollte sich nicht mit *„Uniflex, Großheide"* melden, denn dies könnte als Ortsangabe missverstanden werden. Optimal wäre es, wenn Sie Ihren Vornamen voranstellen würden. Dies klingt erstens sehr modern, kundenorientiert und freundlich und bietet zweitens die Chance, Verwechslungen zu vermeiden. Wem die Nennung seines Vornamens trotz aller Vorzüge unangenehm ist, der kann auch ein *„mein Name ist …"* voranstellen.

Untersuchungen haben gezeigt, dass Anrufer, wenn sie solche modernen Meldeformeln wahrnehmen, eher davon ausgehen, dass ihnen in diesem kundenorientierten Unternehmen schnell geholfen wird und dass sie nicht kämpfen müssen.

Dies gilt insbesondere für den Punkt Reklamationsbehandlung. Bei den Verbrauchern hat sich mittlerweile der Eindruck etabliert, dass moderne und kundenorientierte Unternehmen auch über ein kundenfreundliches Reklamationsmanagement verfügen. Der Anrufer wird nach einem solchen seine „Kampfhormone" erst einmal stecken lassen.

Eine zeitgemäße Meldeformel

Eine zeitgemäße Meldeformel wäre also:
„Uniflex … Pause … *Sabine Schneider* … Pause … *guten Tag"*.

Besonders wichtig ist es darauf zu achten, dass gegen Ende der Meldeformel die Stimme angehoben wird. Das klingt wie ein phonetisches „Herzlich willkommen", das den Anrufer nun einlädt zu sprechen.

Die Melodie macht die Musik

Wer seine Stimme bei der Namensnennung senkt, signalisiert damit, dass er keine Störung wünscht. Das ist darin begründet, dass die Senkung einer Stimme ein Ende signalisiert, wie zum Beispiel ein Satzende. Auf eine sich hebende Stimme folgt noch etwas, entweder der eigene Satz oder der des Gegenübers.

Man kann natürlich auch zu Meldeformeln greifen wie *„Hallo, hier ist Global International, mein Name ist Melanie Schleim-Seiber, was kann ich für Sie heute ganz persönlich tun?"*

Auf übertriebene Meldeformeln reagieren viele Anrufer inzwischen allergisch

Das lag sogar vor nicht allzu langer Zeit noch ziemlich im Trend, im Moment scheint sich der Trend aber wieder umzudrehen. Viele Anrufer reagieren mittlerweile auf diese „übertriebenen" Meldeformeln allergisch.

Außerdem hat sich eine erstaunliche Erkenntnis durchgesetzt: Allzu flotte „amerikanische" Meldeformeln stehen oft im diametralen Gegensatz zur Fachkompetenz vieler Sprecher. Viele wissen mittlerweile aus leidvoller Erfahrung, dass sich hinter dem Gesäusel und Gesumse der Service- und Callcenter-Agents selten ein Mitarbeiter mit Fachkompetenz verbirgt. Auf diese Weise wird allzu geschliffen vorgetragene Kundenorientierung zu einem Bumerang.

Für welche Meldeformel Sie sich auch immer entscheiden, ist natürlich auch von Ihrem persönlichen Geschmack abhängig. Nur auf eine sollten Sie verzichten: *„Ja"* oder *„Hallo"*. Diese in letzter Zeit leider sehr populär gewordene Variante ist auf jeden Fall eine grobe Unhöflichkeit.

Wenn Sie den Hörer beiseite legen müssen, um beispielsweise eine Akte zu holen, lautet die korrekte Formel für den „Wiedereintritt in die Gesprächsatmosphäre": *„Hören Sie bitte?"*, nicht: *„Da bin ich wieder"* oder *„Hallo?"*.

Überhaupt ist vielen Leuten der Gebrauch des Wörtchens „bitte" nicht mehr geläufig. Nur zu oft hört man *„... einen Moment"* oder *„Wie ist denn Ihr Name?"*. Ein angehängtes „Bitte" ist wohl das Mindeste, was man von einem zivilisierten Menschen erwarten kann.

„Wie war doch gleich Ihr Name?"

Schnitzer wie *„Wie war doch gleich Ihr Name?"*, sollten dem fortgeschrittenen Telefonexperten ebenfalls nicht mehr unterlaufen. Erstens ist diese Formulierung des Tempus (Zeit) unglücklich, denn schließlich *ist* der Name ja noch. Zweitens signalisiert eine solche Formulierung Desinteresse im Sinne von: *„Ich habe bei der ersten Namensnennung nicht hingehört und überhaupt interessiert mich Ihr Name ungefähr so wie ein Sack Reis, der in Peking umfällt"*.

Werden Sie gefragt: *„Ich habe da mal eine Frage ..."* oder *„Könnten Sie mir bitte bei Problem XY helfen?"*, wäre es äußerst unhöflich nun zu schweigen. Einfach nichts zu sagen ist aber leider in letzter Zeit sehr in Mode gekommen.

Lassen Sie jemanden, den Sie verbinden, nicht wortlos in ein akustisches Loch fallen

Es gibt Menschen, die sagen, nachdem sie eine Begrüßung empfangen haben ... nichts. Sie schweigen einfach. Wohl in der Hoffnung, dass unfreundliches Benehmen den Anrufer abschrecken möge. Bei freundlichem Entgegenkommen könnte er sich ja ermuntert fühlen, ein Arbeit verursachendes Anliegen vorzutragen. Benimm-Wertung: ungenügend!

Gute Verbindung!

Wenn Sie jemanden verbinden müssen, lassen Sie ihn nicht wortlos in ein tiefes akustisches Loch fallen, indem Sie einfach „aufs Knöpfchen" drücken.

Sagen Sie dem Anrufer, mit wem Sie ihn verbinden werden und rufen Sie nach Möglichkeit in der entsprechenden Abteilung an, um

- sich darüber zu informieren, ob der Kollege überhaupt am Platz ist,
- den Kollegen nach Möglichkeit über den Sachverhalt zu informieren, damit der Anrufer sein Anliegen nicht noch einmal vortragen muss.

Daraufhin wenden Sie sich wieder an den Anrufer, bedanken sich noch einmal für den Anruf und – das wird in den häufigsten Fällen vergessen – verabschieden sich.

Transparenz durch Begründung

Ist der gewünschte Gesprächspartner nicht zu erreichen, so verkündet seine Vertretung:

„Herr Müller ist zur Zeit leider in der Monatsabschlussbesprechung bei seinem Vorgesetzten. Diese Besprechung wird bis ca. 14 Uhr dauern. Kann ich ihm etwas ausrichten oder kann Herr Müller Sie um 14 Uhr zurückrufen?"

Begründen Sie, warum jemand gerade nicht zu erreichen ist

Ein einfaches *„Herr Müller ist nicht an seinem Platz"* oder *„Herr Müller ist in einem Meeting"* wäre hier sehr unhöflich und erweckt beim Anrufer sofort den Verdacht, abgewimmelt zu werden. Das liegt daran, dass Meetings einen zunehmend schlechten Ruf gewinnen und als Tummelwiesen für Plaudertaschen oder Kaffeekränzchen verunglimpft werden.

Sobald ein Sachverhalt aber begründet wird, gewinnt er an Überzeugungskraft. Wenn Sie also die Tatsache begründen, warum Ihr Kollege gerade nicht zu erreichen ist, wird dies in der Regel vom Anrufer auch akzeptiert. Selbstverständlich sollen Sie dabei keine Betriebsinterna verraten. Es dürfte Ihnen dabei nicht weiter schwer fallen, beispielsweise aus einem einfachen Meeting ein „Monatsabschlussgespräch" zu machen, um Ihrer Begründung mehr Nachdruck zu verleihen.

Wenn Sie selbst in einem Meeting sind oder Besucher oder Gäste geladen haben, sollten Sie, wenn es irgend möglich ist, Ihr Telefon umleiten oder abstellen. Gespräche annehmen sollten Sie während des Besuchs nur in allerdringendsten Notfällen.

3.4.3 Sie rufen an

Anliegen klar strukturieren

Wenn Sie jemanden anrufen, nennen Sie deutlich Ihren Vor- und Nachnamen und den Namen Ihres Unternehmens. Bemühen Sie sich, eine eindeutige Struktur und Hierarchisierung zu beachten.

Ein Negativbeispiel

Anruf bei einer Versicherung.
Die Zentrale meldet sich: „*Pfefferminzia AG Berlin.*“
Anrufer: „*Müller, guten Tag, Sie haben mir heute eine Rechnung geschickt und da steht ‚Erstbesitztarif‘. Das stimmt aber nicht, das habe ich nie angegeben. Ich bin ja gar nicht der Erstbesitzer.*“

Fallen Sie nicht mit der Tür ins Haus

Denken Sie immer dran, dass derjenige, der sich zuerst meldet, nicht unbedingt auch der ist, der Ihren Fall beurteilen und Ihnen weiterhelfen kann.

Besser wäre es so.

Die Zentrale meldet sich: „*Pfefferminzia AG Berlin.*“
Anrufer: „*Stefan Müller, guten Tag, ich habe eine Frage zur Kfz-Versicherung.*“

Hören Sie nun ein „*Ja gerne, wie kann ich Ihnen helfen*“, so können Sie Ihr Anliegen vortragen. Wenn nicht, werden Sie weiterverbunden.

Auch dann gilt zunächst wieder einmal: „*Stefan Müller, guten Tag. Ich habe eine Frage zur Kfz-Versicherung*“, Pause, Abwarten der Reaktion des Angerufenen.

Haben Sie es mit einem Profi zu tun, so wird er nun sagen: „*Ja gerne, wie ist denn bitte Ihre Versicherungsnummer?*“ Sie nennen dann die Versicherungsnummer und warten, bis Ihr Gesprächspartner den entsprechenden Vorgang herausgesucht hat.

Haben Sie dagegen einen Amateur vor sich, so wird er wahrscheinlich nichts sagen. Dann bieten Sie von sich aus an: „*Darf ich Ihnen meine Versicherungsnummer geben? Es handelt sich um den Pkw mit dem Kennzeichen XYZ*“.

Erst wenn Sie sicher sind, dass Ihr Gesprächspartner Ihre Daten vorliegen hat, versorgen Sie ihn kurz mit den nötigen Hintergrundinformationen.

Sie fallen nicht einfach mit der „Tür ins Haus“, sondern setzen ihn kurz ins Bild:

„Ich habe heute eine Rechnung von Ihnen bekommen und da sehe ich links unter der Rubrik ‚Risikomerkmale‘ dass Sie bei der Beitragsberechnung unter anderem davon ausgegangen sind, dass ich ‚Erstbesitzer‘ des Pkw bin. Das stimmt aber nicht, ich habe es auch bei Vertragsschluss so nicht angegeben.“

Sich verständlich und einfühlsam ausdrücken

In Bezug auf das Sprachverhalten unterscheidet man den so genannten „elaborierte Code“ vom „restringierten Code“. Eines elaborierten („ausgearbeiteten“) Codes bedienen sich nach dem Sprachwissenschaftler Bernstein kulturell gebildete Angehörige der gehobenen Mittelschicht oder auch der gesellschaftlichen Eliten. Den restringierten („eingeschränkten“) Code benutzen eher weniger gebildete Menschen, die – soziologisch gesehen – den „unteren“ gesellschaftlichen Schichten zuzuordnen sind.

sich sprachlich auf sein Gegenüber einstellen

Der Sprecher des elaborierten Codes ist in der Lage, sich genau zu vergegenwärtigen, was sein Gegenüber an Vorinformationen besitzt, was er überhaupt verstehen kann und welche Hintergrundinformationen er zum Verständnis benötigt.

Beispiel für einen restringierten Code:

Anruf bei einem Rechtsanwalt.
Angerufener: *„Kanzlei Wagner, guten Tag“*.
Anrufer: *„Müller, guten Tag. Ich wollte nur mal fragen: Nehmen Sie Praktikanten?“*

So ähnlich arbeiten Überfallkommandos. Sie setzen auf den Schock der Überraschung. Der Überraschte lässt sich wie paralysiert festnehmen, da er den Kontext der Aktion nicht versteht und auch nicht erwartet hatte.

Beim Telefonieren, insbesondere dann, wenn ich von meinem Gegenüber Hilfe erwarte, ist ein solches Verhalten destruktiv. Die Antwort im oben genannten Beispiel kann nur ein „Nein“ sein. Und dies schon allein aufgrund des Überraschungseffekts.

Ein „elaborierter" Sprecher würde sich die Gesprächssituation des Anderen bewusst machen. Er kann sich vorstellen, in welcher Situation der Angerufene am Arbeitsplatz ist. Dass er vermutlich gerade mit anderen Dingen beschäftigt war, vielleicht nicht sofort hundertprozentig konzentriert sein kann, und dass man, um sein Interesse zu wecken, schon einige Vorteile und Nutzen signalisieren muss.

sich die Gesprächssituation des anderen bewusst machen

In den elaborierten Code übersetzt würde das obige Beispiel folgendermaßen lauten: *„Guten Tag, mein Name ist Silke Müller. Ich bin 26 Jahre alt und nehme zur Zeit an einer Qualifizierungsmaßnahme für Rechtsanwaltsgehilfinnen teil. Im Rahmen dieses Kurses muss ich ein Praktikum vorweisen. Der Zeitraum wäre Mai bis September, es wäre für Sie kostenlos. Ich bin perfekt am PC, kenne mich mit den gängigen Rechtsanwaltsprogrammen aus und habe vor einigen Jahren drei Semester Jura studiert."*

Telefonierzeiten

Telefonierzeiten sind im Businessbereich identisch mit den Bürozeiten. Innerhalb dieser Zeiträume können Sie nach Herzenslust anrufen. Die „höheren Ränge" erreichen Sie vorzugsweise, wenn sie nicht gerade in einem Meeting sitzen. Meetings beginnen selten vor 9 Uhr, teilweise hat man auch bis 10 Uhr noch gewisse Chancen. Oder nach 17 oder 18 Uhr.

Telefonierzeiten sind im Businessbereich identisch mit den Bürozeiten

Wie aber sieht es bei dienstlichen oder geschäftlichen Anrufen bei Privatleuten aus? Diese werden nicht selten als unangenehm empfunden und haben überdies auch ihre juristische Problematik.

Rechtliche Aspekte

Betrachten wir das Problem zunächst einmal juristisch. Gespräche von gewerblich an privat sind grundsätzlich verboten. Damit soll die Privatsphäre insbesondere vor unerwünschten Akquiseversuchen geschützt werden.

Gespräche von gewerblich an privat sind grundsätzlich verboten

Der Hintergrund dieses Verbots ist zunächst einmal, dass der Angerufene nicht darüber entscheiden kann, ob er den Anrufer in seine Privatsphäre einlassen will. Dieser befindet sich ja mit seinem Anruf und der Entgegennahme desselben zwangsläufig bereits in der Privatsphäre des Angerufenen, die es ja eigentlich zu schützen gilt.

Zum Vergleich: Briefwerbung kann man ungeöffnet wegwerfen. Hier habe ich es wirklich in der Hand, über den Eintritt in meine Privatsphäre zu entscheiden. Ähnlich verhält es sich mit Besuchen an der Haustür. Ich kann den Eintritt des Besuchers in meine Privatsphäre dadurch verhindern, dass ich ihm einfach nicht die Tür öffne. Daher sind solche Akquisitionsversuche auch erlaubt.

Was für die Akquise gilt, gilt auch für alle anderen Anrufe von gewerblich an privat, auch wenn sie nur der Rückfrage oder Information dienen. In dieses Kapitel fallen auch alle Anrufe zur „Marktforschung" oder Umfragen.

Privatleute eine Einverständniserklärung für den Telefonkontakt unterschreiben lassen

Es gibt allerdings eine Ausnahme: Wenn der Privatmensch ausdrücklich seine Bereitschaft (schriftlich!) zur Entgegennahme von Anrufen erklärt hat. Eine solche Einverständniserklärung darf aber nicht einfach Standardbestandteil der allgemeinen Geschäftsbedingungen sein. Die Erklärung muss gesondert vom Erklärenden unterschrieben sein. Wer also seinen Kunden die allgemeinen Geschäftsbedingungen unterschreiben lässt, der muss sich zusätzlich die Einverständniserklärung für den Telefonkontakt unterschreiben lassen.

EINE FRAGE DER HÖFLICHKEIT

Kommen wir zu Punkt zwei, der Frage der Höflichkeit. Es ist grob unhöflich, jemanden um 7.30 Uhr bei den Vorbereitungen für seinen Tagesablauf zu stören. Vor 9 Uhr sollte man daher niemanden privat anrufen.

Das gilt auch für Anrufe, die später als 21 Uhr erfolgen. Um Punkt 20 Uhr sollte man wegen der dann verstärkt empfangenen Nachrichtensendungen auch niemanden stören.

Zwischen 13 und 15 Uhr halten immer noch, vorwiegend ältere Generationen, ihren Mittagsschlaf. Auch dann verbietet sich ein Anruf. Übrigens: Wer als Angerufener gerade „auf dem falschen Bein erwischt" wurde, der sollte dies auch offen sagen, anstatt gehetzt herumzudrucksen. *„Könnten Sie mich bitte um ... Uhr noch einmal anrufen, ich stehe schon im Mantel und draußen hat gerade der Taxifahrer geläutet."*

Oder man bietet einen Rückruf an. Dazu hat natürlich der höfliche Telefonierer immer einen Stift und Notizzettel neben dem Telefon liegen. Solches Gerät sollte auch von Zeit zu Zeit auf seine Funktionstüchtigkeit hin überprüft werden. Es gibt nichts Peinlicheres als *„Augenblick, ich muss mir erst einmal einen Stift suchen"* oder *„Hach verflixt, jetzt schreibt der Stift nicht"*. Das ist besonders dann unangenehm, wenn man es gerade besonders eilig hat.

Vertan, vertan

Wer sich verwählt hat, knallt natürlich nicht einfach den Hörer auf, sondern stellt sich kurz mit Namen vor, entschuldigt sich und verabschiedet sich, bevor er auflegt. Sagen Sie auch nicht *„Falsch verbunden"*, sondern *„Entschuldigung, ich habe mich verwählt"*.

Fasse Dich kurz

Wenn zwei Menschen miteinander telefonieren, so beeinträchtigen sie – oft ohne es zu wissen – eine ganze Reihe von Mitmenschen. Die Leitung ist für andere blockiert, die Kollegen der Umgebung müssen Rücksicht nehmen, leiser sprechen, auf Zehenspitzen gehen und jedweden Lärm vermeiden.

Daher sollten Telefonate, besonders im Businessbereich, auf ein wirklich nötiges Minimum reduziert werden. Ein hoher kirchlicher Würdenträger sagte einmal: *„Bei jedem Satz, den ich sagen will, überlege ich mir vorher: Muss er wirklich jetzt sein, muss er so lang sein und was genau passiert, wenn ich ihn nicht äußere?"* Nerven Sie die Angerufenen insbesondere nicht durch lange Monologe oder umständliches Drumherumreden.

Telefonate, besonders im Businessbereich, sollten sich auf das wirklich Wesentliche beschränken

3.4.4 Höfliches Telefonieren bedeutet „aktiv zuhören"

Angesichts der Begriffskombination „aktiv" und „zuhören" könnte man zunächst einen vermeintlichen Widerspruch feststellen. Der Begriff Zuhören wird gemeinhin mit der eher passiven Haltung des Empfangens verbunden. Etwas „Aktives" geht dagegen von einem handelnden Impuls aus.

Der Begriff des „aktiven Zuhörens" verbindet beide Formen und meint ein „handelndes Zuhören". Es will dem Sprechenden eine positive Resonanz geben, ihn bestärken, ermutigen und in seinem Sprechakt fördern.

„handelndes Zuhören" will dem Sprechenden eine positive Resonanz geben

Signale des „aktiven Zuhörens" werden vom Sprecher vielfach unbewusst wahrgenommen

Die Signale des „aktiven Zuhörens" werden vom Sprecher nicht unbedingt bewusst wahrgenommen. Die positive Bestärkung durch den Empfänger zielt vor allem auf das Unterbewusstsein. Diese Einflussnahme geschieht durch folgende Methoden des „aktiven Zuhörens":

1. Paraphrasieren
2. Akustische Rückmeldungen
3. Anteil nehmen an den Gefühlen des Anderen

Alle drei Methoden haben das Ziel, eine positive Gesprächsatmosphäre zu erzeugen.

1. PARAPHRASIEREN (GRIECH. „UMSCHREIBEN")

Paraphrasieren beugt Missverständnissen vor

Paraphrasieren bedeutet das, was der Sprecher sagt, zusammenzufassen, mit eigenen Worten wiederzugeben und zu umschreiben. Durch Paraphrasieren werden Missverständnisse vermieden, es entsteht Klarheit darüber, was eigentlich gemeint ist. Wir geben dem Gesprächspartner das Gefühl, ernst genommen zu werden und zeigen, dass wir die Gedankengänge des Partners mit in das Gespräch einbeziehen.

Es gibt eine Reihe von bewährten Einführungssätzen, die, an den Anfang gestellt, ein Paraphrasieren einleiten können.

Dazu bieten sich z. B. folgende Sätze an:

- *„Herr Müller, darf ich noch einmal zusammenfassen …",*
- *„Verstehe ich Sie richtig …",*
- *„Sie möchten also …",*
- *„Ihnen kommt es also darauf an, dass …",*
- *„Also, für Sie ist also wichtig, dass Sie …",*
- *„Herr Müller, mit anderen Worten, Sie wünschen …",*
- *„Gut, ich verstehe, d. h. Sie wollen …".*

2. „AKUSTISCHE RÜCKMELDUNGEN"

„Die Natur ist wirklich weise: Der Mensch hat zwei Ohren und nur eine Zunge. Er sollte eben doppelt soviel hören wie reden."
William S. Maugham, Englischer Schriftsteller

Es gibt eine schöne Methode, dem Gesprächspartner am Telefon mitzuteilen, dass man noch lebt: Indem man nämlich von Zeit zu Zeit ein akustisches Feedback gibt. Dazu gehören „Stimuli“ wie *„aha“, „mh“, „o je“, „ja“*, die ein Gesprächspartner braucht, um eine positive Resonanz zu erfahren. Er empfängt dadurch Signale, die ihm vermitteln, dass sein Zuhörer ihm folgt und entsprechend Anteil nimmt. Bei einem normalen Gespräch geschieht dies etwa durch lächeln, anschauen oder bejahendes Nicken. Dies sind Signale, die verdeutlichen sollen, dass der Empfänger die Nachricht verstanden hat und gut heißt.

Da der Blickkontakt aber beim Telefonieren wegfällt, hat der Empfänger der telefonischen Botschaft eine besondere Verantwortung. Er muss das, was im normalen Gespräch optisch passiert, nun akustisch umsetzen.

In der „satanischen Verhandlungskunst“ gibt es eine todsichere Methode, einen Sprecher völlig aus dem Konzept zu bringen. Diese Methode besteht darin, dass der Empfänger einfach nichts sagt, den Sprecher nicht ansieht, nicht bestätigt, nicht bestärkt oder ermutigt, sondern einfach nur schweigt.

Am Telefon wird das Fehlen von Rückmeldungen als besonders gravierend empfunden

Am Telefon wird das Fehlen von Rückmeldungen als besonders gravierend empfunden. Wenn jemand spricht und sein Gesprächspartner vermittelt nicht, dass er auch zuhört, entsteht unbewusst eine negative Atmosphäre. Sicherlich wird der Gesprächspartner keine Strichliste führen und notieren, ob auch ausreichend „gegrunzt“ wurde. Das Unterbewusstsein jedoch registriert es als äußerst positiv, wenn von Zeit zu Zeit Rückmeldungen zu hören sind. Geschieht dies nicht, fühlt sich der Sprecher beim Telefonieren sehr einsam. Er spricht in ein tiefes, dunkles Loch, da er gar nicht weiß, ob es überhaupt noch ein Gegenüber gibt.

Es ist daher unsere unbedingte Pflicht, gelegentlich eine Rückmeldung durch die Leitung zu senden. Die Gesprächsatmosphäre lockert sich, hellt sich auf, und ein reger Dialog entspinnt sich. Man sollte es dabei natürlich nicht übertreiben. Setzen Sie das akustische Feedback wohl dosiert ein. Ein Zuviel würde den Gesprächspartner nur verunsichern.

Wichtig ist auch die Betonung. Man kann ein *„mhm“* sehr schnell, kühl und abgehackt präsentieren, sodass sich der Gesprächspartner gehetzt fühlt. Die Rückmeldung muss natürlich warm, herzlich, in der gebotenen Geschwindigkeit mit einem wohlwollenden Unterton erfolgen. Ihr Gesprächspartner wird es Ihnen danken!

3. ANTEIL NEHMEN AN DEN GEFÜHLEN DES ANDEREN

Holen Sie Ihren Gesprächspartner da ab, wo er steht

Wenn Sie bei Ihrem Gesprächspartner Gefühlsregungen oder gar Gefühlswallungen wie Trauer, Wut oder heitere Ausgelassenheit spüren, sollten Sie diese Gefühle zunächst einmal „bedienen". Es wäre in einem solchen Falle nicht nur unsensibel und grob unhöflich, sondern auch der Abarbeitung von Sachinhalten wenig förderlich, hier nicht zunächst auf seine subjektive Befindlichkeit einzugehen: Ihr Gesprächspartner wird Sachthemen erst dann konstruktiv behandeln können, wenn Sie ihm Gelegenheit gegeben haben, gewissermaßen emotional „Dampf abzulassen". Überdies schaffen Sie so eine positive Gesprächsatmosphäre, vor deren Hintergrund sich dann besonders gut verhandeln lässt.

3.4.5 Höflich am Handy

Eine aktuelle Umfrage zeigt, wie eklatant der Mangel an Höflichkeit im Umgang mit dem Handy ist: 92 Prozent der Deutschen sprachen sich dafür aus, Verbotszonen für Mobiltelefone einzuführen.

Bedauerlich, dass so etwas überhaupt nötig scheint. Es wäre so leicht, auch bei der Handy-Nutzung die Benimm-Regeln zu beachten.

- Schluss mit der ständigen Dudelei! Vibrationsalarm, Blinklichtfunktion und Mobilbox verwenden.
- Um das aufgezwungene Mithören eines Gesprächs zu vermeiden: Entfernen Sie sich von Zuhörenden und legen eine angemessene Distanz zwischen sich und die anderen. Verlassen Sie nötigenfalls den Raum.
- Fassen Sie sich kurz, wenn Sie auf Ihrem Handy angerufen werden. Handy-Anrufe sind schließlich wesentlich teurer als Anrufe im Festnetz. Dies gilt auch für Mobilbox-Texte.
- Handys gehören nicht auf den (Schreib-)Tisch, wenn man mit jemandem im Gespräch ist. Denn das signalisiert: Ich bin jederzeit bereit, die Unterhaltung mit Ihnen (dir) zu

unterbrechen. Die unterschwellige, aber eindeutige Botschaft: Sie sind (du bist) mir nicht wichtig.

- Niemals ein Gespräch unterbrechen – auch nicht den Blickkontakt – um eine eingegangene SMS zu lesen.
- Bei SMS-Nachrichten daran denken, störende Töne zu vermeiden. Auch leise Pieptöne nerven auf Dauer.
- Meldeformel beim Handy wie im Festnetz! Also: Tagesgruß, Firmen- und eigener Name. Ausnahme: Reine Privatnuzung des Handys. Hier sind ausnahmsweise *„Ja, bitte?"* oder *„Hallo"* erlaubt.
- Annahme von Anrufen auf fremden Handys nur im äußersten Notfall! Melden Sie sich dann mit Ihrem Namen, dem Tagesgruß und beispielsweise dem Zusatz: *„Apparat Irina Wunderlich"*.

3.5 Schwarz auf Weiß – Briefkultur

Es ist kein Zufall, dass man beim Abfassen eines Briefes von „Briefstil" spricht. Auch hier gibt es „Stil"-Fragen, die in einem Benimm-Ratgeber nicht fehlen dürfen.

3.5.1 Formulieren Sie authentisch

„schriftlich" bedeutet nicht gestelzt

Viele Menschen haben den Eindruck, sie müssten sich schriftlich besonders gewählt ausdrücken und neigen dann zu einem gestelzten und künstlichen Sprachstil. *„Ist es sinngebend, wenn wir diesbezüglich noch einmal Rücksprache halten?"*, ist noch eine der harmloseren „Stilblüten".

Unterziehen Sie Ihre Briefe dem „Laut-Lese-Test"

Zur Überprüfung Ihres eigenen Briefstils empfiehlt es sich, den „Laut-Lese-Test" zu machen. Mit diesem Test erkennen Sie, ob es einen Unterschied gibt zwischen Ihrem Schriftdeutsch und Ihrem „Sprechdeutsch".

Nehmen Sie dazu einen von Ihnen geschriebenen Brief und lesen Sie ihn laut vor. Stellen Sie sich dabei vor, Ihnen gegenüber würde derjenige stehen, an den dieser Brief adressiert ist. Sollten Sie hier zu dem Ergebnis kommen, dass Sie mit diesem „echten" Gegenüber niemals auf diese Art reden würden, so ist Ihr Brief beim Test durchgefallen. Formulieren Sie Ihr Schreiben dann einmal so um, dass es sich sprachlich dem annähert, was Sie Ihrem Adressaten auch im alltäglichen Umgang sagen würden.

Sicherlich passt nicht jede flapsige Redewendung der Alltagssprache auch in einen Brief, aber im Prinzip sollten sich beide so weit wie möglich annähern.

3.5.2 Stilfragen

Die „Sturm und Drang"-Zeit ist wirklich vorbei und auch Barock und Rokoko sind mittlerweile abgeschlossen. Es gibt also keinen Grund mehr, *„Wir bitten höflich um ..."* oder gar *„höflichst"* zu verwenden.

Selbst dann nicht, wenn es sich um eine *„Stundung zwecks Aufnahme einer Anstellung zur Verbesserung meiner pekuniären Lage"* handelt. Denn in dieser Formulierung würde die Bitte sicherlich der *„hochgeschätzten Aufmerksamkeit"* des Adressaten entgehen.

Sie sollten sich auch nicht mehr *„in die Lage gesetzt"* oder *„genötigt"* fühlen und schon gar nicht *„mittels dieser Mitteilung"* mitteilen.

„Im Voraus bestens dankend"

Sie halten das für übertrieben? Schauen Sie sich einmal Ihre tägliche Korrespondenz an. Wie oft entdecken Sie dort literarische Miniaturen wie *„Hochverehrte Kunden"* oder *„Darf ich ...", „Bitte gestatten Sie ...", „Erlauben Sie bitte ...", „Ich erlaube mir ...", „Höflichst", „Bitte ich Sie höflichst, mir mitzuteilen ...", „nächstfolgend", „Im Voraus bestens dankend"*.

Auch das Bürokratendeutsch ist von vorgestern. Wir sollten *„davon Abstand nehmen", „diesbezüglich hier im Hause Rücksprache zu halten"*. Stattdessen sollten wir Bandwurmsätze bekämpfen und unnötige Wiederholungen, übertriebenes Bedauern, unnötige Substantivierung wie *„unter Hinzuziehung", „unter Bezugnahme"* vermeiden.

ALLER ANFANG IST „WIR" ...

den Nutzen des Adressaten herausstellen

„Wir freuen uns, Ihnen die neue Frühjahrskollektion vorstellen zu können". Ist ja schön, interessiert aber niemanden. Besonders dem Kunden ist es ziemlich egal, ob Sie sich freuen oder nicht. Er sucht in Ihrem Brief weniger Ihre Freude als vielmehr seinen Nutzen.

Außerdem ist das „Wir" ziemlich unglücklich. Irgendwann muss einmal jemand die „Wiritis" erfunden haben. Wahrscheinlich hatte er gelernt, dass man einen Brief nicht mit „Ich“ anfangen darf. Das dürfte im vorletzten Jahrhundert gewesen sein, denn seit einigen Jahrzehnten darf man durchaus wieder das Wort „Ich“ benutzen.

Es ist auf jeden Fall besser, als wenn jemand, der ganz alleine einen Brief geschrieben hat, die „Wir-Form“ benutzt:
- *„Wir nehmen Bezug ...“*
- *„Wir bitten Sie ...“*
- *„Wir werden Ihnen ...“*
- *„Wir möchten ...“*

Die Wir-Form ist nur dann sinnvoll, wenn in dem Brief wirklich mehrere Personen geschrieben und unterzeichnet haben oder wenn ein ganzes Team als Absender gemeint ist.

Die Wir-Form ist nur sinnvoll, wenn wirklich mehrere Personen unterzeichnet haben

Am Anfang war das „Ich“ ...

Der Ich-Absatz ist das Persönlichste, was Sie schreiben können. *„Ich freue mich auf dich“* ist wesentlich persönlicher als *„Meine Freude ist besonders groß“*. Heute kann man Sätze durchaus wieder mit „Ich“ beginnen. Ein spontane Gefühlsäußerung wirkt ehrlicher und ungekünstelter, wenn sie mit „Ich“ beginnt: *„Ich bin tieftraurig über unser Zerwürfnis“* statt *„Über unser Zerwürfnis bin ich tieftraurig“*.

Wer hier die Auffassung vertritt, dass spontane Gefühlsäußerungen in einem Geschäftsbrief nichts zu suchen haben – was sicherlich zu diskutieren wäre –, für den haben die Stil-Strategen eine feine Lösung parat.

„Egoisten sind Menschen, die immer nur an sich denken ... statt an mich“, sagt Alf, der Außerirdische. Und Ephraim Kishon lässt einen nervigen, selbstverliebten Schauspieler in einem einstündigen Monolog sagen: *„... aber ich rede die ganze Zeit über mich. Lassen Sie uns nun über Sie reden: Haben Sie mich schon in meiner neuesten Rolle gesehen?“*

... Die Lösung ist das „Sie“

Aber im Ernst. Neuerdings kommt der „Sie-Stil“ in Mode:
- *„Sie werden sich sicherlich wundern, dass ich Ihnen schreibe ...“*

- *„Haben Sie schon einmal darüber nachgedacht, ob Ihr Versicherungsschutz ausreicht?"*
- *„Sie sind der Erste, dem ich's sage ..."*

Das „Sie" ist ein schöner Ausweg aus dem Wir- und Ich-Dilemma

Das „Sie" ist ein schöner Ausweg aus dem Wir und Ich-Dilemma. Es sollte jedoch mit Bedacht gewählt werden. Nur zu leicht rutscht man damit in einen „Versicherungsvertreter-Stil". Das „Sie" wird zur Zeit inflationär gebraucht und dabei bleibt jede Kreativität auf der Strecke.

„Ich hätte da mal eine Frage ..."

Sie können einen Brief natürlich mit den Worten beginnen:

- „Zu unserem großen Bedauern waren Sie mit unserer letzten Lieferung nicht zufrieden ..."
  oder
- „Bedauerlicherweise müssen wir Ihnen mitteilen ..." oder
- „Wir machen Sie darauf aufmerksam, dass ..."

Sie könnten stattdessen aber auch mit einer Frage beginnen.

- „Könnten Sie sich vorstellen, dass ..."
- „Sind Sie mit unserer letzten Lieferung nicht zufrieden?" (Mahnung)
- „Kennen Sie schon den neuen XY?"

Eine positive Frage ersetzt negative Formulierungen

Eine positive Frage ersetzt negative Formulierungen. Letztere sollten Sie überhaupt nicht verwenden, da sie (unbewusst) die Atmosphäre eines Briefes belasten.

Hoffen und Harren ...

Hoffen Sie auch manchmal, dass Ihre Kunden Ihr Angebot toll finden? Oder Ihrem Chef in spe Ihre Bewerbung besonders gut gefallen möge?

Hoffen Sie nicht, sondern verleihen Sie Ihrer Überzeugung Ausdruck

Es steht Ihnen natürlich frei zu hoffen, aber schreiben sollten Sie es auf keinen Fall. Sie werten dadurch Ihr Anliegen ab. Vielmehr müssen Sie davon überzeugt sein, dass es sich bei Ihrem Anliegen um einen Knüller handelt, der gar nichts anderes kann als begeistern. Oder könnten Sie sich vorstellen, dass Jesus nach Verkünden seiner Bergpredigt sich mit den Worten verabschiedet hat: *„Ich hoffe, es hat euch gefallen?"* Nein, das hat er sicherlich nicht, denn immerhin hat er das Evangelium verkündet.

Statt *„Ich hoffe, Sie haben Verständnis für ...“* macht sich ein *„Bitte haben Sie für die ... Verständnis ...“* wesentlich besser. *„Wir hoffen, Ihnen damit vorerst gedient zu haben“*, ist ein Satz, mit dem man seinerzeit unsere Großeltern erfreuen konnte. Heute gehört er ins Briefmuseum, Abteilung „Stilblüten von gestern“.

„Sag, was du meinst und du bekommst, was du willst“,

... heißt ein Buch von Dale Carnegie. Er geißelt darin die inflationäre Verwendung des Konjunktivs, der eine erhebliche Unsicherheit ausstrahlt. *„Ich würde denken ...“*, *„Ich würde meinen ...“* oder *„Sollte man nicht einmal versuchen ...“* lässt jede Durchsetzungspower vermissen. Wenn Sie solche Sätze zum Beispiel in einem Meeting verwenden, wird niemand auf Ihren Vorschlag eingehen.

In die Mottenkiste gehören auch folgende Formulierungen:

- *„Hätten Sie die Freundlichkeit ...“*
- *„Dürften wir Sie bitten ...“*
- *„Würden Sie die Unterlagen ...“*
- *„Käme dieser Artikel für ...“*
- *„Wir möchten Sie bitten ...“*
- *„Ich möchte betonen ...“*

Wenn Sie meinen, dann meinen Sie

Wenn Sie meinen, dann meinen Sie. Wenn Sie meinen würden, setzt dies eine Bedingung voraus. Diese Bedingung müsste dann aber auch genannt werden: Wenn es regnen würde, würde ich meinen ...

Da wir gerade bei der Entsorgung veralteter Arabesken sind: Verbannen Sie auch Höflichkeitskonjunktive und überflüssige Superlative wie *„verbindlichst“*, *„höflichst“*, *„baldigst“*. Auch Werbebriefe werden nicht besser, wenn sie von Steigerungsformen überquellen wie: *„Das Neueste“*, *„Das Aktuellste“*, *„Das Bestmöglichste“*.

Anhäufung von Substantiven

Eine nicht auszurottende Mode ist die Anhäufung von Substantiven. Statt konkrete Personen anzusprechen, werden diese durch die Passivform ersetzt. Dadurch entsteht ein bürokratischer, unpersönlicher Beamtenjargon.

klipp und klar?

Da wiehert der Amtsschimmel:

Sehr geehrter Herr Lackmeier!

Unter Bezugnahme auf ihr oben genanntes Schreiben müssen wir Ihnen zu unserem größten Bedauern mitteilen, dass eine Übersendung des von Ihnen optional georderten Artikels XS13 nur unter dem Vorbehalt der Einwilligung des Generalbevollmächtigten der Herstellerfirma zulässig ist.

Nach den uns hier vorliegenden Informationen sind nachstehend aufgeführte Artikel in dem von Ihnen bedienten Regionalraum bereits durch eine Konkurrenzfirma abgedeckt. Eine Belieferung unsererseits ist daher aufgrund der genannten Gründe ausgeschlossen.

Sollten jedoch Ausweichartikel infrage kommen – wir legen dazu eine Liste möglicher Ausweichartikel zur gefälligen Kenntnisnahme vor – setzen Sie uns bitte diesbezüglich möglichst umgehend in Kenntnis, damit unsererseits entsprechende Maßnahmen zum Nachversand getroffen werden können.

Wir weisen in diesem Zusammenhang noch einmal darauf hin, dass bei etwaigem Interesse Ihrerseits eine erneute schriftliche Auftragserteilung so bald wie möglich erfolgen sollte.

Mit altbackenen Grüßen

Arthur Altdeutsch

Verbannen Sie „-ung"-Wörter aus Ihrem Vokabular

Statt *„Sie können sich gerne einen Ersatzartikel aussuchen"*, heißt es dann: *„Die Auswahl eines Ersatzartikels ist möglich"*. Das ist natürlich alles andere als empfängerfreundlich und kundenorientiert schon gar nicht. Als „Erste-Hilfe-Maßnahme" sollten Sie so viele „-ung"-Wörter aus Ihrem Vokabular verbannen, wie es geht. Natürlich sind damit nicht unverzichtbare Wörter wie Wohnung, Siedlung oder Pferdedung gemeint.

Es geht vielmehr um folgende „Bürokratendekorationen“: Aufhebung, Beseitigung, Lagerung, Erneuerung.

Besonders schlimm wird es in der Verbindung mit „vornehmen“ und „bringen“:

- *„... zur Durchführung bringen“*
- *„... eine Veränderung vornehmen“*
- *„... zur Versendung bringen“*
- *„... eine Untersuchung vornehmen“*
- *„... zur Verteilung bringen“*

Völlig pervertiert wird das Ganze in seiner Negation:

- *„Nichtbefolgung“*
- *„Zurverfügungstellung“*
- *„Außerachtlassung“*
- *„Inbetriebsetzung“*

DOPPELMOPPELS UND ANDERE ÜBERFLÜSSIGKEITEN

Dass eine weiße Zuchtstute und ein schwarzer Rappe eine so genannte Tautologie (Verdoppelung) darstellen, ist nicht schwer einzusehen. Wie oft aber findet man überflüssiges wie:

Verdoppelungen und Überflüssiges:

- *„Einzelindividuum“*
- *„Gesichtsmimik“*
- *„hinzuaddieren“*
- *„auseinander dividieren“*
- *„neu renovieren“ (es sei denn, man wollte die aktuelle Renovierung von einer älteren unterscheiden)*
- *„nutzlos vergeuden“*
- *„weiter fortfahren“*
- *„miteinbeziehen“*
- *„Rückantwort“*
- *„Abkopieren“*
- *„Anempfehlen“*
- *„Übersenden“*
- *„Austauschen“*
- *„Einbezahlen“*
- *„Anmieten“*
- *„Abverkaufen“*
- *„Ich muss Ihnen leider zu meinem Bedauern mitteilen ...“*
- *„Wie bereits schon gesagt ...“*
- *„Haben wir uns einander gegenseitig versichert ...“*
- *„Könnte ich höchstens nur ...“*
- *„Gefällt Ihnen ebenso auch die ...?“*
- *„Kann ich Ihnen lediglich nur ...“*

ALTE ZÖPFE

Eindeutig veraltet sind auch Formulierungen wie: *„Bis dahin verbleibt mit freundlichen Grüßen Ihr ...“* oder *„Mit vorzüglicher Hochachtung“*. Auch *„Hochachtungsvoll“* ist out, selbst bei hochoffiziellen Anlässen. Sie können es höchstens noch benutzen, wenn Sie einmal ganz außergewöhnlich böse sein wollen. Das dürfte aber erst nach der vierten Mahnung gerechtfertigt sein. Staatsanwälte und Gerichte bedienen sich heute noch dieser „Grußformel“ oder Gerichtsvollzieher, wenn sie dezent darauf hinweisen wollen, dass eine Zwangsräumung kurz bevorsteht.

Wobei hier die Berechtigung dieser Formel nicht von der Hand zu weisen ist. Wenn eine Bank zum wohl härtesten Mittel greift und z. B. eine Zwangsversteigerung ankündigt, könnte *„Mit freundlichen Grüßen“* doch etwas ironisch wirken.

MANOMAN

„man“ wirkt unpersönlich

Vermeiden Sie das Wort „man“. Es ist zu unpersönlich. Statt *„Man sollte bedenken ...“* oder *„Man freut sich doch immer über ein Schnäppchen ...“* reden Sie Ihren Leser direkt an: *„Sie freuen sich doch bestimmt über ...“*. Statt *„Man kann davon ausgehen, dass ...“*, ist ein *„Sie können davon ausgehen, dass ...“* persönlicher.

Nachdem Sie Ihren Briefstil so weit entstaubt haben, dass er frei ist von jedweder Art von Schnörkeleien und gekünstelten Wendungen, überlegen Sie, welche innere Form Ihr Brief haben soll.

3.5.3 Die innere Form: Anfang – Hauptteil – Schluss

ÜBERSICHTLICHE GLIEDERUNG

Die klassische Dreigliederung Anfang – Hauptteil – Schluss gilt auch noch für den modernen Brief.

Dem „Anfang“ kommt die Bedeutung der Aufwärmphase oder des Smalltalks zu

Dem „Anfang“ kommt dabei die Bedeutung der Aufwärmphase oder des Smalltalks zu. Man fällt also nicht gleich mit der Tür ins Haus, sondern stellt einen kurzen Absatz mit einleitenden Formulierungen, die eher allgemein gehalten sind, an den Anfang.

Dem Hauptteil folgt ein kurzer Abspann, der entweder das im Brief Gesagte noch einmal kurz zusammenfasst oder eine Dankesformel bzw. Handlungsaufforderung enthält. Hieran schließt sich die Grußformel an.

Ein guter Brief lebt von einer guten Gliederung. Verzichten Sie auf blockartige Textwüsten. Wo irgend möglich, arbeiten Sie mit Absätzen.

Verzichten Sie auf blockartige Textwüsten

Als Faustregel kann hierbei gelten: alle neun Zeilen ein Absatz. Wenn Sie einen Gedanken formulieren wollen, der nicht in neun Zeilen zu Ende zu führen ist, helfen Sie sich mit einem kleinen Trick. Beginnen Sie den folgenden Absatz mit Formulierungen wie:

- *„Außerdem …"*
- *„Darüber hinaus …"*
- *„Abgesehen davon …"*
- *„Zusätzlich …"*
- *„Bedenken Sie bitte ebenfalls …"*

Die Inhaltsbestandteile eines Briefes sind folgende:

ADRESSE

Wenn irgend möglich, versuchen Sie die Adresse Ihres Schreibens zu personalisieren. Schreiben Sie nicht an ein anonymes Unternehmen oder die Organisation XY, sondern an einen konkreten Ansprechpartner. Das wirkt persönlicher und Sie haben die Gewähr, dass Ihr Brief auch gleich auf dem richtigen Schreibtisch landet.

Personalisieren Sie die Adresse Ihres Schreibens

Ist Ihnen kein Ansprechpartner bekannt, lässt sich oft schon durch ein kurzes Telefonat eine für Ihr Anliegen zuständige Person ermitteln.

DATUM

Beachten Sie auf jeden Fall die neue, internationalen Regeln angepasste Schreibweise des Datums. Mit einer Angabe wie „13.4.2005" kann nämlich außer den Deutschen kaum jemand etwas anfangen.

Da dies im internationalen Schriftverkehr immer wieder zu Missverständnissen Anlass gegeben hat, hat man sich auch in Deutschland auf die internationale Schreibweise geeinigt. Die lautet folgendermaßen: 2005-04-13.

Jahr – Monat – Tag

Es ist auch möglich, die Jahreszahl abzukürzen auf 05-04-13. Wenn Sie im Fließtext eine Datumsangabe verwenden, muss sie laut DIN lauten: 13. April 2005 oder 13. Apr. 2005, nicht aber 13. April 2005.

Betreffzeile statt Bezugszeichenzeile

Die so genannte Bezugszeichenzeile, also *„Ihr Zeichen/Mein Zeichen“*, *„Ihr Schreiben vom ...“* oder *„Az.“* für Aktenzeichen sind aus der Mode gekommen. Sie sollten auch auf Namenskürzel verzichten.

Statt dessen bietet sich die moderne Variante der Betreffzeile an. Die Betreffzeile ist übrigens eine „freiwillige Leistung“ und keineswegs ein Muss. Wenn man sie denn schon bringt, sollte sie allerdings auch originell und kreativ sein. *„Ihr Schreiben vom 25. des Monats“* glänzt beispielsweise nicht besonders in punkto Kreativität.

Die Betreffzeile sollte die Dinge auf den Punkt bringen

Sie sollten hier wie bei einer Zeitungsheadline das Darauffolgende auf den Punkt bringen und den Leser durch eine prägnante Formulierung neugierig machen. Zur Formulierung einer solchen „knackigen“ Headline ist das „Küchen-Zuruf-Prinzip“ hilfreich.

Dazu stellen Sie sich bitte folgende Situation vor: Vater sitzt in der Küche, liest die Zeitung und ruft Mutter im Wohnzimmer zu: *„Kartoffelpreise auf höchstem Stand seit 1989“* oder *„60 Tote bei Fährunglück“*. Bei diesen „Kurzmitteilungen“ erzählt man keine Romane, sondern fasst prägnant das gerade Gelesene zusammen.

Die Benimmexpertin Inge Wolf bringt hier folgende Beispiele:

- *„Der Fehlerteufel hat zugeschlagen – Entschuldigung“* (Antwortbrief auf Reklamation)
- *„Knoten im Taschentuch?“* (Mahnung)
- *„Frisch gewagt ist halb gewonnen“* (unaufgefordertes Angebot)
- *„Mögen Sie Geschenke?“* (Preisreduzierung)
- *„Die Erholung ist die Würze der Arbeit“* (Ankündigung Betriebsferien)

Sie fügt noch ein Beispiel aus dem Bereich der Bewerbungskorrespondenz an. Statt *„Ihre Bewerbung vom ...“* sticht ein *„Ihre Bewerbung gefällt uns“* positiv aus dem Routinetroll hervor.

Gleichgültig, für welche Formulierung Sie sich entscheiden: das altertümliche „Betreff“ oder gar die Abkürzung „Betr.“ sollte nicht darunter sein.

Nach der DIN-Regel können Sie die Betreffzeile fett hervorheben. Das ist übrigens neu, früher waren Hervorhebungen „verboten".

Anreden

In der Anrede kann man mit *„Sehr geehrter Herr ..."* nichts falsch machen. Zulässig sind aber durchaus auch originellere Formulierungen wie *„Guten Tag, Herr ..."* oder sogar *„Hallo, Frau ..."*. *„Sehr verehrte Frau ..."* ist sozusagen mega-out, selbst wenn es den Tatsachen entspräche.

„Liebe Frau Meier" ist übrigens nicht nur im privaten Bereich erlaubt. Wenn sich eine anfänglich distanzierte Geschäftsbeziehung im Laufe der Zeit zu einem persönlicheren Verhältnis gewandelt hat, liest man eine solche Anrede auch im Business gern.

Wenn Sie einen Mann und eine Frau zugleich anreden, wird im gesellschaftlichen Bereich zunächst die Frau genannt. Im Geschäftsverkehr auch, aber nur wenn Frau und Mann zur selben Hierarchieebene gehören.

Wer jedoch einem Chef und dessen Mitarbeiterin schreibt, der nennt den jeweils Ranghöheren zuerst: *„Sehr geehrter Herr Obermeier, sehr geehrte Frau Emsig"*. Nur in Ausnahmefällen, wenn Ihnen die Namen Ihrer Ansprechpartner nicht bekannt sind, sollten Sie auf das unpersönliche *„Sehr geehrte Damen und Herren"* zurückgreifen.

Nur in Ausnahmefällen auf das unpersönliche „Sehr geehrte Damen und Herren" zurückgreifen

Im Bewerbungsverfahren oder der Kundenakquise ist eine solche Anrede allerdings nichts weiter als ein Zeichen dafür, dass Sie Ihre Hausaufgaben nicht gemacht haben. Selbstverständlich gehört es hier dazu, sich vorher (telefonisch) nach den entsprechenden Namen zu erkundigen. *„Sehr geehrte Damen und Herren"* wird übrigens auch dann verwandt, wenn Sie garantiert wissen, dass sich an der angeschriebenen Adresse ausschließlich Herren befinden. *„Sehr geehrte Herren"* wäre auch in einem solchen Fall antiquiert.

Wie müsste es denn lauten, sollten Sie an die Redaktion einer feministischen Frauenzeitschrift schreiben? Etwa: „Sehr geehrte Damen und Herren"? Ehrlich gesagt, ich weiß es nicht. Probieren Sie's doch einmal aus und teilen Sie mir das Ergebnis mit. Ich bin gespannt.

Grussformel

Das kann das gute alte *„Mit freundlichen Grüßen"* sein oder eine moderne „kreative" Formel. So findet man immer häufiger Variationen wie:

- *„Mit freundlichen Grüßen nach (aus) Frankfurt"*
- *„Mit den besten Wünschen für ein gutes Gelingen"*
- *„Ein wunderschönes Wochenende wünscht ..."*
- *„Mit frühlingshaften (winterlichen, österlichen) Grüßen"*
- *„Mit freundlichen Grüßen aus dem sonnendurchfluteten Tessin"*
- *„Die besten Grüße zum ‚Forellenhof' (Tannengrund, Schloss Schellenberg, Weinberg, Tiergarten)"*

Wenn Originalität zur Massenware wird

Wenn ich gerade originelle Grußformeln empfahl, bedeutet das nicht, dass hier nicht auch schon wieder Gefahren lauerten. Mich erreichen in letzter Zeit immer häufiger solche kreativen Grußformeln, die sich gegenseitig an Originalität übertreffen.

Originalität darf nicht zum Krampf ausarten

Es ist schon eigenartig, wenn man etwa zum hundertsten Male *„Die herzlichsten Grüße aus dem verschneiten (sonnigen) ..."* gelesen hat. Es kommt einem dann irgendwie der Verdacht, diese kreativen Ergüsse seien einem Katalog für originelle Grußformeln entnommen. Wenn einem schon nichts einfällt, sollte man doch eher wieder zur Standardfloskel greifen. Originalität darf nicht zum Krampf ausarten.

Überhaupt ist das mit der Originalität so eine Sache. Woher haben denn die dynamischen Briefeschreiber von heute ihre „kreativen" Formulierungen? Auch wenn denen selbst die Quellen ihrer literarischen Bemühungen nicht unbedingt immer bekannt sein sollten: Sie haben ihre Wurzeln in den Briefwechseln der Schriftsteller.

Wer kennt sie nicht, die „Briefe an den Verleger", in denen die Literaten das fortsetzen, was sie hauptsächlich produzierten, nämlich Literatur. Und entsprechend künstlerisch sind auch ihre Abschiedsformeln. Da sind die „Grüße aus dem Chiemgau" dann „gedankenverwoben", „frühlingsumflattert" oder einfach nur „fromm".

Nicht selten sind sie auch mit feiner Ironie gestaltet. Franz Kafka schrieb zuweilen: *„... mit der herzlichsten Hochachtung“*. Besonders zu Beginn des 20. Jahrhunderts begannen die Künstler auf diese Weise, die starren gesellschaftlichen Formen ihrer Zeit aufzubrechen.

Wenn sich heute allerdings noch jemand genötigt sieht, gegen die steifen Etiketteregeln von damals anzuschreiben, so kommt er ungefähr 100 Jahre zu spät. Was da oft aus den Büroetagen in die Welt geschickt wird, gleicht nicht selten dem Bemühen eines Landbühnenrequisiteurs, einen Brief aus dem 19. Jahrhundert nachzustellen. *„Wer Werther sein will, soll auch dessen Konsequenzen ziehen“*, spottet dazu Harald Schmidt (Goethes berühmter Briefromanheld scheidet freiwillig aus dem Leben).

UNTERSCHRIFT

Auf die Grußformel folgt die Unterschrift. Im Privatbrief ist sie handschriftlich ohne maschinenschriftliche Unterzeile, im geschäftlichen Briefverkehr sieht sie korrekterweise so aus:

> *Peter Piepenbrink*
> Peter Piepenbrink
>
> REGIONALLEITER WEST
> BIBOFLEX GMBH

Ein grober Schnitzer wäre es, wie es leider häufig geschieht, nur den Nachnamen zu verwenden. Dies stammt noch aus einer Zeit, in der „Kundenorientierung“ noch ein Fremdwort war und es galt, unter den Menschen „Distanz zu wahren“.

Über der maschinenschriftlichen Unterschriftenzeile wird die handschriftliche Unterschrift, wiederum mit Vor- und Nachnamen, eingetragen. Hier ist nun der Ort, an dem Sie wirklich Kreativität und Höflichkeit beweisen können. Gestalten Sie Ihre Unterschrift lesbar! Auch wer es besonders „erwachsen“ findet und es spätestens ab Gruppenleiterebene für seine Pflicht hält, zu „krakeln“, sollte diesen Ratschlag beherzigen.

Gestalten Sie Ihre handschriftliche Unterschrift lesbar

Psychologische Untersuchungen zu diesem Thema haben zweifelsfrei ergeben, dass sich die meisten Leser mehr oder minder bewusst von diesen abstrakten Figurationen abgestoßen fühlen. Wahre menschliche Größe zeigt, wer seine Unterschrift weder in genialischen Arabesken aufs Papier wirft noch sie wie ein Zweitklässler mit zusammengepressten Lippen aufmalt. Die Erfolgsquote von Mailings steigt übrigens um einige Promillepunkte, wenn die Unterschrift leserlich ist.

Wenn Sie ein verbindliches „*Ihr*" hinzufügen möchten, so erledigen Sie dies bitte ausschließlich handschriftlich.

3.5.4 Das äußere Erscheinungsbild

Briefpapier

Aus einem Notizblock gerissene Blätter mit Rechenkästchen und womöglich noch ausgefranstem Spiralrand sollten für Sie tabu sein. Wenn Sie die Kosten für hochwertiges handgeschöpftes Bütten scheuen, sollten Sie sich trotzdem für eine möglichst hohe Papierqualität entscheiden.

Wenn es irgend mit Ihrem Etat zu vereinbaren ist, so wählen Sie möglichst von Profis gestaltetes bedrucktes Briefpapier mit Ihrem Namen und Adressfeld. Sie können diese Aufgabe natürlich auch an Ihrem heimischen PC selbst erledigen, dort warten aber eine Reihe von Fettnäpfchen auf Sie. Mit einem einfachen Tintenstrahldrucker bedrucktes Papier lässt schnell einen billigen Eindruck entstehen.

Schlichte Eleganz ist in jedem Fall allzu ausuferndem Spieltrieb vorzuziehen

Es sollte also schon ein Laserdrucker sein. Gestaltende Laien neigen oft zu dem Fehler, dass sie ihre Werke optisch überfrachten. Dort werden dann alle möglichen Cliparts, Schriften und grafischen Finessen ausprobiert, die das jeweilige Grafikprogramm hergibt. Eine schlichte Eleganz ist hier in jedem Fall allzu ausuferndem Spieltrieb vorzuziehen.

Auch Schäfchen, Pferdchen und Mickymäuse sollte der Briefschreiber stets nur altersgerecht einsetzen, also etwa bis zum 12. oder 13. Lebensjahr. Ein Erwachsener, der sein Briefpapier noch mit Malkäfern schmückt, sollte seinen Dekorationsstil dringend überprüfen.

Geschäftspapier sollte professionell gestaltet sein

Was im privaten Bereich noch einer gewissen Toleranz unterliegt, ist im geschäftlichen Briefverkehr absolut tabu. Hierhin passt keine Selfmade-Mentalität.

Auch Namensaufkleber statt eingedrucktem Absender richten hier mehr Schaden als Nutzen an. Selbst dann, wenn sie in Blaumetallic gehalten sind.

PC oder Handschrift?

Gerade mit der zunehmenden Verwendung des PCs als Schreibinstrument kommt dem handgeschriebenen Brief wieder eine besondere Bedeutung zu. Er besitzt einen überaus persönlichen Charakter und ist im privaten Schriftverkehr auf jeden Fall dem Maschinenschriftbild vorzuziehen.

Wer allerdings über eine ausgeprägte „Sauklaue“ verfügt, sollte seinem Leser die Entzifferungsqualen seines Werkes ersparen. Außerdem gibt es immer selbst ernannte Grafologen, die in eine Krakelschrift persönliche Defizite und eine gewisse Unreife des Autors hineininterpretieren.

Eine wichtige Regel im privaten Briefverkehr sollte jedoch beachtet werden. Sie betrifft die Anrede und die Unterschrift. Beide müssen im privaten Briefverkehr handschriftlich eingesetzt werden, auch wenn der Rest maschinenschriftlich ist.

Anrede und Unterschrift im privaten Briefverkehr immer handschriftlich

Ein privater Kondolenzbrief darf niemals mit dem PC geschrieben werden, sondern ist stets handschriftlich abzufassen. Ein geschäftlicher Kondolenzbrief kann dagegen auch mit dem PC geschrieben werden.

Seitenränder und Schriftformatierungen

Wenn sie denn Ihren Computer bemühen, liegt die Standardschriftgröße für Briefe bei 12 Punkt. Sie können diese Größe variieren, gehen Sie aber niemals unter 9 Punkt. Ausnahme sind hier Fußnoten wie Bankverbindung, Gerichtsstand usw., aber auch hier ist die kleinste noch lesbare Größe 6 Punkt. Alles, was darunter ist, ist ohne Lupe nicht mehr zu lesen.

Eine besonders gut lesbare Schriftart ist die „Times“, da sie über so genannte „Serifen“ verfügt. Das sind die kleinen Häkchen an den Auf- und Abstrichen. Diese haben ihren Ursprung in der römischen Grabsteingestaltung. Früher wurden die Buchstaben mit einem Meißel auf Steinplatten geschlagen. Die Ansätze des Meißels wurden dabei als „Serifen“ sichtbar. Diese Merkmale wurden später in die Typografie der

„Times“ übernommen, auch als sie schon längst nicht mehr gemeißelt, sondern geschrieben oder gedruckt wurde.

Die Times hat leider mittlerweile auch einen etwas altbackenen Charakter. Wesentlich moderner, aber nicht so gut lesbar, ist die serifenlose „Arial“, die sich im modernen Briefverkehr zunehmender Beliebtheit erfreut.

Der rechte Rand Ihres Schriftbildes sollte „flattern“. Es hat sich im Briefverkehr der linksbündige Flattersatz durchgesetzt, nicht dagegen der beidseitig bündige Blocksatz.

DIN-Normen

Die Beachtung von Normen erleichtert das Leben

DIN-Normen sind nicht unbedingt immer nur als einengendes Korsett anzusehen. Sie erleichtern auch wesentlich die gesamte Abwicklung eines Briefversands. Wer zum Beispiel des Öfteren dadurch Ausschuss produziert, dass ihm das Datum ins Logo oder das Adressfeld in eine Ecke rutscht, die nicht mit dem Umschlagfenster übereinstimmt, weiß wovon hier die Rede ist.

Da viele „Büro-Menschen“ unter den Briefempfängern recht gut ausgebildet sind in Fragen eines formgerechten Briefverkehrs, erreicht der allzu kreative Umgang mit freier Briefgestaltung zuweilen gewisse Heiterkeitserfolge und nur selten die Hochachtung, die er vielleicht verdient.

Briefumschläge

Der erste Eindruck zählt

Der erste Eindruck zählt. Dieses Motto gilt auch für den Briefumschlag. Sicherlich wird er sofort nach dem Öffnen fortgeworfen; er stellt dennoch gewissermaßen die Visitenkarte des Briefschreibers dar. Wählen Sie also kein zu billiges Modell und vermeiden Sie Kaffeeflecken und Eselsohren. Ebenso tabu sind Tippfehler im Adress- oder Absenderfeld.

Frauen sind mit ihrem korrekten Namen anzuschreiben, man darf Ihnen nicht etwa den Namen ihres Ehemannes überstülpen: *„Frau Heinrich Müller“*. Auch nicht: *„Herrn Heinrich Müller und Frau“*, und schon gar nicht: *„Herrn Heinrich Müller und Frau Gemahlin“*.

Ihr Geschäftsbriefumschlag sollte nicht nach Werbung aussehen

Bei einem Geschäftsbriefumschlag sollten Sie auch darauf achten, dass er auf keinen Fall zu sehr nach Werbung aussieht. Solche Briefe verschwinden zunehmend in der „Ablage P“, auch wenn es sich gar nicht um Werbung, sondern um eine wichtige Mitteilung handelt. Aus diesem Grunde sind auch Briefmarken den Freistempler vorzuziehen. Einen besonders guten Eindruck erzielen Sie, wenn Sie Sonderbriefmarken auf Ihre Briefumschläge kleben: Nicht wenige Empfänger sammeln selbst Briefmarken oder kennen jemanden, dem sie mit Sondermarken eine Freude machen wollen.

Briefmarken sind individueller als Freistempler

Mega-out sind überflüssige Zusätze wie *„An ...“* *„z. Hd.“* und *„Firma“*. Statt *„z. Hd. Herrn Peter Meier“* genügt *„Herrn Peter Meier“*. Wenn Sie einem Unternehmen schreiben, gilt ohnehin die Regel, dass Sie die komplette Firmenbezeichnung mit Rechtsform verwenden: *„Umzüge Müller GmbH & Co. KG OH“*.

Daraus ergibt sich zwangsläufig, dass es sich um ein Unternehmen handelt. Dass das Wort Firma so unmodern ist wie Backfisch, Eisenbahn und Altersheim, haben wir an anderer Stelle schon erwähnt.

Dass die Bezeichnung *„Fräulein“* in der Adresse tabu ist, hat sich mittlerweile allgemein herumgesprochen. Wie aber schreibt man beispielsweise an eine 13-jährige Schülerin? Es wäre wohl reichlich komisch, würden Sie sich hier der Anrede *„Frau ...“* bedienen. Hier genügt es, wenn Sie einfach nur den Vor- und Nachnamen verwenden. *„An die Schülerin ...“* war zum letzten Mal 1962 modern. Das gilt übrigens auch für die Anrede *„Eheleute“*, die höchstens noch auf Grabsteinen zu finden ist.

Fensterln?

Fensterbriefumschläge eignen sich nur im geschäftlichen Verkehr, im privaten Briefverkehr haben sie nichts zu suchen. Dies gilt insbesondere für Kondolenzbriefe, die stets in fensterlosen Umschlägen versendet werden und auch für Glückwünsche oder offizielle Einladungen. Hier dürfen auch keine Adressaufkleber verwendet werden. Wenn Sie mit Ihrem PC-Drucker Briefumschläge nicht bedrucken können, so ist eine handschriftlich aufgebrachte Adresse eine durchaus akzeptable Lösung.

Fensterbriefumschläge sind für den privaten Gebrauch ungeeignet

Die Frage, ob Anschriftenfeld ja oder nein, ob Fensterumschlag oder geschlossener Umschlag ist leicht zu beantworten: Je persönlicher der Brief, desto eher verzichten Sie auf ein Anschriftenfeld. Persönliche Briefe, aber auch geschäftliche, die über den Businessbereich hinaus einen persönlichen Charakter angenommen haben, werden grundsätzlich in einem geschlossenen Umschlag versandt.

Dies gilt auch dann, wenn Sie einen eindeutig geschäftlichen Brief mit einem eher persönlichen Begleitschreiben versehen. Das könnte zum Beispiel dann der Fall sein, wenn Sie eine Rechnung versenden und sich in einem Begleitbrief mit persönlichen Worten für die positive Geschäftsbeziehung bedanken.

3.5.5 Wer darf eigentlich einen Brief öffnen?

Die Antwort könnte einfach sein: Die Adresse

Bosch AG
Herrn Peter Müller

könnte ja bedeuten, dass nur Herr Müller den Brief öffnen darf. Was aber, wenn Herr Müller im Urlaub, erkrankt oder gar nicht mehr im Unternehmen ist? Darf dann seine Vertretung den Brief öffnen, insbesondere, wenn es sich um eine dringende Angelegenheit handelt?

Die Antwort ist eindeutig: ja. Selbst wenn Sie (fälschlich) „zu Händen" oder das an sich korrekte „c/o" voranstellen, ändert sich daran nichts.

Ein Voranstellen des persönlichen Adressaten bringt einen gewissen Vorteil. Das könnte dann folgendermaßen aussehen:

Herrn Peter Müller
Bosch AG

Allein die Beifügung „persönlich/vertraulich" stellt sicher, dass nur der persönliche Adressat den Brief öffnet

Wenn nun der oder die Empfänger den Brief ungeöffnet an die genannte Person weiterleiten, so beachten sie ausschließlich eine Höflichkeitsregel. Juristische Relevanz besitzt die Voranstellung des Namens nämlich nicht. Eine solche hat allein die Beifügung *„persönlich/vertraulich"*; jetzt darf der Brief wirklich nicht mehr von Unbefugten geöffnet werden. Diese würden sonst das Briefgeheimnis verletzen.

Die Verletzung des Briefgeheimnisses stellt nach Artikel 10 des Grundgesetzes einen Straftatbestand dar. Ein als persönlich adressierter Brief darf nicht einmal von Ehepartnern geöffnet werden. Wenn Sie dagegen *„Familie Meier“* anschreiben, dürfen den Brief sogar die Kinder öffnen. Sie sollten jedoch aus Stilgründen auf die Formulierung *„Familie“* verzichten. Gebräuchlich ist heute, alle Mitglieder der Familie persönlich zu nennen, zum Beispiel: *„Horst und Luise, Jennifer und Kevin Schmidt“.*

3.6 E-Mails: Klasse statt Masse

Auch E-Mails sind Visitenkarten

Zunehmend mehr Korrespondenz wird über die elektronische Post, die E-Mail abgewickelt. Diese kostengünstige, einfache und schnelle Form der Informationsübermittlung verleitet allerdings viele Nutzer dazu, ihre Nachrichten nicht mit der gebotenen Sorgfalt zu behandeln.

im Zweifelsfall eine Mail wie einen Brief behandeln

Was Anrede und Grußformel angeht, so ist die aktuelle Praxis weniger formal als beim Geschäftsbrief. Vom *„Guten Tag“*, bis zum *„Hallo“* ist hier alles zu finden. Wenn Sie sich unsicher sind und Sie Ihr Gegenüber gar nicht oder nicht sehr gut kennen, sind Sie immer auf der sicheren Seite, wenn Sie eine Mail wie einen Brief behandeln. Im Zweifelsfall schicken Sie einen klassischen Brief (in besondern und wichtigen Anliegen in jedem Fall) und nutzen E-Mails lediglich dazu, eingefahrenes Tagesgeschäft abzuwicklen.

Wer einen potenziellen Geschäftspartner via E-Mail mit *„Hi“* anredet und sich mit *„Tschüss“* verabschiedet, weist damit nicht etwa seine Kompetenz im Umgang mit den neuen Medien aus, sondern ist schlicht unhöflich.

Angaben zum Unternehmen sowie Postadresse, Telefon und Fax gehören auch in die E-Mail

In jedem Fall sollte der Empfänger aus Ihrer Mail auch Ihre Firmierung sowie die Erreichbarkeit außerhalb des Netzes ersehen können. Angaben zum Unternehmen sowie Postadresse, Telefon und Fax gehören also auch in die E-Mail.

Der Betreff sollte Ihr Anliegen in einem Wort auf den Punkt bringen und ist für die E-Mail fast noch wichtiger als in einem Brief: Schließlich ist dieses Schlüsselwort der einzige Hinweis auf den Inhalt einer Mail, den ein Empfänger in einer Liste von gewöhnlich vielen Mailings findet. Ein nichts sagendes *„Frage“* oder noch schlimmer gar kein Betreff, motivieren nicht gerade dazu, eine solche Mail anzuklicken und zu öffnen.

Drücken Sie den „Senden“-Button nicht zu früh

Während sich ein Brief, solange er im Postausgangskorb liegt, immer noch aus dem Umschlag nehmen und korrigieren lässt, ist eine überstürzt abgeschickte inhaltlich fehlerhafte oder formal ungenügende E-Mail unwiderruflich weg und hinterlässt einen schlechten Eindruck beim Empfänger.

Das gilt auch für mehrere kurz nacheinander abgeschickte Mails, die den in der ersten Mail angesprochenen Sachverhalt dann korrigieren oder präzisieren. Wenn ein Empfänger beispielsweise von derselben E-Mailadresse um 12.34, 12.37 und 12.40 Uhr einen Mailzugang verzeichnet, vermutet er schon, dass eigentlich nur die letzte Mail relevant ist. Sicherheitshalber öffnet er aber auch die beiden Vorgänger, findet seine Vermutung bestätigt und ... ärgert sich.

Vogel friss oder stirb?

Die – insbesondere in der unternehmensinternen Kommunikation – weit verbreitete Praxis, alle Welt über umfangreiche E-Mail-Verteiler buchstäblich mit Informationen zu überschwemmen, ist für jeden ein Ärgernis, der sich allmorgendlich erst einmal durch seine E-Mails kämpfen muss und Stunden benötigt, hier die Spreu vom Weizen zu trennen. Ruinieren Sie also nicht unbedenklich das Timing Ihrer Kollegen oder Geschäftspartner, sondern überlegen Sie genau, ob die Person, die Sie in einen E-Mail-Verteiler aufnehmen oder an die Sie eine Nachricht weiterleiten, mit der Information auch wirklich etwas anfangen kann.

„XY schrieb“...

Es ist auch zu prüfen, ob es wirklich immer erforderlich ist, eine E-Mail so zu beantworten, indem man sie an die ursprüngliche E-Mail anhängt und das Ganze dann dem Absender postwendend zurückschickt. Wie elektronische Lind(Mail)-würmer tummeln sich da umfangreiche Korrespondenzen im Netz und werden im Ping-Pong der ständig weiter angestrickten Mails immer länger und mächtiger. Trauen Sie dem Langzeitgedächtnis Ihres Ansprechpartners ruhig so weit, dass er auch in der Lage ist, Ihre E-Mail richtig einzuordnen, ohne sich als Vorspann die gesamte Chronologie der Geschäftsvorgänge der letzen Wochen und Monate zu Gemüte führen zu müssen.

Gilt auch für E-Mails: keine „Kaltakquise“

Übrigens zum Schluss: Was für Telefonate gilt, gilt auch für E-Mails. Geschäftliche E-Mails an Privat sind grundsätzlich verboten, wenn nicht eine Einverständniserklärung des Empfängers vorliegt oder schon eine Geschäftsbeziehung besteht.

3.7 Wenn es darauf ankommt: Benimm im Vorstellungsgespräch

3.7.1 Das Vorspiel

NICHT ZU FRÜH, NICHT ZU SPÄT

Oberster Grundsatz für Vorstellungsgespräche ist: Pünktlichkeit! Erscheinen Sie niemals auf den letzten „Drücker", sondern planen Sie mindestens eine 20-minütige Pufferzeit ein. Insbesondere bei großen Werksgeländen kann es Ihnen passieren, dass Sie einige hundert Meter bis zum eigentlichen Ort des Geschehens zurücklegen müssen und dabei verschiedene zeitraubende Stationen wie etwa Sicherheitszonen durchqueren müssen.

Planen Sie mindestens eine 20-minütige Pufferzeit ein

Erscheinen Sie aber auch keineswegs zu früh bei Ihrem Ansprechpartner. Umfragen unter Managern haben ergeben, dass zu früh Erscheinende genauso unangenehm auffallen wie zu spät Kommende.

SEKRETÄRINNNEN SIND DIE ERSTE INSTANZ

Seien Sie zur Sekretärin Ihres Gesprächspartners mindestens ebenso höflich und freundlich wie zu diesem selbst. Behandeln Sie seine Assistentin oder seinen Assistenten auf keinen Fall von oben herab, denn viele Personalentscheider beziehen ihre Sekretärin in das Bewerbungsgespräch mit ein und befragen sie zu ihrem Eindruck.

Viele Personalentscheider befragen ihre Sekretärin zu Ihrem Eindruck

MACHEN SIE ES IHREN GESPRÄCHSPARTNERN LEICHT

Wenn es irgend geht, lassen Sie Ihren Mantel im Auto oder an der Garderobe. Verursachen Sie Ihren Gesprächspartnern keine Arbeit dadurch, dass sie sich um Ihren Mantel kümmern müssen und ersparen Sie sich selber peinliche Situationen, wenn es am Gesprächsort keine Unterbringungsmöglichkeit für Ihre Garderobe gibt und Sie diese auf irgendeinem Stuhl ablegen müssen.

Durch solche „Ablenkungsmanöver" sind schon die ersten Sekunden, die ja bekanntlich für einen Eindruck die wichtigsten sind, verschenkt. Der Gesprächspartner bekommt dann als ersten Eindruck nur von Ihnen, dass Sie ein Problem verursachen.

Setzen Sie sich auch im Vorzimmer erst auf Aufforderung

Wenn Sie „antichambrieren“ müssen – also im Vorzimmer warten müssen – setzen Sie sich erst auf Aufforderung. Akzeptieren Sie angebotene Getränke, wenn diese bereits vorbereitet sind und keines besonderen Zubereitungsaufwandes bedürfen.

Wieviel Koffein verträgt Ihr Nervenkostüm?

Bei der Verabreichung von Kaffee überprüfen Sie, ob Ihr Nervenkostüm nicht ohnehin schon die übliche Zitterfrequenz überschritten hat und womöglich durch ein weiteres Kaffeeangebot Ihres darauffolgenden Gesprächspartners unzulässig erhöht wird.

Die Zigarette „davor“

Rauchen sollten Sie auf jeden Fall unterlassen – es sei denn, Sie entdecken überall überquellende Aschenbecher. Doch selbst wenn die Sekretärin raucht, heißt das noch lange nicht, dass auch Ihr Gesprächspartner zu den Rauchern gehört. Nichts wäre unangenehmer, als wenn Sie mit der Duftaura eines Kettenrauchers ein Nichtraucherbüro betreten.

Ihr Auftritt!

Auf die ersten Sekunden kommt es an

Wenn Sie dann zum Gespräch gerufen werden, kommt es entscheidend auf den selbstsicheren Auftritt der ersten Sekunden an. Zu einem selbstsicheren Auftreten gehört nicht, dass Sie „Hilfsarbeiten“ wie Türeschließen oder Stühle zurückrücken übernehmen. Zwar haben wir als Kinder gelernt, dass wir, wenn wir einen Raum betreten, die Tür hinter uns zu schließen haben. Das ist sicherlich auch wohlerzogen und unter Umständen auch höflich, im Bewerbungsgespräch macht es aber einen unterwürfigen Eindruck.

Die Türe zu schließen ist Aufgabe Ihres Gastgebers

Sie lassen also die Tür auf, wenn Sie eintreten. Es ist Aufgabe der Sekretärin oder Ihres Gastgebers, sie zu schließen. Sie betreten zügig und selbstsicher den Raum durch die geöffnete Tür und heben schon frühzeitig die Hand zur Begrüßung und lassen sie nicht im letzten Moment hochschnellen.

Wenn Ihr Gastgeber in Knigge-Fragen versiert ist, erhebt er sich von seinem Schreibtisch und kommt Ihnen entgegen. Sollte seine Sekretärin versäumt haben, die Tür zu schließen, so ist dies seine Aufgabe. Er wird diese Gastgeberrolle auch gerne übernehmen und nicht nur die Tür schließen, sondern Ihnen auch einen Platz zuweisen.

Wenn Sie der Einzige sind, der sich zu benehmen weiss

In Ausnahmefällen können Sie es mit Amateuren zu tun haben, die sich auf dem gesellschaftlichen Parkett nicht auskennen. So könnte es sein, dass Ihr Gesprächspartner, sofern ihm die Etiketteregeln nicht bekannt sind, sich nicht erhebt und auf seinem Stuhl hinter dem Schreibtisch sitzen bleibt.

Wenn dazu auch noch die Sekretärin die Tür nicht geschlossen hat, sollten Sie in diesem Ausnahmefall diese Aufgabe selbst übernehmen. Das ist immer noch besser, als die Tür während des Gesprächs offen stehen zu lassen.

Versuchen Sie aber niemals, Ihrem Gegenüber zu signalisieren, dass er seine Kinderstube wohl mit dem Traktor durchquert habe und Sie dagegen Fachmann auf dem Gebiet geschliffener Umgangsformen seien. Jedwede Schulmeisterei würde Ihnen hier gefährliche Minuspunkte einbringen. Tolerieren Sie die unhöfliche und vielleicht unbeholfene Art Ihres Gegenübers und versuchen Sie durch geschickte Dramaturgie mögliche Peinlichkeiten zu vermeiden.

niemals Ihrem Gegenüber mangelndes Benehmen vorhalten

Schau mir in die Augen ...

Halten Sie während des Gesprächs Blickkontakt, aber starren Sie nicht! Zu einem natürlichen Blickkontakt gehören auch Pausen. Der Blick sollte also von Zeit zu Zeit, um natürlich zu wirken, ein wenig – und die Betonung liegt hier auf ein wenig – durch den Raum schweifen.

Senken Sie den Blick aber niemals auf den Fußboden, denn auch dies wirkt unsicher und unterwürfig. Entschweben Sie auch nicht in „höhere Regionen“, sondern lassen Sie Ihren Blick nur leicht nach links oder rechts in den Raum hineingleiten. Diese „Ablenkungsmanöver“ dürfen aber nur wenige Sekunden dauern. Wichtig ist, dass Sie teilnehmende Konzentration ausdrücken.

Wem der direkte Augenkontakt peinlich ist, kann auch auf die Nasenwurzel seines Gegenübers schauen. Das erscheint für den Gesprächspartner wie ein direkter Augenkontakt, ohne für Sie allerdings zu peinlich zu sein.

Wem der direkte Augenkontakt peinlich ist, kann auch auf die Nasenwurzel seines Gegenübers schauen

„Was darf ich Ihnen anbieten?“

Angebotene Getränke sollten Sie auf jeden Fall annehmen! Ablehnung gilt als schlimme Beleidigung des Gastrechts. Dies ist zwar in unseren Breitengraden nicht so gravierend und wird auch eher unbewusst registriert. Beispielsweise in der Türkei ist aber die Ablehnung des allgegenwärtigen Apfeltees ein nicht wieder gutzumachender Affront gegen den Gastgeber. Und die Tuareg gar sollen angeblich den Gast, der Tee oder die äußerst üppigen Zuckergaben ablehnt, mit ihrem Krummdolch malträtieren.

Behandeln Sie die Getränkefrage so unkompliziert wie möglich

Seien Sie auch in der Getränkefrage so unkompliziert wie möglich. Wenn nur Wasser oder Kaffee zur Verfügung stehen, verlangen Sie bitte keine Kiwischorle mit Zuckerrand, gerührt, nicht geschüttelt. Dazu müssten nämlich Anstalten getroffen werden, die Sie erstens als Problemverursacher erscheinen lassen und zweitens eine unnötige Unruhe durch entsprechende Vorkehrungen auslösen würden.

Sollte ausschließlich Kaffee angeboten werden und Sie entweder kein Kaffeetrinker oder aber in Sorge wegen Ihrer sich dadurch unter Umständen steigernden Nervosität sein sollten, so lehnen Sie den Kaffee trotzdem nicht ab. Insbesondere verzichten Sie auf Bekundungen wie: *„Ich trinke grundsätzlich keinen Kaffee, amerikanische Wissenschaftler haben herausgefunden, dass Koffein zu 35 Prozent Auslöser für koronare Herzbeschwerden ist!"*

Sie wirken auch entgegen landläufiger Meinung gar nicht sympathisch, wenn Sie an diesem Punkt eine Schwäche zugeben. *„Ach, ich bin so schrecklich aufgeregt, da würde mich der Kaffee nur noch nervöser machen."* Mag ja sein, aber souverän wirken Sie dadurch nicht. Der Gesprächspartner wird zwar Verständnis für Ihre Aufregung haben, dieses Verständnis ist jedoch sehr oberflächlich und gilt wirklich nur für seine Verstandesebene. Für jemanden, der Hunderte von Bewerbungsgesprächen führt, sind diese Routine und er kann sich nicht wirklich hineinfühlen in einen Kandidaten, dem dafür jede Routine fehlt und der gerade alles auf eine Karte setzt.

3.7.2 Die Dramaturgie des Vorstellungsgesprächs

① Aufwärmphase: Smalltalk

Das Bewerbungsgespräch wird in der Regel von einem Smalltalk eingeleitet. Man wird Sie fragen: *„Wie war die Anfahrt, haben Sie gut hergefunden?"*

Smalltalk ist Smalltalk

Nun gibt es Bewerber, die in dieser Frage eine Einladung sehen, sich jetzt ausgiebig über die Strapazen des modernen Straßenverkehrs auszulassen oder auf Fahrpläne, Verspätungen und technische Probleme der ach so unzuverlässigen Bahn zu schimpfen. Mir ist es in einem Bewerbungsgespräch tatsächlich schon einmal passiert, dass ein Bewerber auf diese harmlose Frage ausgiebig eine Zugverspätung wegen eines Selbstmörders bis ins kleinste und grausamste Detail beschrieb. Das war natürlich keine gelungene Einstimmung in einen harmonischen Gesprächsverlauf.

Bauen Sie eine positive Gesprächsatmosphäre auf

Ein Smalltalk dient der Einstimmung von Gesprächspartnern und soll zu einer entspannten Gesprächsatmosphäre führen. Hier geht es nicht um tiefgründigen Informationsaustausch. Sollte die Anreise also tatsächlich beschwerlich gewesen sein, behalten Sie es für sich. Seien Sie in jedem Fall positiv und vermeiden Sie jeden Eindruck, der Sie als einen griesgrämigen, grüblerischen oder negativen Menschen erscheinen lassen könnte.

Die Anreise war also sehr angenehm und die zugesandte Wegbeschreibung sehr hilfreich. Wenn Sie unbedingt den Stau erwähnen müssen, so schildern Sie ihn als willkommene Chance zur Weiterbildung, denn Sie konnten endlich einmal in Ruhe Ihre Hörkassette „Verkaufsprofi durch Powerselling“ hören.

Sollte die vorab zugestellte Wegbeschreibung Fehler aufweisen, so beschweren Sie sich auf keinen Fall darüber. Am besten ignorieren Sie sie völlig, selbst wenn Sie der daraus resultierende Umweg eine halbe Stunde gekostet hat.

② Vorstellung des Unternehmens

Weiten Sie die Unternehmensdarstellung nicht durch Fragen aus

Nach diesem Vorgeplänkel wird der Gesprächspartner in der Regel sein Unternehmen vorstellen. Auch wenn er ausdrücklich zu Fragen auffordert, sollten Sie ihn nach Möglichkeit in seinem Redefluss nicht unterbrechen. Viele Interviewer laufen dann Gefahr, vom Hölzchen auf's Stöckchen zu kommen und sich in Details zu verlieren und den eigentlichen Sinn der Veranstaltung zu vergessen: nämlich die Vorstellung des Kandidaten.

Sie sollen zwar Ihrem Gegenüber einen breiten Raum zur Selbstdarstellung geben, dies gilt insbesondere, wenn er ein

Freund des (selbst-)gesprochenen Wortes ist – aber Sie dürfen niemals Ihr Ziel aus den Augen verlieren, eine eindrucksvolle Performance zu liefern. Dazu brauchen Sie eben Zeit. Wenn Ihr Gesprächspartner von den anberaumten 60 Minuten 55 Minuten benutzt, um sich selber zu profilieren, müssten Sie schon ziemlich toll sein, um in den restlichen fünf Minuten wirklich einen Paukenschlag zu landen.

③ Selbstvorstellung

Sie werden nun in der Regel gebeten, Ihren Lebenslauf noch einmal mündlich zusammenzufassen. Wer jetzt erstaunt fragt: *„Ja, haben Sie denn meine Biographie nicht gelesen?“*, für den ist das Bewerbungsgespräch eigentlich schon zu Ende. Erstens hat der Personalentscheider vermutlich einige hundert Biographien gelesen, zweitens hat er sie mit großer Wahrscheinlichkeit nur sehr oberflächlich gelesen, drittens hat er Ihre Daten nicht auswendig gelernt und viertens mit Sicherheit in dem Moment des Gesprächs nicht präsent.

Beschränken Sie sich wirklich nur auf Höhepunkte

Doch selbst wenn er diese Daten alle auswendig wüsste, er würde Ihnen die Frage trotzdem stellen. Denn in erster Linie geht es darum, zu überprüfen, ob Sie in der Lage sind, strukturiert, lebendig, interessant und planvoll die Highlights Ihres Werdeganges zu schildern.

Und nur um die Highlights geht es. Halten Sie sich niemals mit detaillierten Schilderungen Ihrer Forschungstätigkeit an der Universität auf; das interessiert niemanden, insbesondere keinen Fachfremden. Beschränken Sie sich wirklich nur auf Höhepunkte, hüten Sie sich vor Fachbegriffen, benutzen Sie interessante, spannende, lebendige umgangssprachliche Wendungen.

Steil nach oben

Achten Sie bei der Schilderung Ihres Karriereweges auf einen „vertikalen Richtungsimpuls“. Jede Station Ihres beruflichen Werdegangs sollte ein Fortschreiten auf dem Weg nach oben bedeuten.

Ein Karriereweg sollte nach Möglichkeit nicht linear verlaufen. Wer zum Beispiel drei Gesellenbriefe erworben hat, bedarf schon einiger rhetorischer Akrobatik, um diese „Breitenorientierung" zu erklären. Um im Beispiel zu bleiben: Eine eindrucksvolle Entwicklung wäre alleine Lehrling – Geselle – Meister. Wenn Sie von einer solchen Ideallinie abweichen, überlegen Sie sich besonders gut, welche (positiven!) Gründe Sie dafür angeben können.

NICHT DIE ANDEREN SIND SCHULD

Weisen Sie für Umwege niemals anderen die Schuld zu, äußern Sie sich nicht negativ über Dritte oder gar Ihre vorherigen Arbeitgeber, beklagen Sie sich nicht implizit oder explizit darüber, dass das Leben eines der härtesten sei. Zeigen Sie vielmehr, dass Sie sich durch Fehlschläge nicht entmutigen lassen und in jeder erlebten Unbill noch eine Chance sehen.

Erläutern Sie Fehlschläge immer als lediglich situative und temporäre Ereignisse

Machen Sie deutlich, dass Fehlschläge immer nur situativ und temporär auftraten. Das bedeutet: Wenn Ihnen einmal etwas daneben ging, so führen Sie überzeugend aus, dass es sich hier um eine einmalige Entgleisung von kurzer Dauer handelte. Charakterisieren Sie dieses Missgeschick nicht als festgefügte persönliche Eigenschaft à la *„So etwas kann ich grundsätzlich nicht", „Ich bin eben kein Verkäufer ..."* oder Ähnlichem.

Belegen Sie Vorerfahrungen mit positiven „Attributionsmustern"

Erfolgreiche Menschen, und als solcher wollen Sie ja erscheinen, zeichnen sich dadurch aus, dass sie Vorerfahrungen mit positiven „Attributionsmustern" belegen. Attributionsmuster sind Erklärungschiffren, mit denen Sie die Eigenschaften Ihrer Erfahrungen belegen. Dazu gehört:

- Fehlschläge haben Sie nicht entmutigt, sondern angestachelt.
- Sie haben keine grundsätzlichen Defizite, sondern standen nur vor kurzfristigen Problemen, die Sie erfolgreich gelöst haben.
- Bei Fehlschlägen zeigen Sie konstruktive Gelassenheit, Sie grübeln nicht nächtelang über verpasste Chancen.

WO VIEL LICHT IST, IST AUCH SCHATTEN: IHRE STÄRKEN UND SCHWÄCHEN

Oft werden Sie gefragt, welche Stärken und Schwächen Sie kennzeichnen. Dies könnte man nun als Aufforderung missverstehen, in naiver Ehrlichkeit echte Defizite kundzutun.

Viele glauben, durch Geständnisse wie:

- „Ich bin manchmal etwas schüchtern“,
- „Ich trinke gerne einen über den Durst“,
- „Ich kann mich beim Essen schlecht beherrschen“

oder derlei Karrierekiller Punkte zu sammeln.

Niemals eine echte Schwäche zugeben

Um Missverständnissen vorzubeugen: Hier ist gewiss nicht der Ort für Selbstzerfleischungsrituale oder Seelenstriptease! Niemals, aber auch niemals sollte man eine echte Schwäche zugeben, auch wenn dies von vielen als „sympathisch“ propagiert wird.

Da Sie aber mit Ihrer Antwort auch eine Kritikfähigkeit an der eigenen Person dokumentieren müssen, sollten Sie eine Formulierung wählen, die wie das Zugeben einer Schwäche klingt. (Einleitend können Sie vielleicht das in der Überschrift zu diesem Abschnitt Goethe zugeschriebene Zitat von Licht und Schatten bemühen.)

In vielen Bewerbungsratgebern wird hier die Empfehlung gegeben, man sollte von „Ungeduld“ sprechen: *„Ich gehe immer so engagiert und energiegeladen an meine Arbeit, dass ich ganz erstaunt bin, dass manche Kollegen da nicht mitziehen und sich von meiner spontanen Begeisterung nicht anstecken lassen. Wenn die dann bereits um 20 Uhr das Büro verlassen, dann bin ich oft etwas UNGEDULDIG!“*

Wenn auch etwas überzeichnet, ist dies an sich wirklich eine geniale Antwort, sie wird nur leider sehr inflationär gebraucht. Spätestens wenn der Personalmann oder die Personalfrau diese Antwort zum zehnten Mal gehört haben, schöpfen sie Verdacht, dass hier mit einer Vorlage gearbeitet wird.

„Schwächen“, die in anderen, von Ihnen nicht beeinflussbaren Entwicklungen begründet sind

Denken Sie sich daher eine originelle und individuelle Variation dieser Aussage aus. Sehr gut machen sich auch Schwächen, die gar nicht Ihre eigenen Schwächen sind, sondern in anderen Entwicklungen, die Sie nicht beeinflussen konnten, begründet sind.

Beispiel: *„Na ja, meine größte Schwäche war vielleicht damals die Entscheidung, alles auf die eine Karte ‚Technolo-*

giefonds' zu setzen. Zuerst war die Geschäftsentwicklung glänzend, aber dann kam ja das Erdbeben in ..." (oder die Feuersbrunst oder der Dollarverfall oder der Terroranschlag oder welche Katastrophe auch immer, nur eben eine, für die Sie nichts konnten).

Auf diese Weise wirken Sie sympathisch, selbstkritisch, ehrlich und stehen trotzdem wie ein toller Hecht da.

Eine weitere schöne Variante dieses Themas wäre auch die erstaunte Frage: „*Schwäche? Ach wissen Sie, Schwäche klingt so statisch, so wie ein körperliches Defizit, das man auch beim besten Willen nicht ändern kann. Da habe ich natürlich Schwächen ...*" und jetzt witzeln Sie selbstironisch über Ihre körperlichen Attribute, die vielleicht beim Schönheitsbewerb nicht den ersten Preis machen würden wie Haarausfall, krumme Nase, Fettpölsterchen oder sonstige Problemzonen.

Danach werden Sie aber schnell wieder sachlich und fügen hinzu: „ *... aber solche Schwächen meinen Sie natürlich nicht. Wenn ich aber dagegen charakterliche oder mentale Schwächen verspüre, dann entwickle ich einen ungeheuren Ehrgeiz, an deren Ausgleich intensiv zu arbeiten.*

Als ich zum Beispiel merkte, dass meine Französischkenntnisse nachlassen, habe ich sofort einen Intensiv-Französischkursus belegt. Immer wenn ich irgendwo eine Schwäche entdecke, bekämpfe ich diese erfolgreich. Deshalb habe ich in den letzten Jahren viele Rhetorikkurse, das Ausland, Gymnastikstudios, Verkaufstraining-Seminare (und was Ihnen jetzt auch immer einfallen mag, hier sind Ihrer Kreativität keine Grenzen gesetzt) *besucht.*"

④ Am Ende: Noch Fragen?

die abschließende Frage nach noch offenen Fragen ist eine reine Formalie

Gegen Ende werden Sie sehr wahrscheinlich gefragt: „*Haben Sie noch Fragen?*" Nun gibt es zwei große Fettnäpfchen. In das erste tapsen Sie, wenn Sie jetzt sagen: „*Nein, vielen Dank, ich habe keine Fragen*", in das zweite, wenn Sie nun echte Fragen stellen, die das Gegenüber, von der einstündigen Unterredung sowieso schon leicht ermüdet, noch ins Grübeln bringen.

Diese Frage nach den Fragen ist eine reine Formalie. Stellen Sie noch ein oder zwei klug klingende Frägelchen, die Ihr

Gegenüber kurz und stressfrei beantworten kann. So dokumentieren Sie Interesse, ohne lästig zu sein.

Danach trollen Sie sich. Warten Sie, bis sich Ihr Gegenüber erhebt, erheben sich dann ebenfalls zügig und betrachten Sie das Bewerbungsgespräch als abgeschlossen. Alles, was jetzt noch an Smalltalk ausgetauscht wird, darf sich auf keinen Fall auf das vorangegangene Gespräch beziehen. Seien Sie jetzt amüsant, pflegeleicht und positiv. Und entschwinden Sie zügig, aber nicht hastig. Beginnen Sie nicht beim Abschied, in der Tür stehend, noch eine intensive Diskussion über irgendein kompliziertes Thema, das Gehirn Ihres Gegenübers ist nun auf „Abschluss" programmiert.

3.7.3 Das Nachspiel

Wer nun schon kurz nach einem Bewerbungsgespräch telefonisch nach dem Stand der Dinge fragt, wirkt wenig souverän und kann, obwohl eigentlich einen positiven Eindruck hinterlassen zu haben, diesen durch seine offen zur Schau getragene Ungeduld empfindlich stören.

Erst nach einer angemessenen Frist „nachfassen"

In der Regel ist es am Unternehmen, Sie über den Erfolg oder Misserfolg Ihrer Bewerbung zu unterrichten. Sollte das nicht innerhalb einer angemessenen Frist geschehen, beträgt die „Nachfassfrist" im Rahmen der üblichen Bewerbung etwa 10 bis 14 Tage. Individueller können Sie es dagegen handhaben, wenn Sie wissen, dass Sie schon in die Endrunde von einigen wenigen Auserwählten gelangt sind.

3.8 Mit einem Lächeln geht alles besser?

Den Deutschen wird oft nachgesagt, dass sie nicht lächeln können und die Angehörigen des Volkes der Dichter und Denker seien alle „üble Grübler". Wer schon einmal die Freundlichkeit und Herzlichkeit in vielen anderen Ländern erlebt hat, denkt mit Sehnsucht an diese Erlebnisse zurück, wenn er im bundesdeutschen Alltagsmuff steht.

Zu gepflegten Umgangsformen gehört selbstverständlich auch, dass man stets ein einnehmendes Lächeln um seine Mundwinkel spielen lässt und insgesamt einen positiven und freundlichen Eindruck macht.

Man muss allerdings auch hier gewisse Regeln beachten, damit die eigene Freundlichkeit durch das Gegenüber auch als solche erkannt wird. Ein Zuviel oder eine aufgesetzte Freundlichkeit bewirkt genau das Gegenteil.

Ein falsches Lächeln erkennt man sofort

Ein falsches Lächeln erkennt man sofort daran, dass nur der Mund lächelt. Wer wirklich von Herzen lächelt und freundlich ist, der lächelt mit seinem ganzen Gesicht und Körper. Mimik und Körpersprache müssen zu dem Lächeln passen. Deshalb ist Lächeln für jeden anders. Es muss Ihrem Charakter entsprechen. Bei dem einen kann ein Lachen laut und offensiv sein, bei dem anderen reicht es schon, ein sehr dezentes Lächeln anzudeuten, um den Eindruck von Freundlichkeit entstehen zu lassen. Wer als eher introvertierter Typ den quirligen und lautstarken Komiker gibt, läuft Gefahr, in eine unfreiwillige Komik abzugleiten.

Seien Sie authentisch

Körpersprache

Liebende neigen dazu, jeden Zentimeter Distanz zu einander als Qual zu empfinden. Sie streben danach, dem Anderen so nah wie möglich zu sein. Man könnte nun auf die Idee kommen, dieses Prinzip auch auf alle anderen Mitmenschen zu übertragen, mit denen wir täglich umgehen. Wird nicht unser Verhältnis zu diesen inniger, wenn wir ihnen schon beim ersten Kontakt möglichst nahe kommen?

Weit gefehlt! Es gibt im gesellschaftlichen Verkehr bestimmte „Distanzzonen“, die eingehalten werden müssen. Wer sie, besonders in frühen Stadien, überschreitet, läuft Gefahr, sich unbeliebt zu machen.

„Distanzzonen“ drücken die Art des zwischenmenschlichen Verhältnisses aus

Folgende „Distanzzonen“ sind zu beachten:

- Intimzone: 50 bis 60 cm (Freunde und Verwandte)
- Dialogzone: 60 bis 100 cm (Begrüßung und vertrautes Zweiergespräch)
- „Business“-Zone: 100 bis 200 cm
- Öffentliche Zone: mehrere Meter (Vortrag, Präsentation usw.)

Gemeinsamkeiten stellt man nicht durch körperliche Nähe dar, sondern durch eine angeglichene Wortwahl, Sprechweise und Körperhaltung bzw. -sprache. Man hat in unzähligen Versuchen bewiesen, dass Menschen, die einander sehr zugetan sind, sich in ihrem Verhalten ähneln. Wenn der eine seine Stimme erhebt, wird auch der andere lauter, wird sie dagegen leise, so folgt der andere nach. Entweder sprechen beide schnell oder beide langsam.

Emotional miteinander verbundenen Partner „spiegeln" einander sogar in Sitzhaltung, Gebärden und Körpersprache. Auf diese Weise drückt sich für den Beobachter Sympathie aus.

Spiegeln und Führen

Einander emotional angeglichene Kommunikationspartner profitieren von einer guten Gesprächsatmosphäre

Man kann aber umgekehrt auch Sympathie dadurch aktiv steuern, indem man den anderen in seinem Verhalten bewusst „spiegelt". Wenn Ihr Gegenüber beispielsweise völlig konzentriert und hochaufgerichtet dasitzt, so räkeln Sie sich nicht genüsslich und zurückgelehnt in Ihrem Stuhl. Bemühen Sie sich vielmehr ebenfalls um eine aufrechte Sitzhaltung und versuchen Sie Konzentration auszustrahlen. Probieren Sie es, Sie werden erleben, dass es wesentlich zu einer angenehmen Gesprächsatmosphäre beiträgt.

Wenn Sie jemanden eine Weile „gespiegelt" haben, so können Sie sein weiteres Verhalten dadurch beeinflussen, dass Sie nun beginnen, ihn zu „führen". Sie ändern nun sanft und kontinuierlich ihr „gespiegeltes" Verhalten. So können Sie nun zum Beispiel Ihr Sprechtempo oder Ihre Lautstärke anheben. Wenn Sie dabei sensibel vorgehen, wird Ihr Gegenüber Ihnen folgen.

Sie können Ihren Gesprächspartner nun zu einem Verhalten bringen, das Ihren Intentionen entgegenkommt. So können Sie beispielsweise schüchterne Menschen „knacken" oder Choleriker beruhigen. Auch Trauernde lassen sich auf diese Weise trösten. Wenn Sie einem traurigen Menschen dagegen unvermittelt auf die Schulter klopfen und wie auf dem Kasernenhof zubrüllen: *„Kopf hoch! Es wird schon wieder!"*, werden Sie nichts erreichen.

3.9 Gut gebrüllt Löwe: Rhetorik

Seit einigen Jahrzehnten versuchen Psychologen herauszufinden, wieso manche Menschen besser überzeugen können als andere. Man ging zunächst davon aus, dass Intelligenz, Fleiß und Fachwissen die wesentlichen Erfolgsfaktoren darstellten. In zahlreichen Untersuchungsreihen kam man zu dem erstaunlichen Ergebnis, dass für den Erfolg eines Menschen in der Gesellschaft ganz andere Kriterien eine Rolle spielen.

Mittlerweile sind sich die Wissenschaftler darüber einig, dass der Inhalt dessen, *was* jemand weiß oder sagt, weniger als 10 Prozent der Wirkung einer Person ausmachen. Die restlichen über 90 Prozent teilen sich wie folgt auf: Äußere Erscheinung, Auftreten, Charisma etwa 45 Prozent und noch einmal 45 Prozent für den Klang der Stimme, Wortwahl und Redegewandtheit.

Nicht das was, sondern das wie ist maßgebend

Den wichtigsten Erfolgsfaktor dabei spielt die Kommunikationsfähigkeit. Wer bei jeder Gelegenheit das passende Wort findet, ist allen Situationen des Lebens gewachsen.

Erfolgsfaktor Nr. 1 ist die Kommunikationsfähigkeit

Außerdem stärken sichere Wortwahl und Auftreten das Selbstbewusstsein und generell die gesamte Persönlichkeit. Je höher jemand in den gesellschaftlichen Hierarchiestufen steht oder zu diesen aufsteigen will, umso mehr muss er sich um seine „Rhetorik" kümmern.

Der Rhetoriklehrer Bruno Neckermann schreibt dazu:
„Wer Menschen begegnet und mit ihnen redet, begegnet sofort menschlichen Schwächen und Stärken. Wer den Mund aufmacht, gewinnt oder verliert. Ein Mittelding gibt es nicht! Die Sprache ist schlechthin ein Wertmesser der zwischenmenschlichen Beziehungen. Von der Redefähigkeit hängen oft Erfolg und Misserfolg ab."

Da kommunikative Kompetenz heutzutage im beruflichen wie im privaten Leben unverzichtbar ist, hängen das Selbstbewusstsein und damit die Wirkung eines Menschen entscheidend von seiner sprachlichen Sicherheit und seinem dialektischen Vermögen ab.

Redekunst ist nicht unbedingt angeboren. Vielfach ist das, was wir bei anderen an sicherem Auftreten und Wortgewandtheit bewundern, Ergebnis einer intensiven Schulung. In der Konsequenz bedeutet das, dass prinzipiell jeder an seiner Sprache und seiner Art zu sprechen arbeiten kann.

Jeder kann seinen Kommunikationsstil verbessern

Im Folgenden wollen wir uns daher mit der Analyse und gegebenenfalls Optimierung unserer Rhetorik beschäftigen.

3.9.1 Wortschatz

Der deutsche Wortschatz ist einer der größten in Europa. Die deutsche Schriftsprache kennt mindestens 35.000 Wörter, von denen äußerst Gebildeten etwa 10.000 bis 12.000 Wörter präsent sind. Ein normal Gebildeter kommt immerhin noch auf 6000 bis 8000 Begriffe. Die meisten Menschen verwenden aber im täglichen Gebrauch nur einige Hundert Wörter.

Wortgewandtheit ist wesentlich von unserem Wortschatz abhängig

Wortgewandtheit ist wesentlich von unserem Wortschatz abhängig. Dazu müssen wir zunächst unseren Wortschatz analysieren und gegebenenfalls ergänzen.

DAZU FOLGENDE CHECKLISTE:

- Sprechen Sie auf ein Tonband Erlebnisse und Gedanken, die Ihnen durch den Kopf gehen. Wiederholen Sie diese Aufnahmen in regelmäßigen Abständen und beobachten Sie dabei:
  - Hat sich etwas verändert?
  - Was hat sich verändert?
  - Was können Sie verbessern?
- Bitten Sie Freunde, auf Ihren Wortschatz und Redestil zu achten und bitten Sie um ein Feedback Ihrer Gesprächswirkung auf andere.
- Lesen Sie „gute" Literatur. Versuchen Sie, sich besonders gelungene Wendungen einzuprägen und integrieren Sie diese in Ihren Wortschatz, indem Sie sie regelmäßig anwenden.
- Hören Sie, so oft es Ihnen möglich ist, guten Rednern zu. Notieren Sie auch hier gelungene rhetorische Figuren und schlagen Sie Fremdwörter sofort nach, sofern sie Ihnen unbekannt sind.
- Lernen Sie pro Tag ein neues Wort. Suchen Sie sich dazu aus den Medien oder einem Lexikon besonders interessante Beispiele. Pro Jahr können Sie auf diese Weise 365 neue Wörter lernen und damit Ihren Wortschatz wesentlich erweitern.
- Besuchen Sie, so oft es Ihnen möglich ist, Schauspiele. Achten Sie dabei: auf die „Sprechweise" der Schauspieler und auf „Silbenbetonungen".

Beobachten Sie, welche Wörter und Begriffe verwendet werden und wie diese auf Sie wirken.

Es kommt darauf an, WIE man etwas sagt

3.9.2 Sprechen

Es kommt darauf an, *wie* man etwas sagt: *wie* deutlich, *wie* laut, *wie* fließend, *wie* überzeugend und *wie* gewinnend.

Da es von so entscheidender Bedeutung ist, wie man etwas sagt, wollen wir uns im Folgenden kurz mit den Regeln einer korrekten Aussprache beschäftigen.

Scheuen Sie sich bei den folgenden Übungen nicht, zunächst einmal gewollt „schön" zu sprechen. Ihre Sprache wird am Anfang daher künstlich und aufgesetzt klingen. Wenn Sie dann das Übungsstadium wieder verlassen und mit anderen Menschen sprechen, schalten Sie wieder einen Gang herunter und gehen zu Ihrer natürlichen Sprechweise über. Wenn Sie diese Übungen aber regelmäßig durchführen, wird sich Ihr „Alltagssprechen" im Laufe der Zeit wesentlich verbessern.

Das Atmen

Die richtige Atemtechnik ist Grundbedingung für eine fundierte Sprechtechnik.

Die Atmung ist deshalb so entscheidend, da sie den Körper mit ausreichend Sauerstoff versorgt, der Stimmbildung einen ausreichenden Resonanzboden verschafft und die Stimme kraftvoll und überzeugend wirken lässt. Die Ausatmung dient dem Sprechen als Energiequelle für die Lautbildung. Überhaupt ist Sprechen eigentlich nichts anderes als atmen. Die durch gezieltes Atmen in Schwingung versetzten Stimmbänder lassen die Stimme entstehen.

Die Atmung lässt die Stimme kraftvoll und überzeugend wirken

Wichtig ist zunächst, dass Sie nicht „nach Luft schnappen", sondern „Atem schöpfen". Das geht am besten durch die Nase, sie wärmt die Luft an und filtert sie. Wer durch den Mund atmet, läuft Gefahr, dass seine Kehle austrocknet und eine raue Stimme entsteht.

nicht „nach Luft schnappen", sondern „Atem schöpfen"

Beim richtigen Atmen wölbt sich die Bauchdecke vor und die Flanken dehnen sich. Entscheidender Muskel ist hier das Zwerchfell. Bei den meisten Menschen ist das Zwerchfell durch Bewegungsmangel verkümmert. Ein unbewegliches, *das Zwerchfell wieder aktivieren*

verkümmertes Zwerchfell lässt keine angenehme Stimme entstehen. Die Stimme klingt stets heiser, resonanzarm und ungepflegt.

Unser Zwerchfell ist von Natur aus auf wesentlich stärkere Belastungen ausgelegt. Es ist sozusagen noch auf den Urmenschen zugeschnitten, der keine „zivilisatorischen Unterdrückungsmechanismen" kannte. Er schrie, nieste, lachte, weinte, gähnte und rülpste nach Herzenslust. All diese Vorgänge waren ein wertvolles Zwerchfelltraining. In unserer mitteleuropäischen Zivilisation sind solche Gefühlsäußerungen aber verpönt. Daher verkümmert unser Zwerchfell.

Zunächst gilt es, das Zwerchfell wieder zu aktivieren. Ein natürlicher Atemrhythmus beginnt nicht mit der Einatmung. Man hört oft, dass man vor einer aufregenden Tätigkeit, wie etwa einer Rede vor Publikum, erst einmal „tief Luft holen" solle.

„Tief Luft holen" um der Nervosität zu begegnen ist grundverkehrt

Das ist aber grundverkehrt, da durch diesen immensen Energieschub die Aufregung nur gesteigert wird. Der Körper ist nun auf höchste Kraftanstrengung programmiert, die er aber nicht körperlich umsetzen kann. Schließlich können Sie die Energie nicht dadurch umwandeln, indem Sie (wie unsere prähistorischen Vorfahren) etwa vor einem Mammut flüchten. Mehr als denken und sprechen, beides Beschäftigungen mit sehr niedrigem Energiebedarf, werden nicht von Ihnen gefordert.

Der Ratschlag bei Nervosität kann daher nur lauten: „Bewusst-aktive Ausatmung".

Die meisten Menschen sind „Hochatmer", sie verstauen nur ein wenig Luft im oberen Teil der Lunge. Dadurch kommt es zu Verkrampfungen. Unser Ziel muss es aber sein, unseren ganzen Lungenraum auszunutzen. Dies ist nur möglich durch eine Kombination der drei uns zur Verfügung stehenden Atemtechniken.

- Zwerchfell- oder Bauchatmung
- Flankenatmung
- Brustatmung

Zwerchfellatmung

Übung: Vergessen Sie einmal alle Benimmregeln und gähnen Sie mit weit geöffnetem Mund (natürlich nur, wenn's niemand sieht!). Gähnen ist ein natürlicher Reflex auf Sauerstoffmangel und dient dazu, uns wieder mit dem nötigen Sauerstoff zu versorgen.

Der Mund-Rachen-Raum erweitert sich und ermöglicht eine bessere Tragfähigkeit der Stimme und optimale Artikulation. Danach atmen Sie durch die Nase aus und lassen dabei einen F- oder S-Laut entstehen. Den jetzt eintretenden Sauerstoffhunger stillen Sie dadurch, dass Sie jetzt „Duft saugend" durch die Nase einatmen. Stellen Sie sich dabei vor, Sie würden an einer wohlriechenden Rose schnuppern. Dann halten Sie den Atem an, um ihn nach ca. 20 Sekunden langsam (!) wieder entströmen zu lassen. Sie müssen dabei den Atem zügeln, als wollten Sie ihn eigentlich zurückhalten.

Die oben beschriebene Übung muss mehrfach wiederholt werden, um zum Erfolg zu führen.

Eine weitere Übung besteht darin, dass Sie beim Ausatmen den Bauch einziehen. Stellen Sie sich vor, Ihr Bauch wäre ein Blasebalg, der sich ja auch bei der Luftausgabe zusammenzieht, um sich bei der anschließenden Luftaufnahme wieder auszudehnen. Diese Übung sollte etwa 20-mal wiederholt werden.

Unterbrechen Sie aber sofort, sobald sich Schwindelgefühle einstellen! Steigern Sie die Übungen langsam.

Flankenatmung

Jede Flankenatmung beginnt mit einem inneren Ruhezustand. Versuchen Sie sich zu entspannen, kontrollieren Sie Ihre Atmung. Gegebenenfalls beruhigen Sie sich dadurch, dass Sie ständig den Satz wiederholen: *„Ich werde ruhiger"*. Wenn Sie dabei eine gewisse Routine entwickeln, werden Sie erstaunt sein, wie leicht sich das Bewusstsein von solchen Formeln beeinflussen lässt.

Konzentrieren Sie sich nun auf die Rippengegend. Atmen Sie wieder extrem verlangsamt durch die Nase aus. Ziehen Sie dabei die Flanken ein. Danach atmen Sie wieder ein, indem Sie „Düfte saugen". Die Flanken werden dabei ausgedehnt. Wiederholen Sie die Übung mehrmals und achten Sie darauf, dass sich die Flanken bewegen.

Brustatmung

Sie beginnen wieder damit, dass Sie durch die Nase verlangsamt ausatmen und anschließend wieder „Duft saugend“ einatmen. Sie werden beobachten, dass sich dabei der Brustkorb wieder ausdehnt. Diese Übung sollte nun mehrfach hintereinander durchgeführt werden, ohne allerdings den Brustkorb nach vorne zu wölben. Bemühen Sie sich, dass dieser sich vielmehr in die Breite hin ausdehnt.

Tiefvollatmung

Eine Tiefvollatmung liegt vor, wenn alle drei genannten Atemtechniken miteinander kombiniert werden. Wenn Sie die Techniken einzeln geübt haben und einigermaßen sicher beherrschen, gehen Sie dazu über, sie hintereinander anzuwenden.

Wenn Sie die Techniken beherrschen, gehen Sie zum so genannten „Etappenatmen“ über. Dazu nehmen Sie eine Stellung ein, die Sie auch beim Reden bevorzugen sollten. Sie stehen dazu aufrecht, mit leicht gespreizten Füßen und nehmen eine lockere Haltung ein. Sie verteilen Ihr Gewicht gleichmäßig auf beide Füße und verlagern es auf die Ballen. Wie vor allen anderen Atemübungen beginnen Sie auch hier mit einer entspannten Ausatmung. Sie bilden dabei F-, S- oder Sch-Laute.

Das Einatmen vollzieht sich in mehreren kurzen Etappen (Abständen). Unterbrochen werden diese Etappen durch kurze Pausen.

Das Ausatmen vollzieht sich ähnlich. Wieder bilden Sie dabei F-Laute. Nach dem Atemstoß erfolgt eine kurze Pause. Diesen Vorgang führen Sie solange durch, bis die gesamte zur Verfügung stehende Luft Ihre Lungen verlassen hat.

3.9.3 Die Aussprache

Um einen Korken herum zu artikulieren trainiert die Aussprache

Nachdem Sie die genannten Atemtechniken optimal beherrschen, können Sie zu Ausspracheübungen übergehen. Dazu hat sich am besten das so genannte „Korkensprechen“ bewährt. Sie wissen vielleicht, dass viele Übungen zum Beispiel in der Sprecherziehung für Schauspieler mit dem berühmten Korken im Mund durchgeführt werden.

Sie nehmen sich einen Flaschenkorken, führen ihn zwischen die Schneidezähne und beißen fest darauf. Danach nehmen Sie sich einen kurzen Text aus einem Buch und bemühen sich, so laut, deutlich und artikuliert wie Sie nur können zu sprechen. Es wird schrecklich klingen! Das macht aber nichts, denn der Sinn der Übung liegt ganz woanders.

Nachdem Sie den Korken aus dem Mund genommen haben, sprechen Sie denselben Text noch einmal ohne Korken. Sie werden erstaunt sein, wie leicht Ihnen nun eine deutliche Artikulation gelingt. Sie werden so deutlich wie noch nie Vokale, Konsonanten und Endungen herausbringen.

die Endsilben nicht überbetonen

Apropos Endungen: Übertreiben Sie hier nicht! Endungen sollten sollten zwar keineswegs verschluckt werden, sind im Deutschen aber unbetont. Es heißt nicht *„armerrrrr Knabäää"*.

Wir dürfen die Endsilben auch nicht betonen. Dieser Unart befleißigen sich leider viele geistliche Würdenträger, die anscheinend davon ausgehen, dass eine Betonung der Endsilben ihre Predigt besonders wirkungsvoll erscheinen lässt. Das Gegenteil ist der Fall. Manche Schlafattacken an solch heiligen Orten würden uns erspart, wenn der Singsang, der durch die Betonung von Endsilben entsteht, durch Unterlassung derselben lebendiger würde.

Bilden Sie die Silben möglichst mit der „Entenschnabel-Technik". Stellen Sie sich dazu vor, Sie besäßen einen langen Entenschnabel. Die Vokale und Konsonanten, insbesondere aber die so genannten „Explosionslaute" wie „sch" und „st", „t" usw. bilden Sie nun nicht in Ihrer Mundhöhle, sondern mit den Lippen hinter den Schneidezähnen so weit vorn wie nur irgend möglich.

3.9.4 Sprachliche Schnitzer

Nur geistige Kultivierung verfeinert
Thomas Mann

Keine Angst, nun müssen Sie keine deutsche Grammatik pauken. Hier werden nur jene sprachlichen Fehler herausgegriffen und vorgestellt, die zur Zeit „in Mode" sind.

Der, die, das

Für viele Leute scheint das Wort „Klientel“ ein Problem darzustellen. Es wird häufig verwendet und darf in keiner Diskussion fehlen, wenn es um das Thema Kunden oder Marketing geht.

Leider wird es zumeist mit dem falschen Artikel, nämlich „das Klientel“ gebraucht. Es kommt aber von dem lateinischen Wort „clientela“ und bedeutet die Kundschaft. Die Endsilbe „la“ deutet auf die weibliche Form hin. Es muss also *„die Klientel“* heißen.

Dreh- und Angelpunkt: DIE Klientel

Da das Wort durch den in letzter Zeit zu beobachtenden inflationären Gebrauch schon etwas abgenutzt ist, haben es manche eitle Zeitgenossen mit einem neuen Beiwort geschmückt. So hört man neuerdings öfter: *„das Kundenklientel“*. Abgesehen vom falschen Artikel ist das nun wirklich doppelt gemoppelt. Das heißt nämlich auf Deutsch *„Kundenkundschaft“*.

Da wir gerade beim Artikel sind. Der korrekte Artikel von *„Prospekt“* lautet *„der“*, *„das Prospekt“* ist also falsch.

Erwartungshaltung

Manche Wörter erscheinen vielen selbst ernannten Sprachschöpfern als blass und farblos. Dazu gehört auch die *„Erwartung“*. Da klingt doch *„Erwartungshaltung“* schon viel vornehmer. Deshalb wird heute fast nur noch von *„Erwartungshaltung“* gesprochen, obwohl es sich nur um eine einfache *„Erwartung“* handelt.

Die meisten Erwartungshaltungen sind bloße Erwartungen

„Wie ist denn Ihre Erwartung an mich?“, muss es korrekterweise lauten, nicht *„Wie ist denn Ihre Erwartungshaltung an mich?“* Das klingt zwar weit weniger vornehm, ist dafür aber richtig. Eine Erwartungshaltung ist eine grundsätzliche Einstellung als Erwartungsvoraussetzung, aber nicht die Erwartung selbst. *„Seine Erwartungshaltung ist defensiv“* oder *„... offensiv, ... unmäßig, ... zurückhaltend“* wäre die korrekte Verwendung des Wortes *„Erwartungshaltung“*.

Wortgeklingel

Zum modernen Wortgeklingel gehören auch Begriffe wie *„implementieren“*, *„generieren“* oder gar *„konzeptionieren“*.

Das letztere Wort soll von dem Substantiv *„Konzept"* kommen, ist aber leider etwas verunglückt. Das Verb zu Konzept heißt *„konzipieren"*.

„Generieren" wird heute als Joker eingesetzt für *„herstellen, erzeugen, machen, verdienen"* usw. Die Bedeutung im Sinne von *„erzeugen"* ist zwar richtig, aber der Begriff wird stark inflationär gebraucht. Es gilt als besonders schick, den Begriff mit seinem modischen Geschwisterchen, dem Wort *„implementieren"* gewissermaßen als Schmuck mehrfach in jede Art von Äußerung einzuflechten, auch wenn sie nur aus zwei Sätzen besteht.

Heutzutage wird fast alles „generiert", um es dann zu „implementieren"

Schlagen Sie einmal die gängigen IT-Fachzeitschriften auf. Wer dort etwas sagt, gebraucht in drei Zeilen mindestens dreimal *„generieren"* und *„implementieren"*. Überhaupt ähneln sich die dort zitierten Kommentare wie eineiige Zwillinge. Hat man einen dieser Spezialisten gehört, hat man alle gehört. Dadurch, dass vorwiegend Worthülsen und Phrasen benutzt werden, verlieren die Sätze jede individuelle Aussagekraft.

Durch Worthülsen und Phrasen verlieren die Sätze jede individuelle Aussagekraft

Apostrophs für Dummies

Das Streben nach modischer Extravaganz führte auch zur Bildung des *„Deppen-Apostroph's"*. An der falschen Schreibweise des Wortes erkennen Sie schon, worauf ich hinaus will. Gemeint sind damit kreative Schöpfungen wie *„Gaby's Nähstube", „Mitwoch's", „Tipp's, „Trick's"* und *„Trend's"* und derlei Undelikatessen wider den menschlichen Geist.

Ein Genitiv-Apostroph kennt nur die englische Sprache. Dort lautet es korrekt *„Joe's Pizzaservice"*. Das gibt es aber im Deutschen nicht. *„Martins Garage"* wird daher im Deutschen ohne Apostroph geschrieben.

Ein Genitiv-Apostroph kennt nur die englische Sprache

Da meine Seminarteilnehmer zunehmend Gefallen daran finden, an jeder möglichen und vor allem unmöglichen Stelle einen Apostroph zu setzen, fragte ich neulich eine Teilnehmerin, weshalb sie denn *„Chip's"* an das Whiteboard geschrieben habe. Sie antwortete: *„Ich weiß, dass das nicht ganz korrekt ist, aber es sieht doch viel moderner aus!"*

Nun ahnt man, woher Oswald Spengler die Idee für sein Buch *„Der Untergang des Abendlandes"* hatte ...

Länger ist vornehmer

Früher war die menschliche Gesellschaft *„human“*. Heute ist sie fast ausschließlich *„humanitär“*. Das Wort *„human“* ist irgendwie verschollen, anscheinend kam es doch allzu schlicht daher.

„Human“ heißt einfach *„menschlich“*, in Abgrenzung etwa zu *„tierisch“* oder *„botanisch“*. Deshalb heißen die Ärzte für Menschen auch *„Human-Mediziner“*.

eine „humanitäre Katastrophe“ ist auch sprachlich eine

Niemand käme auf die Idee, sie *„Humanitär-Mediziner“* zu nennen. Warum aber in Gottes Namen spricht dann alle Welt nur noch von *„humanitärer“* Katastrophe? Ist *„humane Katastrophe“* nicht schrecklich genug? *„Humanitär“* kommt von *„Humanität“* und das bedeutet *„Menschlichkeit“*. Wer also etwas Humanitäres tut, begeht einen Akt der Menschlichkeit. Das meint ein positives, karitatives Sozialverhalten, das den Idealen des griechischen Humanismus folgt. Damit ist besonders die Menschenliebe und die Überwindung des Egoismus gemeint. Deshalb kann es niemals eine *„humanitäre Katastrophe“* geben, wohl aber *„humanitäre Hilfe“*.

Indirekte Rede

Unsicher sind sich auch viele Leute im Gebrauch der indirekten Rede. Dass ein Satz wie *„Er sagt, er ist interessiert“* nicht korrekt ist, hat sich allgemein herumgesprochen. Daher wird vorwiegend die korrekte indirekte Rede *„Er sagt, er sei interessiert“* gebraucht.

Wie aber verhält es sich mit dem Satz *„Er sagte, er sei ein Außerirdischer. Dabei war er nur der Patient von Zimmer zwölf.“* Wir können in diesem Beispiel mit ziemlicher Sicherheit sagen, dass die Aussage *„Ich bin ein Außerirdischer“* nicht der Wahrheit entspricht. In solchen Fällen wird eine derartige Aussage, deren Wahrheitsgehalt wir bestreiten oder bezweifeln mit *„wäre“* beschrieben. Es muss also heißen: *„Er sagte, er wäre ein Außerirdischer“*.

Wenn der Schein trügt

Wie heißt es richtig – *„Er ist scheinbar ein netter Kerl“* oder *„Er ist anscheinend ein netter Kerl“?* Nun, beides ist richtig, es kommt allerdings auf die Perspektive an. *„Er ist anscheinend ein netter Kerl“* bedeutet, dass es den *„Anschein“*

hat, er sei ein netter Kerl. Wer diese Formulierung wählt, will damit ausdrücken, er habe den Wahrheitsgehalt dieser Aussage nicht geprüft und nur nach dem ersten Anschein geurteilt. „*Scheinbar nett zu sein*“ dagegen bedeutet, nur „*dem Schein nach*“ nett, also in Wirklichkeit „*'ne fiese Möpp*“ zu sein. Scheinbar ist hier also als Kritik gemeint für einen Zustand, der nicht der Wahrheit entspricht. Wie aber soll man sich jetzt im alltäglichen Sprachgebrauch mit solchen Feinheiten auseinander setzen? Die Antwort ist einfach: Streichen Sie einfach das Wort „*scheinbar*“ aus Ihrem Vokabular. In den allermeisten Fällen meinen Sie sowieso „*anscheinend*“.

„Verschiedenes“

Was gibt es denn noch im sprachlichen Kuriositätenkabinett?

„*Ich rufe an wegen dem Auto.*“ Na ja, dann doch eher „*Ich rufe wegen des Autos an.*“ Außerdem heißt es zwar „*ohne Räder*“, aber „*mit Rädern*“ oder „*ohne Äpfel – mit Äpfeln*“. Es kostet auch nicht „*der Firma Millionen*“, sondern es kostet „*die Firma, das Unternehmen, den Mann*“ Geld.

Seriöse Menschen besitzen ein Höchstmaß an „*Seriosität*“, nicht „*Seriösität*“.

Seriosität ist seriös

Oder kennen Sie die Vielredner, aber Nichts-Sager? „*Ich sag jetzt mal, ... Mallorca ... sage ich jetzt mal, ist also gewissermaßen ... sage ich jetzt mal so, ... eine ... ganz ... ganz ... schöne Insel, sage ich jetzt mal so.*“

Wissen Sie eigentlich noch, wie man den korrekten Imperativ (Befehlsform) bildet? Herzlichen Glückwunsch, viele unserer Zeitgenossen haben es nämlich verlernt. Wie viele Anrufbeantworter werden mit Entgleisungen wie „*Spreche Deine Nachricht nach dem Piepston*“ bestückt. Oder man rät: „*Nehme Rücksicht!*“, „*Gebe Dein Bestes!*“ „*Esse nicht so viel!*“. Nein, richtig ist natürlich: „*sprich*“, „*nimm*“, „*gib*“, „*iss*“.

Ist es noch zu steigern?

Beliebt sind auch unkorrekte Steigerungsformen. Wie steigert man denn „*bestmöglich*“? Etwa so: „*bestmöglichst*“? Oder ist eine Sache „*hochwertiger*“ als die andere? Sind manche Lösungen „*nahe liegender*“?

„bestmöglich" – besser geht nicht

Bei „bestmöglich" ist die Antwort einfach: es lässt sich nicht weiter steigern, *„best-"* ist schon das höchste der Gefühle: *„gut, besser, best"*. Und „möglich" kann man nicht steigern, oder gibt es Dinge, die *„möglicher"* sind als andere? Man sollte die Steigerung also *„möglichst"* unterlassen (hier wird das Wort in einem anderen Zusammenhang gebraucht, es handelt sich nicht um die Steigerung von „möglich").

Was soll eigentlich bei *„hochwertig"* oder *„nahe liegend"* gesteigert werden? Die „Wertigkeit" oder das „Liegende"? Eher doch *„hoch, höher, am höchsten"* oder *„nahe, näher, am nächsten"*. Also lautet es korrekt: *„höherwertig, höchstwertig"* und *„näher liegend, nächstliegend"*. Übrigens auch nicht *„weitgehendst"*, sondern *„weitestgehend"*.

Bei „langfristig" wird nicht die „Frist" gesteigert, sondern aus *„lang"* wird *„länger"*. Also: Eine Angelegenheit ist nicht *„langfristiger"*, sondern *„längerfristig"*.

Der Hund in der Tonne

Finden Sie schwarzen Humor und böse Witze auch *„zynisch"?* „Zynisch" kommt von den griechischen „Kynikern" und die wiederum von dem Wort „kynos".

Kynos ist im Griechischen der Hund. Und wie Hunde wollten die Anhänger der philosophischen Schule der Kyniker auch leben. Nämlich genau so bedürfnislos und unbekümmert.

Diogenes, der berühmte Philosoph aus der Tonne, soll einst, als er von Alexander dem Großen besucht wurde, eine wunderliche *„zynische"* Bitte geäußert haben. Er lag gerade in seiner Tonne, die er sich als schlichte „hündische" (denn auch er zählte sich zu den „Kynikern") Behausung gewählt hatte, als der große Herrscher zu ihm trat und ihm die Erfüllung einer Bitte – und sei sie auch noch so groß – versprach. Diogenes wählte nun kein Gold oder Ländereien. Er sagte lediglich: *„Gewiss, du kannst mir einen Gefallen tun: Geh mir aus der Sonne!"*

„Zyniker" sind also Menschen, die ohne Rücksicht auf irgendwelche Bedürfnisse oder Gefühle leben. Man bezeichnet sie daher auch als gefühlskalt. *„Zynisch"* ist es also, angesichts von Trauer und Leid, von Katastrophen und Schicksalsschlägen *„cool"* zu bleiben.

Daher sind die Witze des schwarzen Humors nicht unbedingt *„zynisch“*. Sie sind *„sarkastisch“* (griech. für „Spott“). Die beiden Begriffe werden aber ständig durcheinander gebracht.

„zynisch“ ist nicht „sarkastisch“

3.10 „Denglisch“

Was ist eigentlich „Denglisch“? Bedeutet das, Wörter zu benutzen wie *Laser, Jeans, Computer, dopen, surfen, Team, Stress, Internet?* Nein natürlich nicht, diese Begriffe sind international und lassen sich in das Laut- und Formensystem der deutschen Sprache integrieren.

„Denglisch“ spricht dagegen jemand, der einen inhaltlich unklaren, regelarmen und deshalb ausdrucksschwachen Wortmischmasch aus deutschen und englischen Wörtern verwendet.

Wer Denglisch spricht, versucht damit seiner Sprache eine Modernität und intellektuelle Prägnanz zu verleihen, die sie inhaltlich nicht besitzt.

Englisch statt Inhalt

Es geht hier keineswegs um eine „reine“ deutsche Sprache. Diese will auch die Gesellschaft für Deutsche Sprache nicht. Sie betont: *„Wir halten es mit den Franzosen, die dem Grundsatz folgen: Ni laxisme, ni purisme – Weder Laxheit, noch Purismus. Wir wollen kein ‚reines‘ Deutsch. Allerdings wollen wir die Flut überflüssiger englischer Wörter zurückdrängen. Es zeugt von geistiger Trägheit, für neue Dinge immer nur Fertigwörter aus der amerikanischen Leitsprache nachzuplappern, oder sich ‚bessere‘ Amerikanismen, die nicht einmal ein Amerikaner versteht, selbst ‚zurechtzupanschen‘.“*

Kritiker führen ins Feld, dass Sprache schließlich „lebe“ und sich damit in einem stetigen Veränderungsprozess befinde. Das ist auch richtig, besonders wenn wir an die diversen Lautverschiebungen in der Geschichte der Deutschen Sprache denken. Die Lautentwicklung einer Sprache – „wîp“ zu „Weib“, „hûs“ zu „Haus“, „itan“ zu „essen“ – ist allerdings ein „natürlicher“ Vorgang, der sich „organisch“ vollzieht.

Unser heutiges Denglisch dagegen wird „gemacht“. Selbsternannte Sprachmeister, die über große Verbreitungsmacht ver-

Anglizismen verdrängen deutsche Wörter

fügen, bringen englische Wörter in den öffentlichen Umlauf und „machen“ unsere Sprache.

Die Anglizismen verdrängen deutsche Wörter. Wo *„single“, „news“, „bike“ und „shop“* Wörter wie *„Junggeselle“, „Nachrichten“, „Fahrrad“* und *„Laden“* oder *„Geschäft“* ersetzen, sterben die deutschen Ausdrücke aus.

Gewiss, diese Ausdrücke wirken heute schon ein bisschen altbacken, dafür aber klingen halb- bis viertelenglische Sprüche wie *„government goes future“, „Name Game – Win IT“, „Rent a professor“* und *„Welcome-back-Aktion“, „freecall, „Green Card, „Passagen manager“, „convenience food“, „X-mas shopping“, „funeral master“, „Mode collektion“* lächerlich, besonders, wenn sie in Massen auftreten. Das wird nur noch „getoppt“ durch falsch gebrauchte Anglizismen. *„Moonshine-Tarif“* z. B. bedeutet *„Billigschnaps-“*, nicht *„Mondscheintarif“*.

In der Kürze liegt die Würze?

„Englische Ausdrücke sind doch aber kürzer und prägnanter“, sagen die Denglisch-Verfechter. Das stimmt nur zum Teil: *„Pick up“, „spoiler“, „sale“, „pool“* sind kürzer – an Silben – als *„Abschleppwagen“, „Windableitblech“* bzw. *„Heckschürze“, „Schlussverkauf“* oder *„Schwimmbecken“*.

Was aber durch englische Wörter u. U. an sprachlichem Aufwand eingespart wird, geht oft an Verständlichkeit verloren. Die Stärke der deutschen Sprache ist ihre Anschaulichkeit. Und jeder versteht sie natürlich auch und vor allem, weil es Wörter der eigenen Sprache sind.

Sprachliche Kürze fordern meist die, die mit aufgeblähten Worthülsen überflüssige Sprache erzeugen. Sollen wir uns von denen tatsächlich sagen lassen, unsere Rede habe mithilfe englischer Wörter kurz und knapp zu sein?

Zur „Kürze“ als angeblicher Qualität gibt es einen schönen Ausspruch des Malers Max Liebermann (1847–1935). Jemand hatte an einem seiner Bilder bemängelt, der Arm einer Figur sei zu lang. Darauf antwortete Liebermann: *„Der Arm kann* *gar nicht lang genug sein, wenn er schön ist.*“ Das gilt auch für die deutsche Sprache.

In keinem anderen Land Europas finden sich so häufig Übernahmen aus dem Englischen wie bei uns. „*HIGHLIGHTS*“ und „*EVENTS*“ finden nur noch „*live*“ statt, natürlich immer richtig „groß“ geschrieben. Und wo wird, in noch prekärerer Schreibweise, immer nur „*cool gepowert*“, „*gestylt*“, „*designt*“ und „*recycelt*“, werden „*Open Mikes*“ ausgerechnet für deutschsprachige „*slam-poets*“ bereitgestellt?

Müssen „Open Mikes“ für deutschsprachige „slam-poets“ wirklich sein?

Die Unmenge an Anglizismen in fast allen Bereichen unserer Sprache ist nur noch mithilfe „gestylter Trend-Glossare“ zu verstehen.

Selbst modernste und entsprechend funktionstüchtige deutsche Ausdrücke werden durch englische verdrängt. Beispielsweise werden „*Zeitlupe*“ durch „*slow motion*“ und „*Fabrikverkauf*“ durch „*factory outlet*“ ersetzt. „*Community policing*“ meint einfach nur „*bürgernahe Sicherheit*“ oder „*gender-mainstreaming*“ „*Geschlechtsrollen-Ausgleich*“.

Alle Welt spricht neuerdings auch von „*Designer*“-Produkten, als ob die Motorräder, Sakkos und Möbel früher vom Pförtner entworfen worden wären. Wirklich lustig sind die „Designer-Häuser“, die meines Wissens auch heute immer noch von Architekten geplant werden.

Anglizismen machen die deutsche Sprache irgendwie peppiger, keine Frage. Werden Sie jedoch 1:1 übersetzt, also ohne Anpassung an die deutsche Ideomatik, wirkt's peinlich. Es entsteht dann das „Stewardessen-Deutsch“. Oder haben Sie im „Flieger“ noch nie gehört: „*Wann immer die Kontrollleuchten ...*„? „*Wann immer*“ ist kein Deutsch, sondern die direkte Übersetzung von „*when ever*“. Bei uns heißt es „*Immer, wenn ...*“ Auch das allseits beliebte „*Sinn machen*“ kommt von „*make sense*“ und heißt bei Sprachästheten immer noch „*Sinn ergeben*“.

1:1 übersetzte Anglizismen „machen keinen Sinn“

4 DES KAISERS NEUE KLEIDER – DRESS-CODE

Eines der wichtigsten Kapitel im Benimm im Business ist die Frage des „Dress-Codes“ oder – wie man auch sagen könnte, der „Kleiderordnung“ (welches Wort Sie hier passender finden, müssen Sie selbst entscheiden). Hier werden, dicht gefolgt von Verstößen gegen die guten „Ess“-Sitten die mit Abstand gröbsten Schnitzer begangen.

4.1 Gut betucht: Anzüge und Kostüme

zugeknöpft?

Wer im Begriff ist, sich zu setzen, öffnet vorher die Knöpfe seines Jacketts oder seiner Kostümjacke. Die Knöpfe von Westen bleiben dabei mit Ausnahme des untersten stets geschlossen.

Wer sich erhebt, schließt während des Aufstehens mindestens den mittleren Knopf seines Jacketts.

Bei vier Knöpfen werden die mittleren beiden Knöpfe geschlossen, der untere bleibt immer offen. Auch der obere kann offen stehen, muss es allerdings nicht. (Wobei zu erwähnen ist, dass die Frage des obersten Knopfes unter den Knigge-Autoren unterschiedlich behandelt wird. Der überwiegende Teil der Autoren entscheidet sich für offen lassen, während einige durchaus das Schließen empfehlen.)

Auch Frauen schließen beim Aufstehen ihre Kostümjacke entsprechend. Wer eine Weste trägt, kann die Jacke auch offen tragen. Sei die Hitze im Sommer noch so erdrückend: Einen Zweireiher dürfen Sie niemals offen tragen!

Einen Zweireiher dürfen Sie niemals offen tragen

Lady's special

Unter Ihrer Kostümjacke oder dem Jackett des Hosenanzugs sollten Sie stets einen Pullover oder eine Bluse tragen. Nur Verona Feldbusch und Besucherinnen eines Betriebsfestes können es sich erlauben, „darunter“ nur einen BH zu tragen, dessen Spitzen gelegentlich verführerisch hervorblitzen. Wenn Sie allerdings in Ihrem Unternehmen noch etwas werden wollen, sollten Sie auch bei Betriebsfesten darauf verzichten.

passende Tasche zum Hosenanzug

Wichtig ist auch, dass zum Hosenanzug die passende Tasche getragen wird. Große und klobige Taschen mit Schulterriemen sind ein schlimmer Stilbruch. Zum Hosenanzug oder Kostüm gehören ausschließlich kleine „Clutchbags“, also „Handtäschchen“ im wahrsten Sinne des Wortes: klein, ohne Riemen.

Bei den Hosen ist unbedingt darauf zu achten, dass sie oben sehr eng sitzen. Dies gilt auch dann, wenn sich gerade dort Ihre Problemzonen befinden. Negative Effekte werden durch die darüber befindliche Jacke ausgeglichen und erhöhen den „Streckungseffekt“. Passende Schuhe zum Hosenanzug sind ausschließlich solche, die vorne spitz zulaufen und „High Heels“ aufweisen.

Vatermörder

4.2 Das Hemd des Herrn

Kragenformen

Ein wesentliches Stilmerkmal des Hemdes ist die Kragenform. Während noch vor 100 Jahren der Stehkragen vorherrschte, haben moderne Hemden einen Umlegekragen, der den schmalen Krawattenteil verdeckt.

Kentkragen

Vatermörder

Nur Abendhemden zeigen teilweise noch Stehkragenformen, wie etwa der sog. Vatermörder, auch Kläppchenkragen genannt, dessen hoher Kragensteg seinen Träger früher gewaltig peinigte.

Kentkragen

Der zur Zeit gebräuchlichste Umlegekragen ist der Kentkragen. Mit mehr oder weniger breit gestellten Kragenschenkeln ist er der Inbegriff für das Krawattenhemd.

Haikragen

Haikragen

Eine breit gestellte Abart, der Haikragen, erfreut sich in Italien großer Beliebtheit und wird mehr und mehr von modischen Kunden bevorzugt.

Button-Down

Button-Down

Eine Sonderstellung genießt der Button Down-Kragen. Mit seinen angeknöpften Kragenspitzen eignet er sich für das Tragen mit oder ohne Krawatte gleichermaßen. Er passt besonders gut zu sportlichen Sakkos.

verdeckter Button-Down

Verdeckter Button-Down

Eine modische Spielart ist der verdeckte Button-Down, bei dem die Knöpfe an der Kragenunterseite verdeckt eingeknöpft werden. Er hat die Funktion des Button-Downs, gilt aber wegen der nicht sichtbaren Knöpfe als eleganter.

Tabkragen

Tabkragen

Als reine Krawattenhemden gelten Hemden mit Tabkragen. Die eigens angebrachten Laschen an den Kragenschenkeln werden hinter dem Krawattenknoten zusammengeknöpft und heben diesen elegant hervor.

Kontrastkragen

Kontrastkragen

Weiße Kragen auf gemusterten Stoffen waren in den goldenen 20er-Jahren ein Muss. Noch heute gelten sie als Zeichen der Extravaganz.

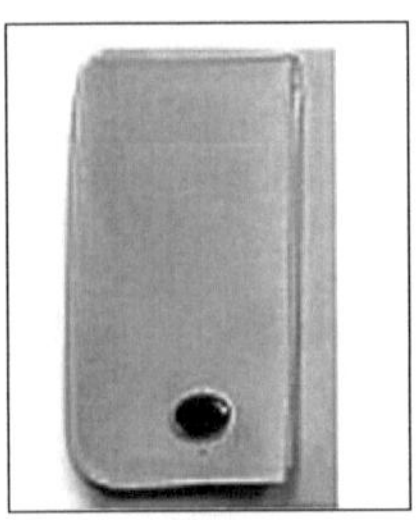

Umschlagmanschette
Bild und Text:
www.hemdenbox.de

Umschlagmanschette

Das moderne Hemd ist heute in der Regel mit einer Sportmanschette ausgestattet. Die Manschette besitzt 2 Knöpfe und ist dadurch in der Weite verstellbar. Die früher übliche Umschlagmanschette erlebt jedoch derzeit eine Renaissance.

Mit schönen Manschettenknöpfen getragen ist sie ein Zeichen für gehobene Bekleidungskultur.

Halbarmhemd

Während das Hemd früher nicht „blank" getragen werden sollte, hat das Halbarmhemd dieses Tabu gebrochen. Halbarmhemden prägen heute das sommerliche Büro- und Straßenbild und verschaffen den Herren eine angenehme Bewegungsfreiheit. Das Hemd hat sich verselbstständigt und ist zum vollwertigen Bekleidungsstück avanciert.

Welches Hemd wozu?

Das weisse Hemd

Durch die Grauwelle und durch dunkle Hemden lange Zeit von seinem angestammten Platz verdrängt, gewinnt das weiße Hemd wieder zunehmend an Bedeutung.

In jedem Outfit, ob mit Anzug, Blazer oder Sportsakko getragen, steht das weiße Hemd für Frische und Vornehmheit. Mit Kent-Kragen oder gar mit Tab-Kragen wirkt es besonders fein.

Mit Button Down eignet es sich gut zu sportlichen Outfits. Mit einem Haifischkragen verleiht es Ihrem Anzug italienischen Chic. Stimmen Sie Ihre Krawatte auf das Sakko ab.

Das blaue Hemd

Wie das weiße Hemd ist auch das blaue Hemd zu nahezu allen Outfits kombinierbar. Ob Ihr Anzug Grau, Marine oder Braun ist, Blau passt immer und steht jedem Mann.

Zum schwarzen Anzug sollten Sie jedoch ein ganz zartes Bleu wählen. Auch zu allen Grüntönen bietet die Farbe Blau einen erfrischenden Kontrast. Gemusterte Sportsakkos kommen in der Regel mit blauen Hemden besonders gut zur Geltung. Die Krawatte passend zum Sakko/Anzug oder zum Hemd wählen.

Das graue Hemd

Die edle Grauwelle scheint ungebrochen. Noch immer wird von vielen zum grauen Anzug auch das Hemd und die Krawatte Ton-in-Ton kombiniert. Wer möchte, kann aber mit einer frischen Farbe (z. B. Rot, Rosé, Orange, Terracotta) einen Kontrapunkt setzen.

Das champagnerfarbene Hemd

Als Alternative zu Weiß werden heute bei festlichen Anlässen gerne champagnerfarbene Hemden kombiniert. Da auch Brautkleider immer häufiger in diesen Farben bevorzugt werden, sollte das Hemd für den Bräutigam entsprechend darauf abgestimmt werden.

Zum dunklen Anzug machen Sie in einem solchen Hemd – am besten mit Umschlagmanschette – bei jeder festlichen oder kulturellen Veranstaltung eine gute Figur. Wählen Sie eine dezente Krawatte, die Anzug und Hemd verbindet.

Das pastellfarbene Hemd

Zur Auffrischung Ihrer grauen Garderobe eignen sich Pastellfarben hervorragend. Zartes Bleu, dezentes Creme oder modische Rosé-Töne werden durch eine tonige Krawatte noch hervorgehoben. Sie unterstreichen Ihren modischen Anspruch.

Das Streifen-Hemd

Es gibt wahre Streifenfans, die Ihren Klassikerstreifen – unabhängig von allen Modeströmungen – heiß und innig lieben.

Er steht für Individualismus und macht darüber hinaus „ein schlankes Bein"!

Aber aufgepasst: dieser Klassiker ist ein Geheimtipp. Ist er doch zur Zeit die einzige Alternative zu dem breiten Angebot an Uni- und Faux-Uni Hemden. Zum Businessanzug ebenso geeignet wie zum Uni oder uninahen Sakko. Uni-Krawatten mit kleinen Motiven oder diagonal gestreifte Krawatten sind die ideale Ergänzung.

4.3 Socken und Krawatten

„Mickymaus-Krawatten und Tennissocken"

Wer in geselliger Runde das Thema Krawatten und Socken anschneidet, erntet die besten Heiterkeitserfolge. Schnell fällt das Stichwort „Mickymaus-Krawatten und Tennissocken". Alle amüsieren sich köstlich, das Thema ist ein echter Schenkelklopfer.

Wenn man dann in die Runde blickt, stellt sich heraus, dass die lautesten Lacher selbst zwar keine Mickymaus-Krawatten tragen, aber solche mit kleinen Gänseblümchen, Computern, Sportwagen oder was dergleichen zwischen 1985 und 92 sehr in Mode war.

Dazu trägt der Herr von Welt dann eine goldene, brillantenbesetzte Krawattennadel, auf der er stolz sein Hobby, zum Beispiel die Kaninchenzucht, vorführt. Deshalb befindet sich auf der Krawatte auch ein Hasenkopf mit langen Ohren. Und einer umgebundenen Fliege.

Als geschmackvolle Ergänzung dieses Ensembles entdecken wir am unteren Ende des Herrn die Höhepunkte europäischer Sockendesigner. Zwar sind diese nicht weiß, aber dafür in einem satten Gelb oder in verspielten Ockertönen. Nach dem Motto „Ein Bild sagt mehr als tausend Worte" wird auch hier mit lustigen Abbildungen nicht gegeizt. Auf der Hitliste ikonographischer Entgleisungen steht zur Zeit der tasmanische Teufel ganz oben, dicht gefolgt vom Glücksbärchi.

Irgendetwas muss im Kapitel „Mickymaus-Socken" falsch kommuniziert worden sein. Um es an dieser Stelle noch einmal mit aller gebotenen Deutlichkeit zu sagen: Der Feldzug gegen Tennissocken und Mickymaus-Krawatten bezog sich nicht nur auf Mickymäuse, sondern auf alles, was die Ebene der bildlichen Abstraktion verlässt und figürlich-gegenständlich argumentiert. Also: Alles was über Karos, kleine Punkte und Streifen hinausgeht, ist tabu!

Alles was über Karos, kleine Punkte und Streifen hinausgeht, ist tabu

Um keine Missverständnisse aufkommen zu lassen: Dazu gehören auch alle Arten von noch so putzigen Bären, Statussymbolen wie Ferraris, Golfaccessoires, Yachten und Playboy-Häschen.

Im Übrigen sind Kniestrümpfe eindeutig den meist zu kurzen Socken vorzuziehen. Der Grund liegt darin, dass Hosenbeine bei aufeinandergeschlagenen Beinen niemals ein Stück der behaarten Männerwade zeigen sollten. Farblich sollten die Strümpfe auf den dazu getragenen Anzug abgestimmt sein, also in der Regel grau bis schwarz. Auf jeden Fall aber eine Farbnuance dunkler als der Anzug, niemals heller!

PRAXIS

Noch unsicher?

Wenn Sie sich unsicher sind, was Mann so trägt, orientieren Sie sich einfach an den Werbeprospekten der lokalen Modehäuser. Diesem Geschmack können Sie einigermaßen blind vertrauen.

Achtung! Dies gilt nicht für Angebote aus Versandhauskatalogen, dort benötigt man schon sicheres modisches Gespür, um die Spreu vom Weizen zu trennen.

Und bedenken Sie: Eine Krawatte, die älter als zwei bis drei Jahre ist, ist in der Regel unmodern. Ganz sicher gilt dies aber für Krawatten, die fünf Jahre und älter sind. Wer eine zehn Jahre alte Krawatte trägt, könnte sich stattdessen auch ein Schild mit der Aufschrift „looser" umbinden.

Krawattenknoten

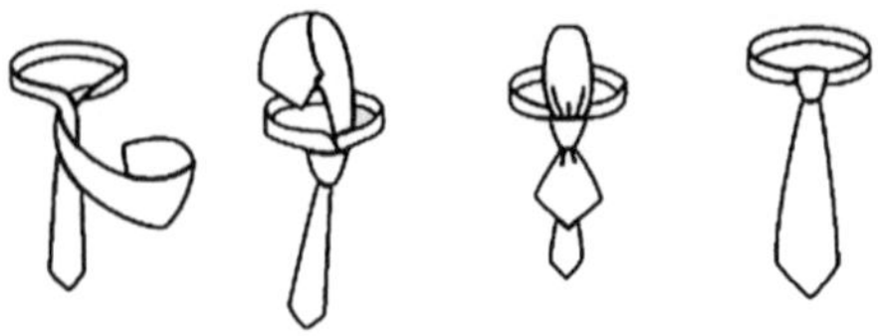

▲
Einfacher Knoten

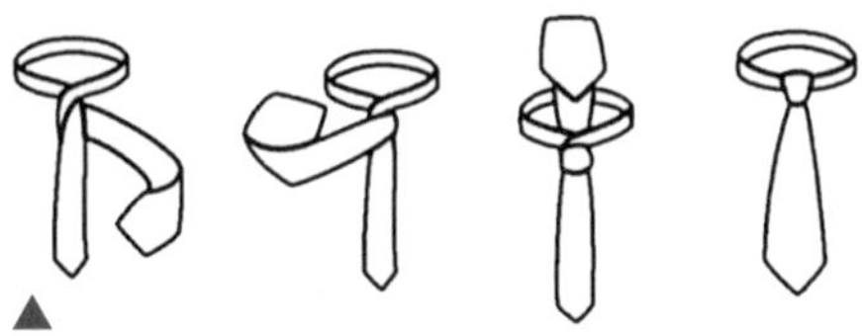

▲
Altdeutscher Knoten

▲
Einfacher Windsor

Windsor
▼

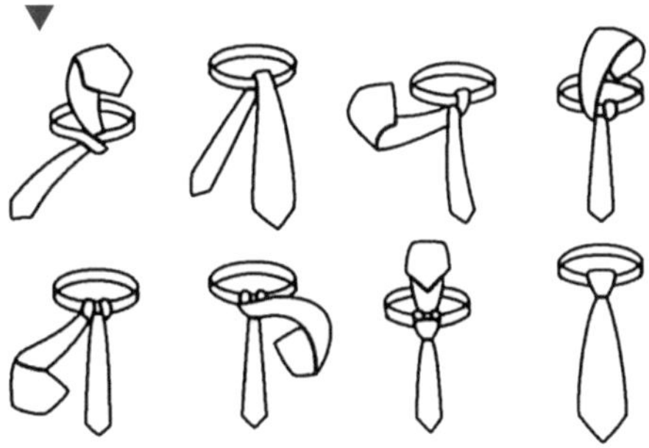

Manhattan
▼

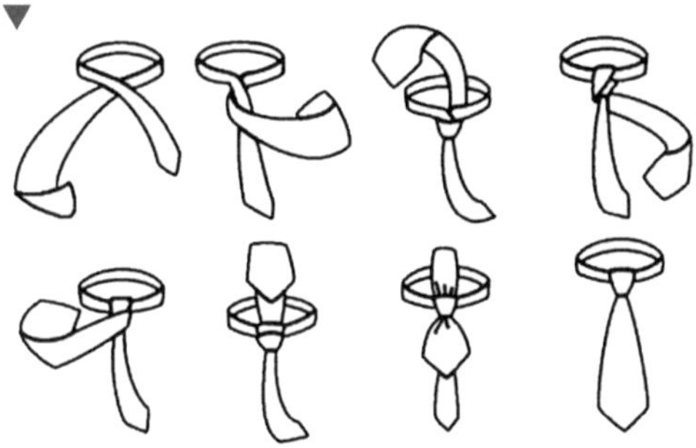

„Eine gut gebundene Krawatte ist der erste wichtige Schritt im Leben“
Oscar Wilde

Das Lexikon der „Textilfehler“

- **Der Hemden-Fehler**
  Zum Businessanzug wird ein stark gemustertes Hemd oder eines mit sportlichem Kragen getragen.

  So ist es richtig: Wählen Sie ein klassisches Hemd in Weiß oder Mittelblau, einfarbig oder mit feinen Streifen. Es soll einen Tab-, Kent-, Haifisch-Kragen oder einen in der spitzen italienischen Form haben. Achten Sie darauf, dass die Manschette 1 bis 1,5 Zentimeter unter dem Jackenärmel hervorschaut.

- **Krawatte ist zu lang oder zu kurz**
  Es wird eine auffällig gemusterte und schlecht gebundene Krawatte getragen.

  So ist es richtig: Die Krawattenspitze soll kurz vor dem Gürtel enden. Der Knoten darf nicht zu dick sein: Am besten binden Sie ihn einfach mit romantischer Falte.

- **Der Westenfehler**
  Die Weste ist zu kurz.

  Richtig: Wenn Sie eine Weste tragen, wählen Sie sie so lang, dass der Blick auf ein hervorquellendes Hemd oder den Gürtel unmöglich ist. Bei einer klassischen Anzugweste darf der letzte Knopf offen bleiben.

- **Der Gürtelfehler**
  Der Gürtel ist abgetragen, der Dorn sitzt im letzten Loch.

  Richtig: Ihr Gürtel soll weder abgetragen noch zu knapp bemessen sein. Er muss die Farbe der dazu getragenen Schuhe haben.

- **Der Doppelmoppel**
  Es werden gleichzeitig Hosenträger und Gürtel getragen.

  Richtig: Entscheiden Sie sich für eine Variante, sonst erwecken Sie den Eindruck, Sie müssten den Sitz Ihrer Hose doppelt absichern.

- **Der Sockenfehler**
  Es werden zum City-Anzug weiße Socken getragen oder solche, die so kurz sind, dass das nackte Bein hervorschaut.

  Richtig: Tragen Sie dunkle, eventuell dezent gemusterte Kniestrümpfe aus dünner Wolle, Baumwolle oder Seide.

- **Der Schuhfehler**
  Zum dunklen Anzug werden braune oder gar graue Schuhe getragen.

  Richtig: Zum dunklen Geschäftsanzug gehört ein schwarzer Lederschuh mit einer schlichten Schnürung. ❑

Was trägt Frau wozu?

Top		**Flop**
Eng anliegendes Collier, den Rollkragen umschließend. Nicht zu edel, am besten Gold. Dazu: klassiche, elegante Armbanduhr aus passendem Gold mit vergoldeten Ziffern. **Rollkragen ▶**		Lange, bunte Halsketten oder Ohrringe. Wirkt überladen und „staucht" die Figur.
Schlichter Schmuck, kurze Halskette und Armband, keine überladenen Ohrringe, höchstens Stecker. **kleiner V-Ausschnitt ▶**		Schwere Ketten, die länger als der V-Ausschnitt sind oder die den Kragen erdrücken.
Hier hat man die freie Wahl. Halsketten, Ohrringe, Ringe, Armreife. Gold, Weißgold, Platin, eventuell Silber, auch Modeschmuck ist zulässig. **tiefer V-Ausschnitt ▶**		Ketten, die länger sind als der V-Ausschnitt. Tattoos, sichtbar im Dekolletee-Bereich.
Collier oder Choker. Blick wird auf Dekolletee und Schulterpartie gelenkt, ein zentraler Punkt entsteht. Zulässig sind auch Ringe, Armreife und zierliche Ohrringe. **Trägerlos ▶**		V-förmige lange Halsketten. Sie zerstören die Wirkung des Kleids und verlängern den Oberkörper.
Lange, auffällige Ohrringe, möglichst farblich auf das Kleid abgestimmt. **U-Boot-Ausschnitt ▶**		Horizontale Ausschnitte niemals mit einer anliegenden Halskette kombinieren. Wirkt überladen.

4.4 Alles in Farbe?

Zum Thema Farbe gibt es das unausrottbare Vorurteil, dass, wer allmählich ergraut, wenigstens in der Kleidung auf kräftige Farben setzen sollte. Da sieht man dann gesetzte Herren in gelben Sakkos mit blauen Hemden und grünen Krawatten und dazu blaugewürfelte Hosen.

Staubsaugervertreter, Clowns und Conferenciers mögen damit gewisse Erfolge erzielen, für alle anderen gilt: Wenn in der Mode allgemein dezentere Töne angesagt sind, gilt dies insbesondere auch für ältere Semester. Wer hier allzu dick aufträgt, wirkt nicht farbenfroh, sondern – lächerlich. Graue Schläfen und graues Kostüm bzw. Anzug passen hervorragend zusammen. Ähnliches gilt auch für Schmuck.

4.5 Schmuck

Seit Urzeiten stellt der Schmuck für den Menschen eine wichtige Symbolkraft dar. Alle Kulturen kennen den Schmuck, ja die Archäologen verwenden sogar das Auftauchen des Schmucks zur Unterscheidung wilder Horden von beginnenden Zivilisationen.

In den Anfängen war der Schmuck zunächst Bestandteil der Totenrituale und wurde als reiche Grabbeigabe beigelegt, um dem Verschiedenen in der Unterwelt als Zahlungsmittel dienen zu können. Schade, dass diese dezente Verwendung von schmückendem Beiwerk heute aus der Mode gekommen ist.

Angesichts mancher Anhäufung von geschmacklich doch eher zweifelhaftem Zierrat stellt sich die Frage, ob dieser nicht in Katakomben besser aufgehoben wäre.

Modeschmuck

Beginnen wir mit dem Modeschmuck. Die meisten modernen Knigge-Vertreter sind sich einig, dass Modeschmuck durchaus ein hübsches Accessoire für ein gepflegtes Outfit sein kann. Er ist überdies erschwinglich und reißt auch bei der Anschaffung größerer Stückzahlen kein allzu großes Loch ins Budget.

Darin liegt aber auch eine nicht zu unterschätzende Gefahr. Wer viel hat, ist nur allzu leicht der Versuchung erlegen, dies auch zu benutzen und zur Schau zu stellen. Modeschmuck sollte aber so wenig und dezent wie nur irgend möglich ver-

so wenig und dezent wie nur irgend möglich verwenden

wendet werden. Insbesondere darf er nicht mit echtem Schmuck kombiniert werden.

Imitationen

Modeschmuck ist übrigens nicht zu verwechseln mit den so genannten „Simili“, also imitiertem „Echtschmuck“. Unechte Goldkettchen, Glitzersteine und Panzerarmbänder werden vom Kenner schnell erkannt und unterscheiden sich von echtem Schmuck insbesondere durch ihr Abriebverhalten. Was in den ersten Tagen noch einigermaßen passabel aussieht, gerät schnell durch vorrückende Gebrauchsspuren in den Bereich der ungepflegten Fragwürdigkeit.

Insbesondere der Türkei- und Thailand-Urlauber sollte der Versuchung widerstehen, der Markenpiraterie durch den Kauf gefälschter Rolex-Uhren und anderer Labels Vorschub zu leisten. Abgesehen von der strafrechtlichen Relevanz – in manchen Ländern ist die Einfuhr bzw. der Besitz gefälschter Markenwaren verboten – sollte sich der Verwender solcher Imitationen über eines im Klaren sein: Auch ein nur halbwegs geschultes Auge erkennt den Schwindel sofort! Trotz aller Beteuerungen der Verkäufer sind Goldauflagen, Aufnäher, Knöpfe, Reißverschlüsse und Stoffqualitäten alles andere als identisch mit dem Original. Gefälschte Patek Philippe Uhren erkennt jeder sofort am ruckenden Sekundenzeiger, der bei den teuren Originalen seinen Weg kontinuierlich und ansatzlos geht.

Imitationen sind schnell entlarvt

Im Business als Träger einer gefälschten Rolex ertappt zu werden ist ungefähr das Schlimmste, was einem passieren kann. Kettchen und Armbänder sollten überdies nur den Frauen vorbehalten sein, für beide Geschlechter gilt jedoch: Armbänder niemals mit Uhren kombinieren, sondern stets getrennt an verschiedenen Handgelenken tragen. Klobige Siegelringe sollten nur tibetischen Schamanen und Angehörigen englischer Adelshäuser vorbehalten sein.

Wichtig ist auch die Frage, wo Schmuckstücke am Körper bzw. der Kleidung platziert werden sollten. Wem zum Beispiel mit zunehmendem Alter die Haut im Hals- und Brustbereich Probleme macht, sollte diese Stellen nicht auch noch durch ein aufwändiges Schmuckstück unterstreichen. Der Blick des Betrachters wandert erfahrungsgemäß vom Schmuckstück auf die unmittelbare Umgebung, und so würde eine unvorteilhafte Körperpartie auch noch durch ein extravagantes

Schmuckstück betont. Besser ist es, solche Stellen zu bedecken oder schmucklos zu lassen. Eine 20 bis 30 cm entfernte Brosche kann dagegen die Blicke auf sich ziehen und so von problematischen Stellen fernhalten.

4.6 Schminken: Weniger ist mehr

Der Kosmetikverband VKE in Düsseldorf schätzt, dass nahezu 70 Prozent der Kosmetikkundinnen über 40 Jahre alt sind. Der Erfolg dieser Bemühungen ist allerorten sichtbar: Die Frau über 50 sieht heute deutlich jünger aus als noch ihre Altersgenossinnen vergangener Generationen. Daran hat die Kosmetikindustrie einen wesentlichen Anteil; der Schönheitschirurg wird dagegen nur von 3 % aller Frauen konsultiert.

Wer sich als reifere Frau für den Griff in den Schminktopf entscheidet, sollte bedenken, dass Schminke nicht zur Maskerade geraten darf. Als Grundregel für dezentes Make-up kann gelten: Betont und deutlich hervorgehoben werden darf nur eine Gesichtspartie. Also entweder der Mund oder die Augen. Wer sich für einen knalligen kirschroten Mund entschieden hat, muss, was den Gebrauch von Wimperntusche, Lidschatten und Kajalstiften angeht, im Bereich der Augen äußerst sparsam auftragen.

Betont und deutlich hervorgehoben werden darf nur eine Gesichtspartie

Ein weiterer Fehler liegt häufig darin, ein zu dunkles Makeup mit einem zu farbenfrohen Lidschatten zu verbinden. Ein dunkler Ton wirkt unnatürlich, im Zweifel sollte immer eine hellere Nuance gewählt werden.

Gisela Reinecke, Sprecherin des VKE, empfiehlt sogar, unter Umständen ganz auf Make-up zu verzichten. Oft genüge Feuchtigkeitscreme, auf die loser Puder gegeben werde.

Aufgetragen werde diese Creme mithilfe von Wattepads, die gegen das Gesicht gedrückt werden. Der Puder sollte dabei sehr sparsam verwendet werden und vom Farbton her transparent erscheinen.

Wenn es darum geht, Hautunreinheiten zu verdecken, empfiehlt sich ein Coverstick mit einer besonders leichten Variante. Zur Verwendung solcher Abdeckprodukte sollte zunächst eine Grundierung aufgetragen werden und danach erst der Abdeckstift, damit sich an den entscheidenden Stellen nichts verwischt.

Schau dir in die Augen

Voraussetzung für solche „Schönheitsreparaturen" ist – und jetzt lachen Sie nicht – eine halbwegs ausreichende Sehschärfe. Bei allzu starker Kurzsichtigkeit sollte entweder ganz auf das Make-up verzichtet werden oder aber die Hilfe einer Freundin hinzugezogen werden. In ihrer „Beauty Bible" nennen die britischen Kosmetikexpertinnen Sarah Stacey und Josephine Fairley Sehschwäche als die wohl am häufigsten anzutreffende Ursache für schminktechnische Peinlichkeiten.

möglichst bei Tageslicht schminken

Aber selbst wer über eine exzellente Sehschärfe verfügt, sollte sich möglichst bei Tageslicht schminken und insbesondere das Licht der Leuchtstoffröhren meiden, da es dort zu erheblichen Verfälschungen kommt. Beim Kauf von Make-up sollte der Farbton nicht nur im Geschäft, sondern zusätzlich bei Tageslicht geprüft werden. Zur Probe sollte das Pflegeprodukt auf der Innenseite des Unterarms aufgetragen werden, da dort die Haut am ehesten der zarten Gesichtshaut entspricht.

Vermeiden sollten reifere Frauen insbesondere auch alle Varianten von schillernden Lippenstiften, Lidschatten oder Nagellacken. Mit dezentem Rouge dagegen kann man erstaunliche Wirkungen erzielen, sofern es sparsam aufgetragen wird. Es darf allerdings keinen Farbklecks auf der Wange bilden, sondern muss gut verteilt werden und kann auch sparsam am Haaransatz aufgetragen werden, sofern dieser sichtbar ist. Der Farbton des Rouge sollte allerdings ins Bräunliche spielen. Das wirkt wesentlich natürlicher als Koralle oder Rot.

Als Lidschattenfarbe empfiehlt sich ein hellerer Ton wie Hellbraun oder Elfenbein, der bis zu den Brauen hochgezogen wird. Darüber hinaus kann ein zartes Dunkelgrau oder „Heide" für die Augenhöhle und das untere Lid aufgetragen werden. Dazu wird ein abgerundeter Lidschattenpinsel für das obere Lid und ein feinerer abgestumpfter Pinsel für das untere Lid benutzt.

Lidschatten, Eyeliner und Mascara sollten als optischer Wachmacher für müde Augen allerdings sehr, sehr zurückhaltend gebraucht werden. Wimpern neigen dazu, im Alter kürzer und stachelig zu werden. Hier richtet Wimperntusche unter Umständen einen nicht wieder gutzumachenden optischen Schaden an.

4.7 Welches Outfit zu welchem Anlass?

Hemden und Krawatten

Je förmlicher der Anlass, desto „farbloser" die Krawatten-Hemd-Kombination

Für Hemden und Krawatten gilt: Je förmlicher der Anlass, desto „farbloser" die Krawatten-Hemd-Kombination. Hier empfiehlt sich das weiße oder eventuell auch ein blaues Hemd mit dezent gemusterter Krawatte. Auf „bunte" Farben sollte bei der Krawattenwahl verzichtet werden.

Bei weniger förmlichen Anlässen sind neben der Hemdfarbe „weiß" auch zartere Pastelltöne akzeptabel. Die Farbtöne der Krawatte sollten dabei auf den Hemdton Bezug nehmen. Hemden mit dezenten Mustern oder Karos sollten nur bei Gelegenheiten getragen werden, die deutlich in Richtung „leger" gehen. Sportliche Hemden oder solche mit kräftigem Muster sind dagegen dem After Business oder Betriebsfesten etc. vorbehalten.

Schuhe

Die Wahl der Schuhe ist von der Stoffqualität des dazu getragenen Kleidungsstückes abhängig

Die Wahl der Schuhe ist von der Stoffqualität des dazu getragenen Kleidungsstückes abhängig. Zu Fischgrät, Flanell und Jeans werden Glattlederschuhe getragen, die durchaus auch einen sportlichen Charakter aufweisen können. Zu Cord und Tweed empfiehlt sich Wildleder. Sneakers können zu Denim, Leinen und Nylon getragen werden. Bei eher förmlichem Outfit wie Nadelstreifen, Schurwolle und Karos wird ausschließlich der Budapester getragen. Zum offiziellen Business-Anzug überhaupt nur Schnürschuhe tragen, keine Slipper mit seitlichen Gürtelschnallen.

Casual Friday

Aus dem angloamerikanischen Raum kommt zunehmend der „legere Freitag" in unsere Büros. Dies hat seine Ursache darin, dass viele direkt aus dem Büro ins Wochenende starten.

Wenn die freitägliche Freizeitkleidung in Ihrem Büro üblich ist, sollten Sie sich diesem Trend nicht verschließen. Ein zu förmlicher Auftritt an diesem Tag würde Ihnen schnell eine Außenseiterrolle bescheren. Wenn Sie an einem Freitag jedoch Kundenkontakt haben oder an einem Meeting mit auswärtigen Kollegen oder gar Vorgesetzten, denen diese Gepflogenheiten unbekannt sind, teilnehmen, gilt: Business as usual!

PRAXIS

Welches Outfit zu welchem Anlass?

Angabe auf der Einladung	**Herr**	**Dame**
Anzug	dunkler Anzug, helles Hemd, Krawatte	Kostüm, Hosenanzug
Stresemann am Tage	Jackett schwarz, einreihig, schwarz-grau gestreifte Hose, weißes Hemd, graue Weste. silbergraue Krawatte mit Krawattennadel	Kostüm
Cut oder Cutaway am Tage	Jackett schwarz, lang, mit runden Rockschößen („Schwalbenschwänzen"), grauschwarz gestreifte Hose, weißes Hemd, dazu graue Weste, graue Krawatte, grauer Zylinder (im Freien), bei Begräbnissen oder Staatsbegräbnissen: schwarzer Zylinder	Kostüm
Kleiner Gesellschaftsanzug (cravate noir, black tie) am Abend	Smoking, weiße oder helle Jacke mit Schalkragen oder Revers aus Seide, schwarze Hose mit aufgesetzten Längsstreifen, stets Lackschuhe, Schleife zum weißen Hemd (evtl. Kummerbund)	Abendkleid lang, Cocktailkleid, dazu kostbarer Schmuck
Grosser Gesellschaftsanzug (cravate blanche, white tie) am Abend	Frack, schwarze Hose mit Hosenträgern, Jackett offen getragen, vorne kurz tailliert, hinten knielang mit Schwalbenschwänzen, Frackhemd, Pikeeweste, weiße Frackschleife (Fliege), Manschettenknöpfe, schwarzer Zylinder	Abendkleid lang, dekolletiert, Schmuck

Event	**Herr**	**Dame**
Mittagessen oder Lunch	Straßenanzug	Businesskleidung, bspw. Kleid, Strümpfe
Empfang am Vormittag	Anzug dunkel	Kostüm, Cocktailkleid, Kleid, Strümpfe
Akademische Feier	Stresemann, Cut	Kostüm
Diner, Dinner, Ball, Bankett	Abendanzug, Smoking oder Dinnerjackett	Abendkleid, Strümpfe
Premiere	Smoking	Abendkleid, Strümpfe
Premiere im Theater/Oper	Frack	Großes Abendkleid, Strümpfe
Beerdigung	Anzug dunkel	Kostüm mit langen Armen, dunkle Farbe, Strümpfe

5 Mit Stil preiswert einkaufen

Es gibt eine Fülle von Ratgebern, die uns zeigen, wie man erfolgreich und stilvoll VERKAUFT. Dass aber auch zum vollendeten EINKAUFEN ein gewisser Stil gehört, hat sich noch nicht allgemein herumgesprochen.

Und besonders im Business lässt es sich nicht vermeiden, für das entsprechende Outfit (siehe Kapitel 4) auch einmal tiefer in die Tasche zu greifen. Wirkungsvolle Eleganz und auch gediegenes Understatement kosten eben ihren Preis. Leider aber ist das nötige Kleingeld gerade zu Beginn der Karriere meist nicht im Überfluss vorhanden.

Stilvoll zur Schnäppchenjagd

Wie Sie es sich leisten können, auch mit schmalerem Budget souverän aufzutreten, erfahren Sie in diesem Kapitel.

5.1 Feilschen erlaubt

Brisant wird die Angelegenheit, wenn Sie zwar etwas kaufen, nicht aber den geforderten Preis bezahlen wollen. Dieses durchaus menschlich verständliche Streben nennt man landläufig „feilschen".

Stil und Etikette derart zu deuten, dass sie dem Erheischen materieller Vorteile, konkret hier der Geldersparnis, im Wege stünden, hieße, sie falsch zu verstehen. Feilschen ist nichts Anstößiges, im Gegenteil, der ARBEITSKREIS UMGANGSFORMEN INTERNATIONAL hat dazu eine eindeutige Meinung:

„Auch wenn Handeln und Feilschen in Deutschland noch nicht an der Tagesordnung sind: es kann die Konsumfreude steigern und ist nicht unhöflich".

Preisverhandlungen waren lange verpönt

Dass Preisverhandlungen anstößig seien, haben wir gewissermaßen mit der Muttermilch aufgesogen. Gerade die Generation unserer Eltern sah Preisverhandlungen als etwas Unsittliches an. Man zahlte einfach den geforderten Preis, da man davon ausging, dass dieser schon irgendwie „gerecht" sei.

Wer gegen dieses ungeschriebene Gesetz verstieß, bekam nur allzu leicht den Ruf, ein Ladengeschäft mit einem „orientalischen Basar" zu verwechseln. Und das wollte natürlich niemand. Obwohl gerade ein orientalischer Basar eine äußerst lustige Angelegenheit ist. Und schließlich soll Kaufen ja Spaß machen. Besonders viel Spaß macht es, wenn man es schafft, weniger zu bezahlen, als der Verkäufer zunächst erhofft hatte.

Weshalb fällt es uns Mitteleuropäern so schwer, offensiv über Preise zu verhandeln? Natürlich befürchten wir zunächst einmal, zurückgewiesen zu werden oder wie ein Bittsteller dazustehen. Beides Positionen, die in unserem Wertesystem nicht besonders hoch im Kurs stehen.

Außerdem wollen wir „geliebt" werden, selbst der unbekannte Verkäufer soll uns mögen, zumindest nicht offen ablehnen. Das erträgt unser Selbstwertgefühl nicht. Aber genau dieses steht auch bei dem Verkäufer auf dem Spiel. Wenn wir es durch ein herablassendes Auftreten verletzen, werden wir den „Preiskampf" nicht gewinnen. Denn dann geht es nicht mehr nur um 50 Euro, dann stehen darüber hinaus oder gar stattdessen hehre Begriffe wie Würde und Ehre auf dem Spiel. Und dieses Spiel können Sie nicht gewinnen.

Geben Sie dem Verkäufer nie das Gefühl, eine Preisverhandlung „verloren" zu haben

Geben Sie daher dem Verkäufer nie das Gefühl, eine Preisverhandlung „verloren" zu haben. Hier ist nun wirklich einmal der arg abgenutzte Begriff des „Win-Win-Prinzips" gefordert. Beide Verhandlungspartner müssen das Gefühl haben, einen Sieg durch ein für beide Seiten erfolgreiches Geschäft davongetragen zu haben.

Das Wichtigste ist daher, dass Sie folgende Tugenden in Ihr „Grundgesetz des Feilschens" übernehmen:

- Freundlichkeit
- Respekt
- Partnerschaftliches Verhalten

Rabattforderungen nicht übertreiben

Dazu gehört insbesondere, dass Sie Ihre Rabattforderungen nicht übertreiben. Sicherlich sollen Sie das „Kontrastgesetz" anwenden und Ihr anvisiertes Rabattziel durch Nennung einer höheren Summe „kleiner machen". Sie sollten sich dabei jedoch vor grotesken Übertreibungen hüten. Wer etwa 50 Prozent Rabatt fordert, macht sich unglaubwürdig und beleidigt den anderen. Ein solcher Abschlag lässt keine seriöse Kalkulation zu.

Wir leben in einer Zeit der überquellenden Angebote und der „Kundenmärkte". Das bedeutet, dass es heute – anders als in der Nachkriegszeit – nicht mehr darum geht, knappe Güter zu verteilen, sondern für vorhandene Güter immer schwieriger aufzuspürende Kunden zu finden. Das bringt Sie eigentlich in eine deutlich überlegene Position gegenüber dem Verkäufer. Diese überlegene Stellung auszuspielen, hieße jedoch gegen die Grundsätze von Stil und Etikette zu verstoßen. Ein solcher Verstoß wird vom Verkäufer missbilligt und mit einem klaren „Nein" beantwortet.

Sollten Sie sich in einem Zwiespalt befinden zwischen angeblich „gutem Benehmen" und der verständlichen Lust zur Schnäppchenjagd, vergegenwärtigen Sie sich einmal Folgendes: Wenn Sie es schaffen könnten, bei allen größeren Anschaffungen Rabatte bis an die Schmerzgrenze auszuhandeln, könnten Sie Ihr monatliches Einkommen um 10 bis 15 Prozent steigern – und das steuerfrei! Der Einsatz für diesen Zugewinn ist verglichen mit dem beruflichen Arbeitseinsatz, der sonst dafür erforderlich wäre, äußerst gering. Je nach Größe und Wert der Anschaffung kann Ihr „Stundenlohn" dabei mehrere Hundert Euro betragen. Wer kann das schon von seinem Gehalt sagen?

Juristisch sind Sie beim Handeln auf der sicheren Seite. Das Rabattgesetz und die Zugabeverordnung – übrigens 1933 von den Nazis eingeführt – sind im Jahr 2001 gefallen. Wenn also ein Verkäufer Ihren Verhandlungsversuch abwimmeln will mit den Worten: *„Das Gesetz verbietet mir leider, einen solch hohen Nachlass zu gewähren"*, sollte das bei Ihnen nur ein müdes Lächeln auslösen. Ein solches Gesetz gibt es nämlich nicht mehr.

Rabattgesetz und Zugabeverordnung haben im Jahre 2001 ihre Gültigkeit verloren

Am Beginn stehen Humor und Charme ...

... „und Selbstbewusstsein", sollte man hinzufügen. Wer leicht schüchtern mit finsterer Miene gleich „zur Sache kommt", wird es schwer haben. Beide Verhandlungspartner müssen das Gefühl haben, ein Spiel zu spielen. Wer daher mit allzu großem Ernst zu Werke geht, nimmt sich wichtige Chancen.

5.2 Die Aufwärmphase

Nachdem Sie selbstbewusst den Laden betreten haben, beginnen Sie mit einem charmant-witzigen „Smalltalk". Was aber bedeutet „selbstbewusst"? Nun, selbstbewusst bedeutet, erhobenen Hauptes zunächst einmal schwungvoll die Tür zu öffnen und im wahrsten Sinne des Wortes „einzuschreiten".

Suchen Sie dabei nach Möglichkeit schon den Blickkontakt mit dem Verkäufer, lassen Sie sich aber noch nicht auf ein Gespräch ein. Schließlich müssen Sie sich erst mal im Laden umsehen und erkennen, welche Köstlichkeiten er zu bieten hat. Es zeugt übrigens von einem äußerst schlechten Stil, wenn Verkäufer eintretende Kunden gleich zu Beginn ansprechen und ihnen so jede Möglichkeit rauben, sich erst einmal in der neuen Situation zurechtzufinden und am Warenangebot zu orientieren.

Strahlen Sie eine selbstbewusste Entschlossenheit aus

Die selbstbewusste Haltung des Eintretens sollten Sie auch bei Ihrem weiteren Aufenthalt im Laden nicht vernachlässigen. Strahlen Sie eine gewisse Entschlossenheit aus, zögerliches Herumsuchen wirkt nicht selbstbewusst.

Kleidung

Erwecken Sie den Eindruck eines begehrten „Stammkunden"

Ihr oberstes Ziel muss es sein, den Eindruck eines begehrten „Stammkunden" zu machen. Wer in abgerissener Kleidung, mit ungeputzten Schuhen und fleckigem T-Shirt aufkreuzt, signalisiert dem Verkäufer nur zweierlei:

- Du und dein Laden sind es nicht wert, dass ich mich fein herausputze.
- Ich selbst bin es nicht wert, dass du eine längerfristige Kundenbeziehung anstreben solltest.

Scheuen Sie sich also nicht, leicht „overdressed" zu sein. Bemühen Sie sich um ein hochwertiges, besser noch „höchstwertiges" Outfit. Wenn Sie nicht selbst über die entsprechenden CHANEL-Kostüme, GUCCI-Schuhe und ROLEX-Uhren verfügen, so leihen Sie sich solche Accessoires aus dem Bekanntenkreis zusammen.

Besonders effektvoll ist es auch, wenn Sie „rein zufällig" geschmackvolle Einkaufstaschen, etwa von VERSACE, JOOP oder ARMANI bei sich tragen. Dazu sollten Sie sich zu Hause immer ein kleines „Archiv" entsprechender Tüten bereithalten. Achten Sie aber darauf, dass es sich um aktuelle Exemplare handelt: Ein veraltetes Logo, Kaffeeflecken oder Eselsohren würden Sie als Aufschneider entlarven.

Dieser „Dress-Code" gilt besonders in „produktspezifischer" Hinsicht. Wenn Sie sich zu einem Schickimicki-Coiffeur begeben, sollte weder Ihre Haarfärbung noch die Dauerwelle herausgewachsen sein. Wer im Schuhgeschäft feilschen möchte, sollte mit frisch geputzten Nobelschuhen aufwarten, Designerläden betritt man nicht mit dem letzten Schrei aus dem C&A-Restekeller. Wer beim Juwelier etwas herausholen will, sollte sich schon mit Hochkarätigem schmücken. Wem's gehört, steht ja nicht dran.

„produktspezifischer" Dress-Code

Man könnte nun einwenden, dass Bescheidenheit doch eine besondere Zier sei. Man könnte vielleicht auch darauf hoffen, dass der Verkäufer aus Mitleid oder weil man so zurückhaltend, ehrlich und unterwürfig daherkommt, mit Rabattgeschenken um sich wirft. Solchen Skeptikern sei nur anzuraten, es einmal im Jogginganzug oder noch besser in Ballonseide zu versuchen. Sie werden auf Granit beißen!

Beziehungsebene

Nachdem Sie solchermaßen Eindruck gemacht haben, kommt der zweite Schritt. Jetzt versprühen Sie nämlich Witz, Esprit und Charme. Sie sprechen den Verkäufer an und setzen nun die freundlichste Miene auf, die Ihnen zu Gebote steht.

Übertreibungen schaden allerdings. Seien Sie so authentisch wie möglich. Versuchen Sie, den Namen Ihres Ansprechpartners herauszufinden. Dazu bieten sich Tafeln mit Fotos der Mitarbeiter, der „Verkäufer des Monats" oder Namensschildchen an. Sie können aber auch einfach einen Kollegen fragen. *„Kein Klang der Welt ist schöner als der des eigenen Namens"*, sagt Dale Carnegie und hat Recht damit.

Versuchen Sie, den Namen Ihres Ansprechpartners herauszufinden

Der Verkäufer wird sich geschmeichelt fühlen, wenn Sie ihn mit seinem Namen anreden. Mit dem gewinnendsten Lächeln der Welt loben Sie nun ihn oder seine Ware. Erwähnen Sie seine letzte Beratung: *„Erinnern Sie sich noch daran, als ich im letzten Jahr den Videorecorder bei Ihnen gekauft habe? Damit bin ich sehr zufrieden!"* (Wenn Ihr Gesprächspartner im letzten Jahr noch gar nicht im Unternehmen war, wird Ihnen schon eine passende Ausrede einfallen.)

Sie können aber auch die Sortimentszusammenstellung des Geschäftes sowie die Kompetenz des Verkäufers loben. Danach lassen Sie sich die Produktvorzüge des von Ihnen ins Auge gefassten Artikels erklären, nicken freundlich und senden deutliche Kaufsignale aus. Dies spornt einen echten Verkäufer zu Höchstleistungen an.

Ihre Rabattforderungen nennen Sie in dieser Frühphase natürlich noch nicht. Diese Katze lassen Sie erst aus dem Sack, wenn der Verkäufer schon siegessicher auf „Abschluss" gesetzt hat. Zuvor streuen Sie noch einige persönliche Bemerkungen ein und nähern sich dem Verkäufer auf der Beziehungsebene.

Rücken Sie ihm dabei aber räumlich nicht zu nahe, beachten Sie die Distanzzone von 60 Zentimetern. Es gibt zwar auch Menschen, die es sich leisten können, näher zu treten und den anderen sogar bei passender Gelegenheit sachte und kurz berühren. Diese Kunst der „sympathischen Intimzonenverletzung" wird aber nur von den wenigsten wirklich beherrscht. Hüten Sie sich also davor, wenn Sie sie nicht hundertprozentig beherrschen. Gewähren Sie dem Verkäufer einen kurzen Einblick in Ihre persönliche Sphäre und in den Kontext, in dem das Produkt zur Verwendung kommen soll. *„Meine Tochter hat sich zum Geburtstag so sehnlich eine Puppe gewünscht, die sprechen kann. Die wird Augen machen, wenn ich mit so einem Prachtexemplar ankomme"*.

Jetzt haben Sie sich sozusagen den Ball zurechtgelegt und können losschießen.

Je höher der Wert der Ware, desto höher können Sie in der Nachlassfrage pokern

Sie können nun langsam aber sicher auf Ihre Rabattforderung zu sprechen kommen. Dabei gilt als Faustregel: Je höher der Wert der Ware, desto höher können Sie in der Nachlassfrage pokern. In den Bereichen Elektronik, Computer, Autos, Immobilien sind Preisnachlässe von 10 bis 20 Prozent drin. Bei allen anderen Gütern sollten Sie nicht unter 5 bis 10 Prozent Preisnachlass aus dem Rennen gehen. Lediglich bei Medikamenten, Druckerzeugnissen und Zigaretten hat der Verkäufer keinen Handlungsspielraum. Hier existiert immer noch eine Preisbindung.

Nun gibt es drei Möglichkeiten, das „Preisspiel" zu beginnen:
- die (höfliche) Fehlersuchstrategie
- die „Ich-habe-(dafür)-leider-nicht-mehr-Geld"-Strategie
- die „Einladung-zum-sportlichen-Wettkampf"-Strategie

5.3 Das Preisspiel

Die Fehlersuche

Mit ein wenig Glück lässt sich bei vielen Waren irgendein (und sei es auch noch so kleiner) Mangel entdecken. Sind die Gartenmöbel wirklich – wie der Verkäufer beteuert – aus Teakholz? Oder hat man das dem Teakholz sehr ähnliche Zedernholz oder ein anderes Hartholz verwendet?

Weist die „massive" Truhe nicht doch an irgendeiner Stelle eine Furnierung auf? Gibt es feinste Haarrisse, Minikratzer, Farbveränderungen, lockere Knöpfe, Staubspuren oder stimmen sonstige Zusagen nicht oder nur zum Teil?

Um das genauestens beurteilen zu können, müssen Sie informiert sein. Diese Zeitinvestition der Recherche lohnt sich aber, wenn Sie bedenken, dass aufgrund von erkannten Mängeln oft erhebliche Preisnachlässe zu erzielen sind.

Machen Sie aus der Mangelfeststellung keinen Vorwurf

Ist es Ihnen gelungen, einen Mangel zu entdecken, so weisen Sie den Verkäufer (freundlich!) darauf hin. Machen Sie aber aus der Mangelfeststellung keinen Vorwurf, denn dann würde sich der Verkäufer wie ein ausgeschimpftes Kind vorkommen und entsprechend trotzig reagieren. Können Sie aber sachlich begründen, dass die Ware nicht dem Zustand entspricht, der den geforderten Preis rechtfertigen würde, haben Sie leichtes Spiel. Ein freundlich-selbstbewusstes: *„Für 30 Euro weniger nehme ich den Anzug gleich mit"* wird dann selten auf taube Ohren stoßen.

Das Märchen vom begrenzten Geldbeutel

Betreten Sie das Geschäft mit exakt dem Betrag, den Sie als „Zielsumme" veranschlagt haben, das „Restgeld" lassen Sie griffbereit im Auto zurück. *„Ich hatte für den Aktenkoffer leider nur 150 Euro eingeplant"*, versichern Sie glaubhaft.

Zur Verstärkung Ihrer Aussage halten Sie nun dem Verkäufer die 150 Euro unter die Nase. In vielen Fällen führt dieser Trick zum Erfolg. Wendet der Verkäufer allerdings ein: *„Unter 170 Euro läuft hier gar nichts"*, so bieten Sie sich dienstfertig an, noch einmal im Auto nachzusehen, ob sich dort die Restsumme nicht doch noch befindet.

Freudestrahlend kehren Sie nach wenigen Minuten mit 160 Euro zurück. Welches Verkäuferherz kann da widerstehen?

Die Strategie des begrenzten Budgets steht übrigens nicht im Widerspruch zu Ihrem großmännischen Auftreten. Wer mit wirklich Superreichen zu tun hat, ist oft erstaunt, dass diese Leute, auch in Kleinigkeiten besonders „kleinlich" sind. Daher sind es Prominente auch gewohnt, in Rabattfragen auf besondere Zugeständnisse zu treffen.

Der sportliche Wettkampf

Wenn Sie trotz intensivsten Bemühens an der Ware keinen Mangel feststellen konnten und Ihr „Feilschgrad" noch nicht die Profireife erreicht hat, um die Strategie des begrenzten Budgets überzeugend verfolgen zu können, sollten Sie an den sportlichen Ehrgeiz des Verkäufers appellieren.

Beginnen Sie zunächst wieder mit einem Lob. Machen Sie deutlich, dass Sie das Geschäft gerne bei Ihrem kompetenten Verkaufspartner machen würden. Wenn Ihnen dieser nicht entgegenkommt, müssten Sie leider, leider bei der Konkurrenz kaufen.

Spielen Sie aber diesen Trumpf nicht sofort aus, sondern heben Sie sich die Karte für die Endrunde auf. Fragen Sie höflich aber bestimmt: *„Ich nehme den Blazer, aber können wir am Preis noch etwas machen?"* Oder: *„Wenn Sie mir etwas entgegenkommen, nehme ich den Artikel gleich mit."*

Bieten Sie an, die Rechnung in bar zu begleichen

Weisen Sie darauf hin, dass Sie gerne die Rechnung auch in bar begleichen. Das spart Verwaltungskosten und erinnert an die früheren Skontozeiten. Sollte das noch nicht zum Erfolg führen, deuten Sie sachte die (tatsächlichen oder vorgegebenen) Konditionen der Wettbewerber an. *„Wenn Sie mir die gleichen Konditionen wie Ihr Mitbewerber anbieten, sind wir im Geschäft."*

Übertreiben Sie aber mit den angeblichen oder tatsächlichen Billigpreisen der Konkurrenz nicht. Oftmals kennt sich Ihr Gesprächspartner im Preisgefüge recht gut aus und kann auch ungefähr abschätzen, was realistisch ist und was in den Bereich der Fabel gehört.

„Auf Wiedersehen"

Was für den Kunden der „Kaufkater" nach erfolgtem Kauf ist, kann für den Verkäufer die „Rabatt-Reue" nach vollzogenem Feilschakt sein.

Verdeutlichen Sie beim Abschied noch einmal, dass es sich tatsächlich um eine „Win-Win-Situation" handelt. Sprechen Sie Ihrem fairen Verhandlungspartner Ihren Dank aus: *„Ohne Ihr Entgegenkommen hätte ich mir diese Armbanduhr nicht leisten können"* oder *„Ihr Mitbewerber hätte mich nicht so zuvorkommend bedient"*.

Deuten Sie auch an, dass in Zukunft Folgegeschäfte zu erwarten sind und schwärmen Sie davon, wie vielen Freunden Sie diesen kompetenten Verkäufer empfehlen werden. Zur Verstärkung dieser Aussagen bitten Sie den Verkäufer um einige Visitenkarten.

Vermitteln Sie nie den Eindruck den Artikel unbedingt haben zu wollen

Vermeiden Sie in jedem Fall den „Das-will-ich-unbedingt-haben-Blick". Wenn Ihr Gegenüber merkt, dass Ihr Leben von dem gewünschten Gegenstand abhängt und dass Sie eigentlich jeden Preis dafür bezahlen wollen, haben Sie keine Verhandlungschancen. Verdeutlichen Sie, dass Sie alles andere als gierig sind und sich auch gut vorstellen könnten, auf den Artikel zu verzichten.

5.4 Verhandeln mit Komplizen

Sofern Sie noch ein Preisdrücker-Anfänger sind oder Ihrer Verhandlungstaktik ein ganz besonderes Gewicht verleihen wollen, gehen Sie mit einem Komplizen auf Schnäppchenjagd.

Zwei gegen einen soll zwar feige sein, beim Feilschen bringt es aber eindeutige Vorteile. Achten Sie aber darauf, dass Ihr Freund ein echtes Feilschtalent ist, also selbstbewusst, charmant und redegewandt. Auch sollte er in punkto Outfit dem entsprechen, was wir oben zum „produktspezifischen Dress-Code" gesagt haben.

Wichtig ist auch eine perfekte – auch nonverbale! – Kommunikation zwischen Ihnen beiden. Eine hochgezogene Augenbraue kann den Befehl „Kaufen" bedeuten, heruntergezogene Mundwinkel: „Hart bleiben". Schüchterne Zeitgenossen sollten Sie ebenso wenig um diesen Gefallen bitten wie solche, die aggressiv und kompromisslos vorgehen. Nehmen Sie nur formvollendete Diplomaten mit.

Das „Briefing"

gemeinsame Strategie absprechen

Vor Ihrem ersten Einsatz sprechen Sie eine gemeinsame Strategie ab. Sie bestimmen ganz konkret den Preis, den Sie bereit sind zu zahlen. Legen Sie insbesondere eine genaue Rollenverteilung fest. Bewährt haben sich hier die Rollen „Lieber Kunde – kritischer Kunde". Teilen Sie aber ganz genau ein, wer welchen Part übernimmt. Der Verhandlungsbereite signalisiert vorsichtiges Interesse. Der „böse Kunde" hat die Aufgabe, die Ware kritisch zu kommentieren und vielleicht gar vom Kauf abzuraten.

„Lieber Kunde – kritischer Kunde"

Der große Auftritt

Bühne frei! Gemeinsam betreten Sie den Laden und dokumentieren für jeden erkennbar, dass Sie zusammengehören. Der „Nettere" von Ihnen beiden beginnt nun ein freundliches Gespräch mit dem Verkäufer.

Der „Böse" steht kritisch daneben und hört zu. Er rät vom Kauf ab und findet natürlich in jeder Suppe mindestens ein Haar – auch wenn es nur ein Härchen ist. Besonders gut macht es sich, wenn Ihr Partner über eine erhebliche Sachkompetenz verfügt und mit dieser auch nicht hinter dem Berg hält. Durch diese Fachsimpelei alarmiert, sehen Sie sich nun genötigt, einen Preisabschlag zu fordern.

Jetzt läuft Ihr Partner zur Höchstform auf. Er bestärkt Sie vehement in Ihrer Preisforderung. Besonders gut machen sich Bemerkungen wie:

- *„Bedenke, dass es sich um ein Auslaufmodell handelt. Schon im Herbst kommt der Nachfolger, warte lieber noch ein bisschen."*
- *„Das steht dir aber überhaupt nicht."*
- *„Das würde ich nur nehmen, wenn es 20 % billiger wäre."*
- *„Lass es, den Anzug habe ich bei XY billiger gesehen."*

5.5 „Rien ne va plus"

Wenn „nichts mehr geht", Sie also alle Strategien ausgereizt haben, aber mit Ihren Rabattforderungen auf Granit beißen, gibt es nur noch eins: Zugabe!

Auf keinen Fall sollten Sie bei gescheiterten Rabattforderungen klein beigeben. Wenn Sie schon kein Geld verdienen konnten, so sollten Sie wenigstens mit einem kleinen Geschenk oder einer Zusatzdienstleistung den Laden verlassen.

Fordern Sie eine Zugabe

Um noch einmal auf die Win-Win-Situation zurückzukommen: Kleine Geschenke erhalten nicht nur die Freundschaft, sondern sind auch für den Schenkenden, in diesem Fall den Verkäufer, oft günstiger als ein Preisnachlass.

Bevor Sie den Verkäufer auf die Zugabe ansprechen, haben Sie sich diese nach eingehender Prüfung des Sortiments be-reits „ausgeguckt“. Eine gezielte Forderung steigert Ihre Seriosität, besonders wenn der Zugabeartikel in einem sachlichen Zusammenhang zu der gekauften Ware steht.

Zugabeartikel, die in einem sachlichen Zusammenhang zu der gekauften Ware stehen

Gerade im Bereich der Garderobe können das passende Accessoires oder etwa ein passender Schal zum Mantel sein. Oder stricken Sie sich doch selbst eine Sonderaktion: Vier zum Preis von Dreien.

Wichtig ist, dass Sie mit Ihrem Wunsch so konkret wie möglich werden. Machen Sie deutlich, dass Sie den gewünschten Gegenstand nur dann kaufen, wenn es dazu eine Zugabe gibt. *„Gehört die Krawatte zum Anzug? Dann nehme ich ihn.“*

Erhandeln Sie einen geldwerten Vorteil

Besonders effektiv sind Forderungen nach Zugaben, die den Geber nichts kosten, für Sie aber einen geldwerten Vorteil darstellen. Wenn Sie zum Beispiel kostenlos am Frühstücksbuffet teilnehmen oder im Hotel gratis den Wellness-Bereich benutzen können, sparen Sie bares Geld, den Hotelier aber kostet es fast nichts.

Eine für Sie wertvolle Zugabe kann auch eine Dienstleistung sein. So könnten Sie sich zum Beispiel die neue Garderobe kostenlos ändern lassen oder erweiterte Garantieleistungen aushandeln.

5.6 Alles zu seiner Zeit

Es gibt Zeiten, zu denen ist Feilschen ausgesprochen unhöflich und auch ineffektiv. Dazu gehören zunächst alle Zeiten, zu denen die Gegenwart von Zeugen zu erwarten ist. Zuhörer verderben Ihnen das Geschäft. Der Verkäufer wird sich hüten, Präzedenzfälle dadurch zu schaffen, dass anwesende Dritte Zeugen der Verhandlungen werden. Dies schließt vor allem die „Rush hours“, also zwischen etwa 16 und 19 Uhr, aus.

Während der „Rush hours“ ist Verhandeln meistens zwecklos

Als ungünstig hat sich auch der Montagmorgen erwiesen, da ein Verkäufer zu Wochenbeginn noch nicht auf aktuelle Verkaufserfolge zurückblicken kann und in Sachen Preisnachlass entsprechend unnachgiebig sein wird. Auch kurz vor Feierabend ist ein ungünstiger Zeitpunkt. Versuchen Sie herauszufinden, wann Ihr Verhandlungspartner Dienstschluss hat. Nach der Einführung der verlängerten Öffnungszeiten haben die Verkäufer oft sehr unterschiedliche Schichtwechsel. Dies gilt natürlich auch für die Zeit kurz vor der Mittagspause.

Aus der Betriebspsychologie wissen wir, dass vormittags die beste Zeit für Verhandlungen ist. Da sind die meisten Menschen noch frisch und tatendurstig, nachmittags, besonders im „Suppen-Koma“ nach dem Mittagessen, flacht die Aktivitätskurve deutlich ab.

Es kommt allerdings darauf an, um welche Art von Ware es sich handelt. Bei leicht verderblicher Ware gelten andere Gesetze. Weihnachtsbäume kauft man am Heiligen Abend, kurz bevor sie sich auf dem Weg zum Schredder machen. Dass man auf dem Wochenmarkt, bei Flohmärkten oder beim Bäcker kurz vor Feierabend oder besser noch vor dem Wochenende die besten Karten hat, wissen Sie längst.

6 Servicewüste Deutschland? – Der Umgang mit Kunden

Kennen Sie folgende Situation? Sie betreten ein Geschäft und nähern sich dem Verkaufspersonal um eine Frage zu stellen. Ein Verkäufer steht vor der geöffneten Kasse und prüft den Kassenstreifen. Augenscheinlich gibt es ein Problem. Neben ihm stehen mindestens zwei Kollegen, die ihm bei der Problemlösung zusehen, ohne allerdings wirklich helfen zu können.

So steht man minutenlang vor den Dreien und muss dieses traurige Schauspiel mit ansehen. Anscheinend hat sich der Grundsatz, dass jede, aber auch wirklich jede Arbeit sofort zu unterbrechen ist, sobald sich ein Kunde nähert, noch nicht allgemein herumgesprochen.

Eine Variante dieser Unhöflichkeit besteht darin, dass Verkaufspersonal emsige Tätigkeit dadurch dokumentiert, dass es bei der Erledigung derselben möglichst geräuschvoll vorgeht.

So werden beispielsweise im Verkaufsraum Textilien sortiert und dabei über eine Distanz von 30 Metern hinweg laute Gespräche mit Kollegen geführt. Dazu werden die Bügel auf die Ständer geknallt und überhaupt wird alles unternommen, um zu zeigen, dass hier Werktätige ein Werk tätigen.

Verkaufen ist Show-Biz

Es wird häufig übersehen, dass Verkaufen und generell jeder Kundenkontakt Entertainment ist und den Gesetzen einer Show unterliegt. Im Theater ist es stimmungstötend, wenn man hinter den Bühnenkulissen entdeckt, dass diese nur von Pappe sind und von billigen Holzstützen gehalten werden oder dass die scheinbare Schwerelosigkeit der grazilen Tänzerin Schwerstarbeit ist und diese ordentlich zum Schwitzen und Keuchen bringt.

Was hinter dem schönen Schein der Dinge und der glitzernden Warenwelt verborgen ist, interessiert den Kunden nicht nur nicht, sondern es ernüchtert ihn geradezu. Und Ernüchterung ist Verkaufskiller Nummer eins! Die Drahtzieher hinter den Kulissen müssen unsichtbar sein, die verlockenden Speisen müssen von Zauberhand aufgetragen werden und Speisereste, Geschirr usw. unmerklich und lautlos entschwinden.

Ernüchterung ist Verkaufskiller Nummer eins

6.1 Umgang mit unhöflichen Kunden

Wie verhalten wir uns aber, wenn der Kunde die Gesetze von Ton und Takt verletzt? Zum Beispiel schon von weitem entgegenbrüllt: *„Junge Frau – rote Stifte, wo haben wir die?“* Sollen wir den Kunden auf seinen Fauxpas aufmerksam machen zum Beispiel, indem wir deutlich hörbar zu unserer Kollegin sagen: *„Wie heißt noch mal das Zauberwort?“*

Die Frage ist, was Sie erreichen wollen. Wollen Sie den Kunden erziehen? Das wäre durch einen solchen Satz vielleicht sogar möglich. Einen Kaufimpuls werden Sie damit allerdings nicht auslösen. Man kauft nur sehr ungern bei Erziehern.

Wollen Sie den Kunden erziehen? – Oder ihm etwas verkaufen?

Auch wenn es Ihnen schwer fällt, hier höflich zu bleiben, versuchen Sie einmal ein freundliches: *„Sie haben es eilig? In der Schreibwarenabteilung, vierter Stock, gleich neben den Miederwaren. Guten Einkauf!“*

6.2 Wenn es eng wird

Wir verhalten wir uns eigentlich, „wenn es brennt“ und mehrere Kunden auf ihrem Recht bestehen, bevorzugt bedient zu werden? Viele Kundenberater verfallen dann in den Fehler, hektisch zu werden. Sie bedienen einen Kunden und vermeiden den Blickkontakt mit allen anderen, um nicht durch „übertriebene“ Freundlichkeit Begehrlichkeiten auf bevorzugte Bedienung zu wecken.

Niemanden umsonst warten lassen

So kann es dann passieren, dass der Kunde zehn Minuten warten muss, bis er an der Reihe ist und erfährt, dass sein Wunsch in dieser Abteilung nicht zu erfüllen ist. Daher gilt der Grundsatz:

- Cool bleiben, nicht aus der Ruhe bringen lassen.
- Zu allen Eintretenden sofort Blickkontakt aufnehmen und sie freundlich begrüßen.
- Alle Anwesenden nach ihren Wünschen fragen.
- Einfache Infofragen sofort beantworten.
- Für alle Kunden eine Reihefolge mit ungefähren Wartezeiten bekannt geben.

Das ist wesentlich besser als das leider noch immer übliche *„Sie sehen doch, dass ich gerade einen Kunden habe. Da müssen Sie sich etwas gedulden“*. Der Kunde muss überhaupt nichts.

Sicherlich ist es für den Kunden am besten, überhaupt nicht warten zu müssen. Die zweitbeste Lösung aber ist, ihm zu begründen, warum er wartet.

6.3 „Dafür bin ich nicht zuständig“

Auch beliebte Stimmungskiller wie: *„Da sind Sie hier völlig falsch“* oder *„Da kann ich Ihnen überhaupt nicht helfen“* sollten tabu sein. Sagen Sie stattdessen, wofür Sie zuständig sind.

Helfen Sie weiter, auch wenn es nicht in Ihren Kompetenzbereich fällt

Danach zeigen Sie dem Kunden sofort eine Lösungsmöglichkeit auf, indem Sie ihn freundlich an die richtige Abteilung verweisen. Wesentlich kundenorientierter ist, zunächst einmal bekannt zu geben, wofür Sie selbst der oder die Expertin sind und damit dem Kunden zu signalisieren: *„Zwar ist ein anderer Kollege für Sie zuständig, ich selber bin aber auch* *kompetent und hilfsbereit, nur eben in anderen Angelegenheiten".*

Das könnte dann so klingen: *„Ich bin die Expertin für Wertpapiere, der Spezialist für Baukredite ist der Kollege Maier im dritten Stock".* Wenn Sie darauf verzichten kundzutun, wo Ihre Stärken liegen, wird Sie der Kunde für inkompetent halten. Dies schadet nicht nur Ihrem Selbstwertgefühl und der Atmosphäre für eventuelle spätere Kontakte mit diesem Kunden in anderer Angelegenheit, sondern die vermutete Inkompetenz wird vom Kunden unbewusst auf das gesamte Unternehmen übertragen.

Wer „nicht zuständig" ist, wirkt generell auch nicht kompetent

6.4 Kundengespräche

Begrüßung im Kundenverkehr

Wenn Sie ein Kunde besucht und Ihr Büro oder Geschäft betritt, erheben Sie sich und treten ihm entgegen. Bei der Begrüßung sollte niemals ein Schreibtisch zwischen Ihnen und dem Kunden stehen, nach Möglichkeit auch kein Empfangstresen.

Treten Sie hinter Ihrem „Versteck" hervor und reichen Ihrem Kunden die Hand. Die Initiative sollte dabei auf jeden Fall von Ihnen ausgehen, warten Sie bitte nicht, bis der Kunde von sich aus zur Begrüßung anhebt. Normalerweise gilt die Regel, dass derjenige zuerst grüßt, der einen Raum betritt. Das ist im Kundenverkehr umgekehrt. Sie begrüßen den Kunden zuerst.

Sie begrüßen den Kunden zuerst

Nach der Begrüßung bieten Sie Ihrem Kunden einen Platz an. Erst nachdem er sich gesetzt hat, nehmen Sie möglichst „über Eck" Platz. Dies ist die kommunikativste Sitzordnung. Wenn Sie ihm frontal gegenüber sitzen, kann dies psychologisch als Konfrontation gewertet werden. Auch wirkt dann der eventuell zwischen Ihnen liegende Tisch oder Schreibtisch wie eine Barriere.

Vielleicht erstaunt es Sie, dass ich Sie mit den oben aufgeführten Selbstverständlichkeiten behellige. Was für Sie als kultivierten Menschen selbstverständlich ist, ist im bundesdeutschen Alltag alles andere als Normalität. Noch viel zu häufig wird im Kundenverkehr gegen die Gesetze der Höflichkeit verstoßen.

Beliebtes Ritual ist dabei, wenn der Kunde den Raum betritt, einfach sitzen zu bleiben und ihm über zehn Meter, über Schreibtische und Tresen hinweg zuzubrüllen: *„Bitte schön?"* Ein solches Verhalten schürt Aggressionen und schwächt die Kaufmotivation erheblich. Wenn der Kunde stehen muss, während der Berater sitzt, ähnelt dies einer Verhörsituation. Der Kunde fühlt sich unwillkürlich an Zeiten erinnert, als er als Schulkind vor den Direktor zitiert und abgekanzelt wurde.

dem Kunden ungeteilte Aufmerksamkeit schenken

- Ein Kunde sollte bereits bei der Begrüßung spüren, dass er wichtig ist und dass der Mitarbeiter Zeit für ihn hat. Gespräche mit Kollegen sind sofort abzubrechen. Der Mitarbeiter geht auf den Kunden zu, nicht etwa umgekehrt.
- Der Mitarbeiter signalisiert freundliches Entgegenkommen, vermeidet jedoch ein künstlich aufgesetztes „business-smiling".
- Eine anbiedernde oder unterwürfige Haltung wird vom Kunden als abstoßend empfunden.
- Der Gesprächsbeginn sollte mit einer kleinen höflichen Geste beginnen, wie z. B.: die Tür öffnen, aus dem Mantel helfen, den Regenschirm abnehmen, den Kunden von der zugigen Tür an einen angenehm platzierten Tisch begleiten oder Tee oder Kaffee offerieren. Vor allem sollte während des Kundengesprächs weder telefoniert noch dürfen andere Gespräche geführt werden. Besucht man den Kunden in dessen Haus, darf natürlich nicht geraucht werden. Auch anwesende Familienmitgleider des Kunden sind höflich zu begrüßen.

„Fragen Sie doch nächste Woche noch mal nach"

Verlangt ein Kunde eine Ware oder Dienstleistung, die Sie zurzeit nicht anbieten können, so vertrösten Sie ihn nicht mit den Worten: *„Der Artikel ist bestellt, kommen Sie in den nächsten Tagen doch noch mal rein."* Das ist natürlich eine grobe Unhöflichkeit.

Wir ahnen schon, wie so etwas ausgeht. Wer dann wirklich in ein paar Tagen nachfragt, erhält dann mit großer Wahrscheinlichkeit die Antwort: *„Wir verstehen das auch nicht, der Artikel müsste längst da sein."* Dieses Spielchen wiederholt sich unter Umständen dann Wochen oder Monate, bis der geduldige Nachfrager dann letztlich erfährt, dass aus irgendeinem überraschenden Grunde vergessen wurde, den Artikel zu bestellen oder er aus dem Lieferprogramm gestrichen wurde etc.

Sollte irgendetwas nicht sofort lieferbar sein, so fertigt man selbstverständlich eine Liste an mit allen Kunden, die den Artikel nachgefragt haben. Auf diese Liste gehört auch die Telefonnummer des Kunden. Sobald der Artikel eingetroffen ist, ruft man den Kunden unverzüglich an und informiert ihn über die eingetroffene Ware.

Bei Lieferverzögerungen ist es Aufgabe des Anbieters, den Kunden entsprechend zu informieren

Es ist niemals die Aufgabe des Kunden, von sich aus nachzufragen. Selbst wenn Sie genau wissen, dass der Artikel bereits bestellt wurde, „bestellen" Sie, sofern der Kunde dies wünscht, den Artikel für den Kunden noch einmal individuell.

Der Kunde muss auf jeden Fall das Gefühl haben, dass Sie sich seiner Sache persönlich annehmen. Lassen Sie sich niemals auf lange Diskussionen ein, dass es keinen Sinn habe, die Bestellung noch einmal individuell für den Kunden aufzunehmen. Geben Sie dem Kunden das Gefühl, das zu tun, was er will.

sich des Kunden persönlich annehmen

„Es gibt da ein Problem"

Verschonen Sie Kunden mit jedweder Art von Problemen. In meiner Heimatstadt wurde jüngst ein großes Möbelcenter eröffnet. Wenn man dort durch die lichtdurchfluteten Abteilungen des Glaspalastes schreitet, hört man allerorten von den Verkäufern im Kundengespräch: „... *Wir bekommen einfach die Kataloge viel zu spät. Jetzt ist schon Frühling und wir haben überhaupt noch keine Informationen über die neue Kollektion ...*" oder: „*Der Lieferant bekommt das einfach nicht hin, wir bestellen immer Uni-Kissen und es werden Karos geliefert. So geht das schon seit zwei Jahren ...*". Wer in diesem Geschäft etwas bestellen möchte, der bekommt zuerst einmal die vielfältigen Probleme aufgezeigt, die seine Bestellung verursacht.

Der Kunde ist nicht an Problemen, sondern an reibungsloser Abwicklung interessiert

Es ist erstaunlich, dass nach Jahrzehnten ausgiebiger Kommunikationstrainings, Verkaufsschulungen und Positiv-Denken-Seminare Deutschland immer noch eine Tummelwiese der Kundenvergrauler ist.

6.5 Preisverhandlungen – Hört beim Geld die Höflichkeit auf?

Preisverhandlungen sind immer eine heikle Sache. Viele Kunden verhandeln oder erwarten hier ein Entgegenkommen. Angesichts zunehmender Konkurrenz und wachsenden Selbstbewusstseins der Kunden auf unseren von Nachfragern bestimmten Märkten macht, wer stur auf seinem Preis beharrt, nicht nur einen schlechten Eindruck, sondern verhält sich auch kontraproduktiv. Schließlich wollen Sie ja Ihre Produkte an den Mann oder die Frau bringen.

Ein Kunde, der sich übervorteilt glaubt, wird nicht wiederkommen

Selbst wenn es Ihnen gelingen sollte, Ihren Preis „durchzudrücken“, haben Sie diesmal zwar gewonnen, dafür aber einen Kunden verloren. Ein Kunde, der sich übervorteilt glaubt, wird nicht nur nicht wiederkommen, sondern kann auch andere potenzielle Kunden in seinem Bekanntenkreis negativ beeinflussen. Ein kleines Zugeständnis dagegen kann Ihren Kunden binden und Ihnen auch in Zukunft Folgeaufträge sichern.

Versuchen Sie grundsätzlich dem Kunden Ihren Preis zu begründen und plausibel zu machen. Dabei interessiert weniger der ungeheure Kostendruck unter dem Sie stehen, noch werden die technischen Raffinessen eines Artikels, die ohnehin nur ein Experte nachvollziehen kann, zur Preisakzeptanz beitragen.

auf den ganz konkreten Nutzen eines Angebotes für den Kunden abheben und den Preis so begründen

Schildern Sie Ihrem Käufer vielmehr, *warum* Ihr Produkt ihm den Preis wert sein sollte. Welche Vorteile bringt der Kauf für den Käufer mit sich? Welchen ganz konkreten Nutzen bietet ihm das Produkt? Welche Verbesserung tritt im Leben des Käufers nach dem Erwerb Ihres Angebotes ein? Malen Sie diesen Zustand in den schönsten und üppigsten Farben aus.

Gelingt es Ihnen so die Begehrlichkeit Ihres Kunden zu wecken, findet die Preisverhandlung psychologisch auf einem anderen Niveau statt. Es geht nun nicht mehr um bloße Zahlen, sondern um Qualitäten und Werte. Ihr Kunde muss sich letzlich die Frage stellen: *„Soll ich meine Lebensqualität durch den Erwerb dieses Produktes (dieser Dienstleistung) steigern oder nicht?“* Machen Sie es ihm leicht, diese Frage positiv zu beantworten.

Ein Kunde, der den Eindruck gewinnt, es Ihrer umsichtigen und individuellen Beratung zu verdanken, dass sein Leben erleichtert oder bereichert worden ist, wird sich auch durch einen als hoch (aber eben nicht *zu* hoch) empfundenen Preis nicht übervorteilt fühlen. Im Gegenteil: Er wird Ihnen dankbar sein und gerne wiederkommen.

7 Etikette in Bewegung

7.1 Der stilvolle Empfang von Besuchern

Der Empfang von Besuchern vollzieht sich auch heute noch nach den Regeln des etwas altertümlich anmutenden „Ehrengeleits".

Das „Ehrengeleit"

Ein Geschäftsführer empfängt einen Auszubildenden erst am Schreibtisch, während er einem für ihn bedeutenden Gast bis zur Bürotür entgegengeht. Hinter dem wichtigen Besucher schließt er bei dessen Eintritt auch die Tür – wie er sie für ihn öffnen und schließen wird, wenn der Gast den Raum wieder verlässt. Unbewusst liest ein Besucher die Wertschätzung, die Sie ihm entgegenbringen, an der Strecke ab, die er in Ihrem persönlichen Bereich unter Ihrem „Begleitschutz" zurücklegen darf – oder aber (wie der Azubi) allein zurücklegen muss.

Lassen Sie Ihrem Besucher den Vortritt

Lassen Sie innerhalb Ihres Raums einem Besucher den Vortritt, genauso wie auch beim Betreten eines Aufzugs und beim Durchschreiten einer Tür (Ausnahme: mechanische Drehtüren: Hier gehen Sie voran, damit Ihr Besucher sich nicht mit Schieben abmühen muss).

In unübersichtlichem „Gelände" übernehmen Sie die Führung

In unübersichtlichem „Gelände", zum Beispiel Schalterhallen, Sälen, Restaurants und in langen Gängen übernehmen Sie die Führung, – weil Sie als Gastgeber auch Beschützer sind (achten Sie darauf, Ihr Schritttempo dem des Besuchers anzupassen). Sie können dann sagen: *„Entschuldigung, aber hier bahne ich Ihnen am besten den Weg."*

Vermeiden Sie – wie Sie dies immer tun, egal ob Sie im Aufzug stehen oder ob Sie Geleit geben –, Ihrem Besucher den

Rücken zu zeigen. Gehen Sie lieber leicht versetzt: Wobei die wichtige Person immer zu Ihrer Rechten bleibt.

„Links für rechts“

„Links für rechts“: Vielleicht kennen Sie diese Formel noch aus der Tanzstunde. Sie gilt auch, wenn Sie Platz nehmen, sei es im Vortragssaal, sei es bei Tisch, und bedeutet: „Links kümmert sich um rechts.“ Wobei Sie, wenn Sie Gastgeber(in) sind, Ihrem Besuch seinen Platz zuweisen: Der Ehrengast sitzt rechts vom Gastgeber! Und Sie setzen sich erst dann, wenn er bequem platziert ist.

7.2 Besuchskultur

Besuche im Krankenhaus

Besuchen oder nicht?

Zuweilen begibt es sich, dass ein Kollege oder Vorgesetzter im Krankenhaus weilt. Nun stellt sich die bange Frage, ob man diesen denn nun mit einem Besuch erfreut oder ob man ungelegen kommt. Schließlich treffen Sie den Kranken in einer Situation an, die sich deutlich von Ihrem normalen Büroalltag unterscheidet. Sie erleben ihn in seinen doch eher schwächeren Stunden und in einer Privatsphäre, zu der nicht jedermann Zugang wünscht. Der zu Besuchende sieht vermutlich nicht gerade blendend aus, liegt womöglich noch im Bett und trägt eine Kleidung, die doch eher als „privat“ zu bezeichnen ist.

Nun gibt es Menschen, denen ein Besuch im Krankenhaus sehr unangenehm ist. Sie wollen einfach in Ruhe gelassen werden und ihre Krankheit unbehelligt auskurieren, um dann wieder am Arbeitsplatz in gewohnter Frische zu erscheinen. Andere dagegen genießen es, besucht zu werden und freuen sich über jede Abwechslung.

Fragen Sie doch einfach nach

Wenn Sie nun herausfinden wollen, zu welcher Spezies der zu Besuchende gehört, können Sie in seinem Verwandten- oder Bekanntenkreis entsprechende Erkundigungen einziehen. Es bietet sich aber auch ein „Testanruf“ an. Rufen Sie einfach im Krankenhaus an und erkundigen Sie sich, ob der Kranke sprechbereit ist. Danach lassen Sie sich mit ihm verbinden, erkundigen sich nach dem werten Befinden und finden durch eine dezente und geschickte Frage heraus, ob ein Besuch erwünscht ist oder nicht.

Bringen Sie Ihr Gegenüber aber nicht durch eine direkte Frage wie: *„Möchten Sie, dass ich Sie besuche?“* in Verlegenheit. Sagt er nämlich *„Nein“*, ist er unhöflich, sagt er höflichkeitshalber *„Ja“*, erhalten Sie vielleicht Minuspunkte, wenn Sie ihn durch einen in Wirklichkeit unerwünschten Besuch stören. Dezenter wären die Fragen: *„Werden Sie denn auch gut versorgt? Erhalten Sie regelmäßig Besuch?“* Aus der Art der Antwort lässt sich leicht heraushören, wie der Kranke zu Besuchen steht.

Erscheinen Sie niemals unangemeldet

Wenn Sie sich für einen Besuch entscheiden, sollte dieser Besuch auf jeden Fall angemeldet sein. Erscheinen Sie dann gemäß dieser Vereinbarung auf jeden Fall pünktlich. Sonst geraten Sie womöglich in irgendwelche organisatorischen Abwicklungen wie Visite oder Essensausgabe. Wenn Sie ein kleines Geschenk mitbringen – Sie sollten auf keinen Fall mit leeren Händen erscheinen – erkundigen Sie sich vorher bei Eingeweihten, womit Sie dem Kranken eine Freude machen können. Erkundigen Sie sich insbesondere nach Diätvorschriften und schenken Sie keine Pralinen oder Gänseleberpastete an jemanden, der gerade künstlich ernährt wird.

Sie sollten auf keinen Fall mit leeren Händen erscheinen

Relativ unverfänglich dagegen sind Bücher und Blumen. Achten Sie bei Blumen darauf, dass sie möglichst wenig Arbeit verursachen und ohne große Organisationsarbeiten aufzustellen sind. Kleine, fertige Gestecke eignen sich besonders gut. Achten Sie auch darauf, dass die Blumen nicht zu stark duften.

Es wird immer wieder gefragt, wie lange ein solcher „Anstandsbesuch“ dauern solle. Wer schon nach fünf Minuten wieder geht, zeigt damit deutliches Desinteresse und wertet seinen Besuch als reine Formalie ab. Wer länger als eine Stunde bleibt, muss schon sehr unterhaltsam sein und ausdrücklich zum Bleiben aufgefordert werden. Ansonsten gelten 45 bis 60 Minuten als zu empfehlendes Zeitmaß.

45 bis 60 Minuten sind ein zu empfehlendes Zeitmaß

Krankenbesuche sind bei manchen Patienten auch deshalb unbeliebt, weil ihr kränkliches Erscheinungsbild zuweilen beim Besucher so etwas wie Bestürzung auslösen kann. Da muss sich der Besucher schon gut im Griff haben, um sich relativ frei und selbstbewusst zu bewegen. Insbesondere darf er nicht zeigen, dass er eventuell über den Zustand des Kranken erschrocken ist. Befangenheit seitens des Besuchers würde die ohnehin nicht immer ganz unproblematische Atmosphäre weiter belasten. Ein: *„Um Gottes Willen, Sie hat es aber erwischt!" verbietet sich daher.*

Andererseits sollten Sie aber auch keinen übertriebenen Optimismus an den Tag legen. Wer den Frischoperierten ein fröhliches *„Sie sehen aber glänzend aus"* entgegenschmettert, der weckt schnell das Misstrauen des Patienten. Kranke neigen nämlich dazu, hinter jeder versteckten Reaktion und Andeutung schlechte Nachrichten zu wittern. Das rührt daher, dass sich die Ärzte mit Hiobsbotschaften in der Regel zunächst einmal an die Verwandten wenden. Diese wissen oft also früher über den Zustand des Patienten Bescheid als dieser selbst.

nicht von sich aus auf den Zustand des Kranken eingehen

Sie sollten von sich aus überhaupt nicht auf den Zustand des Kranken eingehen, es sei denn, dieser wünscht selbst ein „Feedback". Dann kommt es auf Ihre Diplomatie an, kleine Notlügen sind durchaus erlaubt. *„Für das, was Sie durchgemacht haben, sehen Sie erstaunlich frisch aus. Natürlich sind Sie etwas blass geworden, aber das ist ja kein Wunder nach einem solchen schweren Eingriff."*

Welche Gesprächsthemen behandelt man denn am besten am Krankenbett? Es sollte so wenig wie möglich über Krankheiten gesprochen werden. Besonders der Besucher sollte nicht die Gelegenheit ergreifen, von seinen Wehwehchen in der Vergangenheit oder Gegenwart zu berichten.

Wenn der Patient von sich aus einen „Krankenbericht" abgeben möchte, so hören Sie ihm aber aufmerksam zu. Eine Kommentierung erübrigt sich allerdings. Testen Sie auch, ob der Besuchte wirklich am neuesten Büroklatsch interessiert ist. Wenn Sie deutliche positive Anzeichen erkennen, so setzen Sie ihn kurz über die wichtigsten Entwicklungen in Kenntnis. Verzichten Sie aber dabei unbedingt auf negative Nachrichten, die erfährt er noch früh genug. Erzählen Sie nichts, was den Kranken beunruhigen und seinen Heilungsprozess behindern könnte.

Die Lautstärke der Unterhaltung sollte der Atmosphäre des Krankenzimmers angepasst sein. Schallendes Gelächter ist hier ebenso verpönt wie ein allzu behutsames und vorsichtiges Verhalten. Sie brauchen nicht auf Zehenspitzen zu schleichen, sollten aber auch mit Rücksicht auf eventuell vorhandene Zimmernachbarn Gespräche in angemessener Lautstärke führen.

Ist der Krankenbesuch abgeschlossen, verlassen Sie zügig das Zimmer und die ganze Station. Unterhalten Sie sich nach dem Besuch niemals im Flur mit Angehörigen oder Ärzten. Das würde den Kranken nur misstrauisch machen.

Regeln für Krankenbesuch bei Vorgesetzten **PRAXIS**

- Besuchen Ihren Chef/Ihre Chefin nur dann im Krankenhaus, wenn Sie in einem persönlichen Verhältnis zueinander stehen.
- Erkundigen Sie sich vorher, ob er oder sie über einen Besuch erfreut wäre. Auskünfte erteilen sicherlich Sekretärin oder Familienkreis.
- Erscheinen Sie nur nach Anmeldung! Rufen Sie den Patienten an und vereinbaren Sie einen Termin – nachdem Sie sich zuvor über die Besuchzeiten erkundigt haben.
- Bleiben Sie nicht zu kurz (kein „Hereinschneien“ als Pflichtübung), aber auch nicht zu lang. Die ideale Besuchsdauer: zwischen einer halben und einer Stunde.

Kondolenzbesuche

Kondolenzbesuche sollten nur erfolgen, wenn man zweifelsfrei sicher sein kann, dass diese erwünscht sind. Als Informationsquelle kann dazu auch die Todesanzeige dienen. Oft enthält sie den Hinweis: *„Von Beileidsbesuchen bitten wir Abstand zu nehmen“.*

In Trauerkleidung erscheinen nur die nächsten Angehörigen des Verstorbenen

Trauerkleidung tragen nur die nächsten Angehörigen des Verstorbenen. Alle anderen erscheinen in normaler Kleidung! Natürlich sollten Sie grelle Farben, übertriebenen Schmuck und aufdringliche Parfums vermeiden. Übrigens: Wenn Sie auf einen schwarzgeränderten Trauerbrief antworten, verwenden Sie neutrales Briefpapier. Antwortschreiben tragen weder Trauerränder noch Kreuze oder sonstiges. Auch nicht auf dem Briefumschlag.

Es wird, anders als bei normalen Besuchen, bei einem Kondolenzbesuch nicht unbedingt erwartet, dass Sie etwas mitbringen. Sie sollten es aber dennoch tun, sich dabei allerdings ausschließlich auf Blumen beschränken. Die Wahl der Blumen bleibt Ihnen überlassen, meiden Sie nur solche, die allzu bunt erscheinen. Aber auch typische „Trauerblumen" sind passé, also keine weißen Lilien oder Orchideen etc. schenken. Alle weitere „Gimmicks" sind tabu, außer es wäre die Anwesenheit von Kindern zu erwarten. Denen kann man zur Aufmunterung ein dezentes Spielzeug überreichen.

„Herzliches Beileid"?

Der Besucher spricht zunächst einmal sein Beileid aus. Bei Kondolenzbesuchen ist die klassische Formel *„mein Beileid"* wohl der am ehesten angemessene Ausdruck von Mitgefühl.

heute sind durchaus auch kreative Mitleidsformeln zulässig

Wenn Sie eine Todesnachricht unvorbereitet erreicht, ist heute durchaus auch eine kreative Mitleidsformel zulässig. Viele Leute bekommen einfach *„mein Beileid"* nicht über die Lippen und verzichten daher ganz auf eine Beileidsbekundung. Das hat sich aber als psychologisch sehr ungünstig erwiesen. Selbst wenn der Trauernde normalerweise von reinen Lippenbekenntnissen dieser Art nichts hält, so erwartet er doch bewusst oder unbewusst in einer Trauersituation, dass ihm – in welcher Form auch immer – ein Beileid ausgesprochen wird.

Wer sich nicht zu dieser konventionellen Formel durchringen kann, der kann durchaus eine eigene Wendung verwenden. Ein ehrliches *„Oh, das tut mir aber leid"* ist besser als eine gezwungene vorgefertigte Beileidsformel. Als besonders wirkungsvoll und tröstend hat sich der Zusatz *„... wie kann ich Ihnen denn jetzt helfen?"* erwiesen. Selbst wenn Sie nicht helfen können oder Ihre Hilfe nicht in Anspruch genommen wird, hat sich dieses Angebot doch in vielen entsprechenden Untersuchungen als äußerst erfolgreich in der Trauerbewältigung bewährt.

Ansonsten ist beim „Smalltalk" in Trauersituationen eine gehörige Portion „Empathie" (Einfühlungsvermögen) angesagt. Der Gesprächsbedarf eines Trauernden variiert sehr stark und ist von seiner Persönlichkeit abhängig. Manchen Leuten hilft es, wenn sie ausführlich über Todesursache und -hergang berichten können. Bei anderen dagegen sollten Sie alles vermeiden, was die alten Wunden wieder aufreißt und zu Tränen rührt.

Die Dauer eines angemessenen Kondolenzbesuches liegt zwischen 15 und 30 Minuten.

der „Leichenschmaus“

Nach dem Besuch der Beerdigungs- und Trauerfeierlichkeiten findet zumeist eine Kaffeetafel statt, die heute nur noch in ländlichen und dörflichen Gemeinde als „Leichenschmaus“ zelebriert wird. Dieses Beisammensein nach erfolgter Beisetzung hat seine Tradition darin, dass der Trauernde nun nach Beendigung und Erledigung aller Formalitäten in diesen ersten Stunden der Leere und des Alleinseins besonderen Zuspruchs bedarf.

Beschränkt sich die Kaffeetafel auf den engsten Bekannten- und Verwandtenkreis und Sie entdecken keine Gäste aus dem beruflichen Umfeld, so folgen Sie den Trauernden nur dann, wenn Sie dazu ausdrücklich eingeladen werden. Auf keinen Fall begleiten Sie aber nach Abschluss der (in der Regel kurzen) Kaffeetafel den aufbrechenden Familienangehörigen. Wiederum ist die Ausnahme natürlich, wenn Sie eigens dazu aufgefordert wurden.

Übrigens, es soll immer wieder vorkommen, dass Trauergäste nach einer Ansprache oder Trauerrede dem Redner applaudieren. Das ist natürlich ein schlimmer Fauxpas! Nachdem sich der Redner gesetzt hat, schweigen die Anwesenden und legen eine Gedenkminute für den Verstorbenen ein.

7.3 Besuch kultureller Veranstaltungen

Der Besuch der schillernden Welt der Vernissagen, avantgardistischen Oper-, Konzert- und Theaterinszenierungen hält für uns eine breite Palette von Fettnäpfchen, ja wenn nicht ganzen Ölwannen bereit.

„Mich fasst Verzweiflung, foltert Spott“, möchte man mit dem „Freischütz“ angesichts mancher Erscheinungsformen moderner Kunst ausrufen. Doch genau dies wäre ein Verhalten, das uns im gesellschaftlichen Verkehr deutliche Minuspunkte einbringen würde.

Verständnis ist erste Bürgerpflicht

Erste Bürgerpflicht eines kultivierten Mitgliedes der Gesellschaft wäre hier: Verständnis. Ob sich dies nun auf echte

Einsicht gründet oder geheuchelt ist, ist dabei nebensächlich.

Glauben Sie nicht, dass all die begeisterten Theater- und Vernissagenbesucher wirklich verstehen, was da passiert. Der Unterschied zwischen dem geheimnisvoll wirkenden, schwarz gekleideten Ausstellungsbesucher, der mit Sektglas und Kennermiene durch die Exhibition stolziert und demjenigen, der in naiver Frische erklärt: *„Also von Kunst, da verstehe ich ja gar nichts“*, ist nicht immer, dass der eine versteht und der andere nicht versteht. Der Unterschied besteht oft allein darin, dass der eine es zugibt und der andere nicht.

offene Ehrlichkeit ist in Kunstfragen nicht angesagt

Ein weiterer Unterschied zwischen den beiden ist, dass jener der frisch-fromm-freien Ehrlichkeit sich soeben ins gesellschaftliche Aus katapultiert hat. Wer offen zugibt, Kunst nicht zu verstehen, sich für Politik nicht zu interessieren oder von „Geschichte“ keine Ahnung zu haben, der spielt im Moment des Bekenntnisses nur noch in der Kreisliga.

Wohlgemerkt, es geht nicht darum, sich auf allen Gebieten gut auskennen zu müssen, das funktioniert gar nicht. Es gilt nur zu vermeiden, als Ignorant aufgrund falsch verstandener Ehrlichkeit dazustehen.

Wie schon an anderer Stelle betont, gibt es in punkto Ehrlichkeit ein unausrottbares Vorurteil. Brüske „Ehrlichkeit“ ist nicht „sympathisch“, sondern ein Schlag ins Gesicht dessen, der sich zufällig für das in Rede stehende Sachgebiet interessiert. Oder glaubt, aufgrund gesellschaftlicher Konventionen sich für dieses Gebiet interessieren zu müssen. Und da hat es sich als gesellschaftlichen Konsens herausgebildet, dass Bereiche wie Kunst, Kultur, Politik usw. einfach zur gesellschaftlichen Grundausstattung gehören. Das Interesse für die genannten Gebiete ist gleichzusetzen mit der Wertigkeit von Benimmregeln.

Bereiche wie Kunst, Kultur, Politik usw. gehören zur gesellschaftlichen Grundausstattung

Im Vorigen war die Rede von „Verstehen“. Um den klassischen Begriff des Verstehens geht es in der Regel bei den Erzeugnissen der Kunst ab etwa 1900 nicht mehr. Bis dato stellten sich die Künste als kryptische Schatzkammern zu entschlüsselnden Wissens dar.

Wer zum Beispiel vor diesem Zeitpunkt ein Gemälde verstehen wollte, der musste sich ziemlich gut in der Mythologie,

Geschichte und vor allen Dingen der Heiligen Schrift auskennen. Außerdem musste ihm die Kultur seiner Zeit mit all ihren ethischen, moralischen und tagespolitischen Konnotationen sehr genau bekannt sein.

So stellen sich „klassische“ Bilder oft als Bilderrätsel dar, die es zu entziffern gilt. Für den Normalbürger von heute sind solche Produktionen völlig unverständlich, da ihm der zum Verständnis notwendige Kontext fehlt. Oder wussten Sie, dass der Vogelkäfig auf holländischen Genrebildern anzeigt, dass es sich um eine Bordellszene handelt? Das hat übrigens etwas mit dem Wort „vögeln“ (vogelen) zu tun. Was wir als harmlose „Weinprobe“ goutieren, ist in Wirklichkeit ein Tête-à-tête von zahlungswilligen Freiern und eher leichteren Damen. Bis etwa 1850 war es völlig verpönt, dass Frauen – und noch dazu in der Öffentlichkeit – Alkohol zu sich nehmen. Sehen Sie also auf einer Darstellung eine Wein trinkende Frau, so ist dies ein sicheres Zeichen für „Rotlichtmilieu“. Stehen dazu noch einige Flinten in der Ecke (Symbol für Männlichkeit), und einige bauchige Gefäße, deren Öffnung zu sehen ist (Symbol für Weiblichkeit), so können Sie sicher sein: Hier wird es pikant!

Tja: Wie soll man sich da auskennen? Wenn man nicht gerade Kunstgeschichte studiert hat? Na ja, eben gar nicht! Aber wie gesagt: Das „Verstehen“ galt nur bis etwa 1900 als Schlüssel zur Kunst. Dann beginnt nämlich das, was wir heute mit „moderner Kunst“ bezeichnen. Nämlich das Ende der Bilderrätsel. Von da an will eine Landschaft nur noch eine Landschaft sein. Ein gelbes Quadrat, das auf ein blaues stößt, will uns keine biblischen Geschichten mehr erzählen, es will überhaupt nicht mehr erzählen. Erzählen kann man überhaupt am besten mit gegenständlichen, „figürlichen“ Darstellungen. Das „Dripping“ eines Jackson Pollock, also großflächige, durch eine mit Löchern versehene Blechbüchse erzeugte Farbspritzer können keine Geschichten mehr erzählen.

Deshalb kann man angesichts solcher Phänomene auch keine Geschichten mehr verstehen. Man kann eigentlich überhaupt nichts mehr verstehen. Solche „Klecksereien“ lassen sich nur noch im Kontext ihrer Geschichte, nämlich der Kunstgeschichte, verstehen.

Verstehen lässt sich diese Kunst vor allem als Auflösungsprozess, der etwa mit den französischen Impressionisten beginnt. In dieser Zeit beginnt nämlich eine fortschreitende Reduzierung der Bildsprache. Bombastische Historienszenen treten zurück vor schlichten Gegenständen. Landschaft wird nicht mehr als Allegorie, als Symbol für philosophische Zusammenhänge gesehen, sondern als Selbstzweck an sich. Ein Baum ist ein Baum und beispielsweise kein Symbol mehr für einen alten gramgebeugten Menschen. So emanzipieren sich Gegenstände, Landschaften und Menschen. Die Pinselführung wird immer freier, wilder und reduzierter.

So weit reduziert, bis nur noch ein schwarzes Quadrat übrigbleibt. Aber auch das ist noch nicht genug der Reduktion, kurze Zeit später erscheint die völlig weiße, unbemalte Leinwand. Wer nun glaubt, hier an ein Ende der Reduktion gelangt zu sein, der irrt. Nur wenig später wird die Leinwand mit einem Messer aufgeschnitten, um dann schließlich verbrannt zu werden. Fein, könnte man jetzt sagen. Dann muss ich mich ja um moderne Kunst nicht weiter kümmern. Leider nicht, denn nach dem völligen Verschwinden des Bildes haben einige Künstler einfach weitergemacht. Und mit deren Erzeugnissen haben wir uns heute abzumühen. Aber wir müssen sie wenigstens nicht mehr „verstehen". Ein weißer Klecks und ein gelber Pinselstrich sind keine Plaudertaschen. Sie sind einfach nur, was sie sind. Und da gibt es nichts zu verstehen. Jedenfalls nichts, was Sie beunruhigen müsste.

Sagen Sie nichts, wenn Sie nichts zu sagen haben

Sagen Sie also niemals: *„Das verstehe ich nicht"* oder noch schlimmer: *„Dafür interessiere ich mich nicht"*. Sagen Sie überhaupt eher wenig, insbesondere wenn Ihnen nichts Gescheites einfällt. *„Hättest du geschwiegen, wärst du Philosoph geblieben"*, gilt auch hier. Man hat in Testreihen herausgefunden, dass der Vielredner weit weniger interessant und überzeugend wirkt als der geheimnisvolle Schweiger. In diesen Untersuchungen beurteilte das jeweilige Testpublikum Redner je besser, desto kürzer sie sich fassen konnten. In der Kürze liegt auch hier die Würze. Ein einfaches, mit Kennermiene vorgetragenes „Interessante Arbeit" reicht völlig.

Nennen Sie ein Bild niemals „Bild". Auch nicht „Gemälde" und schon gar nicht „Ölgemälde". Das wäre so, als würden

Sie im Gespräch mit einem PC-Freak die Icons auf dem Desktop als „Bildchen“ oder „die bunten Dinger da“ bezeichnen.

Also, was Ihnen demnächst in Form von moderner Kunst begegnet, sei es nun bildende Kunst (Malerei, Plastik), Performance, Land-Art, Concept-Art oder was auch immer, nennen Sie „Arbeit“. Zeigen Sie sich an allem sehr interessiert, haben Sie für alles „Verständnis“.

Zeigen Sie keine Berührungsängste

Zeigen Sie vor allem keine Berührungsängste, treten Sie selbstbewusst auf. Die anderen verstehen auch nicht mehr als Sie, auch wenn sie das nicht zugeben oder sogar versuchen, einen gegenteiligen Eindruck zu erwecken.

Bei Vernissagen betreten Sie selbstbewusst und ungezwungen den Galerieraum. Kommt der Galerist auf Sie zu, so stellen Sie sich kurz vor, bedanken sich für die Einladung und loben die Ausstellung, die geschmackvollen Galerieräume oder was auch immer.

Haben Sie keine Einladung erhalten, sind Sie trotzdem eingeladen, denn Kunstausstellungen sind fast immer öffentlich. Danach steuern Sie den Tisch mit den Getränken an und können ganz ungezwungen Ihr Glas Sekt, Ihren Wein in Empfang nehmen. Diese Getränke sind kostenlos.

Danach wandern Sie mit Ihrem Glas in der Hand (woran man sich übrigens hervorragend festhalten und eventuelle Unsicherheiten überspielen kann) durch die Ausstellung und betrachten der Reihe nach die Exponate. Behalten Sie aber stets die übrigen Gäste im Auge, vielleicht bietet sich hier die Gelegenheit für interessante Kontakte.

Gelegenheit für interessante Kontakte

Wenn Sie nicht wissen, wie Sie jemanden ansprechen sollen, gibt es einen lustigen Trick. Stellen Sie sich einfach ganz nah hinter jemanden, der gerade in eine Bildbetrachtung vertieft ist. Mit ziemlicher Sicherheit wird er irgendwann einen Schritt nach hinten tun und mit Ihnen zusammenstoßen. Jetzt bieten sich eine Fülle von Anknüpfungsmöglichkeiten. Die ersten – sonst so peinlichen – Sekunden verlaufen fast automatisch. Wein wird verschüttet, Taschentücher werden angeboten, Entschuldigungen vorgebracht und einander gegenseitig vergeben. Nach dieser Zeremonie beginnt dann mit: *„Oh, jetzt habe ich Sie bei Ihrem Kunstgenuss gestört, wie gefällt Ihnen denn diese Arbeit?“* ein interessanter Abend.

Was aber, wenn Sie keine Zeit oder Lust hatten, ein wirklich „wichtiges“ Kunstevent zu besuchen? Beispielsweise, wenn es in Ihrer Stadt eine bedeutende Kunstausstellung gibt, die man eigentlich gesehen haben sollte. Achten Sie einmal darauf, was denn die eifrigen Besucher solcher Veranstaltungen über dieselben zu berichten wissen. Das geht selten über ein *„Haben Sie schon die Ausstellung von William Turner gesehen? Das war ja vielleicht ein Erlebnis. Wunderbare Bilder, so kraftvolle Farben. Ich habe selten so etwas Interessantes gesehen.“* Das war's dann aber auch schon. Und nur, um einen solchen Satz von sich geben zu können, sollten Sie einen halben Tag opfern, sich mit Parkplatz- und Organisationsproblemen herumschlagen und eine vielleicht für Sie völlig uninteressante Ausstellung durchstehen?

Versuchen Sie sich doch auch einmal an einem solchen Satz. Allerdings ohne die Ausstellung gesehen zu haben. Sie werden sehen: Keiner merkt's.

Das funktioniert übrigens auch mit Oper-, Konzert- oder Theateraufführungen. Die Kulturbeflissenen, die ihr Image mit Bemerkungen wie: *„Also im Sommer, da fahren wir immer nach Verona zu den Festspielen. Letztes Jahr haben wir Romeo und Julia gesehen. Also wirklich, sehr eindrucksvoll. Und dann in dieser italienischen Atmosphäre, da tankt man richtig auf“*, haben auch nicht mehr Geist zu bieten als Sie.

Wir leben in einer Image-Gesellschaft

Tiefere philosophische Erkenntnisse haben sie jedenfalls in der Regel nicht daraus gezogen. Denken Sie immer daran: Wir leben weniger in einer Leistungsgesellschaft als vielmehr in einer Image-Gesellschaft. Und fürs Image ist es gar nicht notwendig, etwas tatsächlich erlebt zu haben. Man muss nur die Kunst entwickeln, den Eindruck zu erwecken, als habe man erlebt. Dies kann sich durchaus mit tatsächlichen Erlebnissen decken – das ist sogar der Glücksfall – muss es aber nicht.

7.4 Wer sitzt wo im Wagen?

Auch bei geschäftlichen Autofahrten müssen Sie sich an die Etikette halten. Sie schreibt vor:

- Der Ehrenplatz im Auto ist wegen der besten Übersicht der Beifahrersitz. Die zweitwichtigste Person sitzt hinten rechts, der letzte Platz in der Rangfolge ist hinter dem Fahrer.

Der Ehrenplatz im Auto ist wegen der besten Übersicht der Beifahrersitz

- Als Fahrer(in) sollten Sie Ihren Gästen die Tür öffnen. Beginnen Sie mit der Beifahrertür. Wichtig ist, dass Sie stets vorn um den Wagen herum gehen. Diese Sitte stammt noch aus Zeiten der Chauffeure: Die Herrschaften im Fond trieb die Sorge um, das Personal könnte hinter ihrem Rücken grinsen.
- Wird das Auto von einem Chauffeur gefahren, ändert sich die Sitzordnung: Der beste Platz ist hinten rechts. Daneben sitzt die Nummer 2 in der Rangfolge. Als schlechtester Platz gilt dann der Beifahrersitz.

7.5 Es geht nach oben: Verhalten im Aufzug und auf Treppen

man grüßt im Aufzug

Wenn Sie einen Aufzug betreten, begrüßen Sie die Anwesenden. Herren nehmen, sofern sie einen solchen tragen, ihren Hut ab, Mützen können sie aufbehalten. Damen behalten grundsätzlich ihre Hüte auf.

Beim Verlassen des Aufzugs verabschieden Sie sich von den übrigen „Reisenden".

Rauchfreie Zone

Selbstverständlich rauchen Sie in einem Aufzug nicht, auch nicht dann, wenn Sie alleine sind! Der Rauch fährt über mehrere Etagen mit, selbst wenn Sie schon längst den Aufzug verlassen haben. Das ist für Nichtraucher ausgesprochen unangenehm.

Sollten Sie, wenn der Aufzug kommt, noch schnell einen Zug nehmen, die Zigarette danach im Aschenbecher ausdrücken und den Aufzug betreten, so gilt: Vor Betreten des Aufzugs ausatmen! Begrüßen Sie die Wartenden nicht mit „Rauchzeichen", indem Sie den inhalierten Rauch in den Aufzug pusten.

Begegnungszentrum Aufzug

Aufzüge sind übrigens ideale Orte für unverbindlichen Smalltalk. Selbst wenn Ihnen nichts übermäßig Gescheites einfällt, ein *„Steigen Sie in der nächsten Etage aus?"* oder ein Witzchen sind immer noch besser, als minutenlanges peinliches Wegsehen und Schweigen.

Smallkalk ist besser als peinliches Schweigen

Sind solche Witzchen angebracht, müssen Sie ja nicht ausgetretene Sprüche wie *„Dritter Stock, Damenoberbekleidung“* oder beim Hinuntersausen *„Huh, ich glaube, mein Magen ist oben geblieben“* strapazieren. Ihrer Phantasie sind hier keine Grenzen gesetzt.

schwer zugängliche „Zielpersonen“ im Aufzug ansprechen

Aber auch bekannte Sprüche sind besser als gar keine. Mancher Karriereratgeber empfiehlt, sich insbesondere dann in Fahrstühlen oder deren Nähe aufzuhalten, wenn man jemanden treffen möchte, an den man sonst aus hierarchischen Gründen nicht „heran käme“.

Wenn Sie Ihre „Zielperson“ ausgemacht haben, so grüßen Sie recht nett und häufig. Zunächst ist einmal wichtig, bekannt zu sein. Danach fällt die Anbahnung eines Kontaktes wesentlich leichter, als wenn Sie einander vorher nie gesehen hätten.

Lassen Sie im Aufzug nichts Unbrauchbares auf den Boden fallen und wenn Sie sperrige Gegenstände tragen, so sorgen Sie dafür, dass dadurch niemand belästigt wird.

auf Rolltreppen rechts stehen

Auf der Rolltreppe stellen Sie sich auf die rechte Seite einer Stufe und bleiben dort nach Möglichkeit stehen. Ein hastiges Hinauf- oder Hinunterrennen bringt nur wenige Sekunden Zeitgewinn, birgt aber die große Gefahr, andere zu verärgern oder gar aus dem Gleichgewicht zu bringen.

Im Treppenhaus grüßt man sich

Im Treppenhaus grüßen sich Personen, die aneinander vorbeigehen. Dies gilt auch für Flure. Auch dann, wenn sie den Anderen nicht kennen.

Wenn Sie übrigens des Morgens Ihr Büro betreten, müssen Sie nicht jeden Kollegen mit Handschlag begrüßen. Es sei denn, dieses Ritual wäre in Ihrer Abteilung üblich, dann ziehen Sie natürlich mit. Es genügt, wenn Sie in der angemessenen Lautstärke einen allgemeinen Gruß entrichten. Das gilt auch dann, wenn Sie der Chef oder die Chefin sind. Es gilt auch für Damen, die einen ausschließlich mit männlichen „Insassen“ ausgestatteten Raum betreten. Bei der Verabschiedung gilt dasselbe.

Anklopfen

Wenn Sie dann angekommen sind, empfiehlt sich heutzutage Anklopfen nur noch bei seinem Chef oder bei Behörden. Es muss aber nach dem Klopfen nicht mehr gewartet werden, bis man zum Eintreten aufgefordert wird. Also einfach klopfen und eintreten.

Achtung: Es gibt immer noch Chefs, die diese Regeln nicht kennen! Bevor Sie sich Feinde machen: „Checken" Sie die ungeschriebenen Gesetze eines Unternehmens und beachten Sie sie, auch wenn sie nicht dem neusten Etikette-Stand entsprechen.

Beachten Sie die ungeschriebenen Gesetze eines Unternehmens

Wenn Sie selber in dem Zimmer sitzen, an dessen Türe geklopft wird, so brüllen Sie nicht *„Herein!"*, sondern sagen freundlich (allerdings laut genug) *„Ja, bitte"*.

An eine angelehnte Tür klopft man nicht, sie gilt als offen. Dies gilt insbesondere auch für eine bereits geöffnete Tür. Man tritt einfach herein und sagt freundlich *„Guten Tag"*. Bei geöffneten Türen braucht sich der Eintretende auch nicht zu entschuldigen.

Eine angelehnte Tür gilt als offen

7.6 Toilette

Es gibt da ein Örtchen ... dass man gerne das „stille" nennt. Dabei geht es dort mitunter nicht immer lautlos zu. Da hier aber eine übermäßige Geräuschentwicklung der Etikette doch ein wenig Abbruch täte, gilt der Ratschlag: Schon während der Benutzung der Toilette die Spülung bedienen! Rauschendes Wasser übertönt alles andere und ist wohl das neutralste Geräusch, was man an diesem Orte verursachen kann.

Dass man sich danach die Hände wäscht, ist wohl selbstverständlich. Es empfiehlt sich bei Betätigung des Wasserhahns sehr behutsam vorzugehen. Sonst kommt es bei einer allzu forschen Bedienung desselben und dem oft anzutreffenden schicken Flachbecken zu störenden Wasserflecken – und es muss einem ja nicht jeder ansehen, wo man gerade herkommt.

Beim Betreten der Toilettenräume grüßt man die Anwesenden. Und die Anwesenden grüßen zurück. Das müssen Sie allerdings nur im Vorraum. Niemand erwartet von Ihnen, dass Sie durch eine geschlossene Toilettentür zurückgrüßen.

Auch auf dem Örtchen grüßt man im Vorraum

Ansonsten ist dieser Ort für Karrierebewusste ideal, um Kontakte zu knüpfen bzw. vorzubereiten. Karriereratgeber empfehlen dazu, dass ein wiederholter oder längerer Besuch der Vorstandstoilette für das berufliche Fortkommen effektiver sein kann als Intelligenz, Fleiß und Fachwissen. Hier besteht die Chance, wirklich jeden zu treffen, unabhängig aller Instanzen und Hierarchieebenen. Man muss bei solchen Begegnungen ja keine philosophischen Diskurse vom Zaun brechen, „Gesicht zu zeigen" genügt. Irgendwann wird sich Ihre „Zielperson" an Sie erinnern.

8 Rauchen – Feuer frei?

Beim Thema Rauchen scheiden sich die Geister. Deshalb wird hier dem blauen Dunst ein eigenes Kapitel gewidmet.

Wenn Sie sich in einem Meeting befinden, in dem zum größten Teil Nichtraucher sitzen, so könnten Sie fragen: *„Stört es Sie, wenn ich rauche?"* Die Nichtraucher könnten dann höflich antworten: *„Aber nein, gar nicht"*. Dann könnten Sie sich als bekennender Kettenraucher ungefähr alle vier Minuten eine neue Zigarette anzünden.

Wie gesagt, so könnte es sein. Die Realität aber sieht anders aus. Unterscheiden wir zunächst die Art des Meetings:

Hier sollten Sie nicht rauchen

- Meeting mit Kunden
- Meeting mit nicht rauchenden Vorgesetzten
- Meeting mit nicht rauchenden Kollegen ohne Vorgesetzte

Für alle drei Formen gilt: Lassen Sie's!

Die Begründung für die drei Situationen variiert leicht. Für Meetings mit Kunden und nicht rauchenden Vorgesetzten ist neben reiner Höflichkeit der Grund, das Rauchen zu unterlassen, der reine Selbsterhaltungstrieb. Schließlich wollen Sie dem Kunden etwas verkaufen.

Auch bei Ihrem Vorgesetzten wollen Sie in der Regel Punkte sammeln. Wenn Sie ihn einräuchern, kassieren Sie mit ziemlicher Sicherheit Minuspunkte, auch wenn er dies nicht zugibt.

Der Grund, weshalb nichtrauchende Kollegen nicht rauchen, ist schlicht, dass sie Rauch nicht mögen. Man könnte auch sagen

PRAXIS

Rauchen oder nicht?

Wenn Ihnen ein Nichtraucher das Rauchen erlaubt, können Sie in den meisten Fällen davon ausgehen, dass er alles andere will als ein verqualmtes Besprechungszimmer. In der Regel hat er nur aus reiner Höflichkeit zugestimmt.

Grundsätzliches Rauchverbot besteht

- während einer Autofahrt mit Nichtrauchern,
- zwischen den Gängen eines Geschäftsessens (nach Möglichkeit auch nicht davor),
- in Aufzügen.

Als Nichtraucher sollten Sie nicht still leiden, sondern höflich darauf hinweisen, dass der Rauch Sie stört. Leider ist das Thema Rauchen nicht immer einheitlich geregelt. Es ist unerlässlich, am Arbeitsplatz und an Orten, an denen man sich lange und oft aufhält zu einer einvernehmlichen Regelung zu gelangen. Ob Sie allerdings Ihren kettenrauchenden Chef auf dem Betriebsausflug auf sein Laster hin ansprechen sollten, will genau überlegt sein.

„nicht vertragen". Wer also einem anderen etwas antut, was dieser nicht „mag", der muss sich nicht wundern, wenn er ihn damit ärgert. Selbst dann, wenn der andere diesen Ärger nicht zugibt oder ihn gar nur unbewusst empfindet.

Im Kollegenkreis sind vielleicht die daraus resultierenden Minuspunkte nicht weiter tragisch, abgesehen davon, dass man sich nicht unbedingt beliebter macht. Hier aber sollte das Gebot der Höflichkeit genügen, das Rauchen einzuschränken und auf die Pausen zu verlegen.

Bedenken Sie als Raucher bitte auch, dass ein Nichtraucher mit an Sicherheit grenzender Wahrscheinlichkeit Ihre „Duftaura" sehr intensiv wahrnimmt. Dies natürlich insbesondere, wenn Sie auf engem Raum zusammenrücken müssen wie im Aufzug oder bei gemeinsamen Autofahrten.

Sensible Nasen bemerken es aber auch schon in einigen Metern Abstand. Da die Sympathie im umgekehrt proportionalen

Verhältnis zum Körpergeruch steht, können Sie sich vorstellen, was eine Raucherfahne hier anrichtet.

In einem Verkaufsgespräch beispielsweise haben Sie daher bei einem Nichtraucher alles andere als die „Pole Position". Achten Sie daher möglichst darauf, stets Pfefferminz bei sich zu führen und sich regelmäßig die Hände zu waschen. Lüften Sie auch Ihre Kleidung nach jedem Tragen mindestens eine Nacht, möglichst auf dem Balkon oder im Freien.

Starke Raucher sollten Pfefferminz lutschen und ihre Kleidung regelmäßig lüften

Besonders starken Rauchern ist es selbstverständlich erlaubt, ihrem Laster zu frönen. Wenn dies unbedingt vor dem Essen sein muss, so tun Sie es am besten an der Bar bei einem Aperitif, nach Möglichkeit nicht am Tisch. Das geht natürlich nur, solange Ihr Tischpartner das Restaurant noch nicht betreten hat.

Pfeife

Pfeife rauchen ist eine sehr behagliche Angelegenheit und passt hervorragend zu einem gemütlichen Landhausabend. Ein Tabu ist sie dagegen im Restaurant, im Flugzeug, in der Bahn und während Geschäftsreisen im Auto.

Zigarren

Zigarren sind zur Zeit wieder sehr in Mode. In manchen Kreisen gehört es schon zum guten Ton, nach dem Essen eine Havanna zu mindestens 15 Dollar das Stück zu rauchen.

Wussten Sie übrigens, dass über 90 Prozent aller auf der Welt geRauchten Havannas gar keine echten sind? Es handelt sich dabei um Fälschungen, die zwar in Kuba oder der Dominikanischen Republik hergestellt wurden, allerdings in irgendwelchen Hinterzimmern von zweifelhaften Gestalten mit minderwertigen Tabaken.

Sie können davon ausgehen, dass die Ihnen anlässlich eines Kuba-Besuches auf der Straße angebotenen Zigarren gefälscht sind. Sie erkennen dies besonders am Preis, der bei Fälschungen nur etwa 10 Prozent dessen beträgt, was Sie in den offiziellen staatseigenen Zigarrenverkaufsläden bezahlen würden.

Wie auch immer: Wenn Sie „dazu" gehören wollen oder man Ihnen in geselliger Runde eine solche anbietet, sollten Sie ungefähr wissen, wie man damit umgeht.

Das erste Fettnäpfchen wartet auf Sie, wenn Sie eine angebotene Zigarette oder Zigarre zwar annehmen, diese dann aber in Ihre Jackentasche gleiten lassen oder sich gar hinter das Ohr klemmen mit der Bemerkung: *„Die hebe ich mir für später auf“*. Was angeboten wird, ist zum sofortigen Gebrauch bestimmt.

Was angeboten wird, ist zum sofortigen Gebrauch bestimmt.

Die Zigarrenspitze abzubeißen, ist das Privileg von Piraten und kauzigen Seebären. Der Gourmet schneidet die Zigarrenspitze mit einem Zigarrenabschneider ab, danach wird die Banderole abgelöst und das Endstück entzündet. Sie können natürlich auch die Spitze anzünden, stehen dann aber nicht gerade als Kenner da.

Die Zigarrenspitze nicht abbeißen

Wenn Sie eine Zigarre oder einen Zigarillo anzünden, benutzen Sie bitte ausschließlich Streichhölzer. Zünden Sie diese edlen „Rauchwaren“ weder an einer Kerze noch an einem Feuerzeug an.

Beim Anzünden ist es wichtig, die Zigarre nicht direkt in die offene Flamme zu halten, sondern leicht darüber. Das gilt erstens als stilvoller, zweitens ist die Hitze kurz über der Flamme am größten. Wichtig ist auch, dass Sie die Zigarre während des Entzündens nicht im Munde behalten!

„Feuer!“

Das alte Gebot, dass nur der Herr der Dame Feuer anbietet, nicht aber umgekehrt, gilt nicht mehr uneingeschränkt. Der Trend geht dazu über, dass durchaus auch Frauen Männern Feuer geben dürfen. Allerdings wird diese Auffassung noch nicht von allen Autoren geteilt und hat sich auch in der Bevölkerung noch nicht allgemein verbreitet.

Im Zweifelsfall sollte es daher das Privileg des Mannes sein, die Frau zu „befeuern“. Die gönnerhafte Geste, einer Frau, die gerade das entzündete Feuerzeug anbietet, dieses aus der Hand zu nehmen und dann seinerseits erneut zu entzünden und anzubieten, ist allerdings James Bond vorbehalten. Erstens sieht das doch allzu großmännisch aus und zweitens ist es auch eine versteckte oder gar offen gezeigte Kritik und Zurechtweisung der Umgangsformen seines Gegenübers.

9 Jenseits von Knigge: Wenn Stil und Etikette Urlaub haben

9.1 Für den Notfall

Wie verhalten Sie sich, wenn Sie eine Benimmregel nicht kennen oder vergessen haben?

Zunächst einmal: cool bleiben! Jetzt nur nicht in Hektik oder Nervosität verfallen. Nobody is perfect, niemand kann von Ihnen erwarten, dass Sie jederzeit alle (teilweise sogar widersprüchlichen) Stil- und Etiketteregeln präsent haben. Dies sollte zwar angestrebt werden, vorausgesetzt werden kann es aber nicht. Zeigen Sie jetzt vor allem keine größeren Beklemmungen oder Schüchternheit. Offen zur Schau getragene Unsicherheit würde den Fauxpas nur verschlimmern.

Menschen, die sich zum Beispiel unsicher in einer Fremdsprache bewegen, neigen oft dazu, aus Verlegenheit zu leise zu sprechen. Das macht die Sache natürlich nur noch schlimmer, eine fehlerhafte Aussprache oder Grammatik wird durch Nuscheln noch schwerer verständlich. Kein Mensch kann alles können.

Meistern Sie die Situation am besten mit Humor

Meistern Sie die Situation am besten mit Humor. Machen Sie sich ostentativ über den Fehler oder noch besser über sich selbst lustig. Sie können die Situation auch dadurch retten, dass Sie den Fehler offen ansprechen: *„Eigentlich macht man das ja nicht, aber ...“*.

Optimal wäre es natürlich, wenn Sie bei einer erkannten Schwäche im Vorfeld den Fehler vermeiden könnten. Wer sich bei dem Verzehr bestimmter Speisen nicht ganz sicher ist, der muss ja nicht ausgerechnet mit „Krabbenzahnfleisch gefüllte Linsen“ bestellen. Umgehen Sie also geschickt die Situationen, in denen Sie patzen könnten.

9.2 Die Anti-Typen

Bis jetzt haben wir uns ausschließlich damit beschäftigt, wie wir uns selbst auf den neuesten Stand von Stil und Etikette bringen können. Was aber, wenn Sie auf Zeitgenossen treffen, denen die modernen Formen von Höflichkeit nicht bekannt sind oder die diese trotz Kenntnis missachten?

Unhöfliches Verhalten anderer darf uns keineswegs dazu verführen, nun unsererseits auf elementare Formen eines zivilisierten Umgangs zu verzichten. Zwar gehört auf einen groben Klotz ein grober Keil, wahre Kultur beweist jedoch, wer auch in deren Anwesenheit „Contenance“ bewahrt.

wahre Kultur beweist wer „Contenance“ bewahrt

„Sei gut mit Menschen“, meint Sabine Asgodom in ihrem Buch „Eigenlob stimmt“. Sie meint damit nicht, man solle „lieb“ zu Menschen sein, sondern geschickt im Umgang mit denselben. Ein geschickter Umgang mit seinen Mitmenschen ist nicht nur Zeichen formvollendeter Etikette, sondern insbesondere Ausdruck dessen, was landläufig als „Sozialkompetenz“ bezeichnet wird. Das Wort „sozial“ darin hat nichts mit sozialer Nächstenliebe zu tun, wie oft fälschlicherweise angenommen wird, sondern bezeichnet lediglich ein gesellschaftliches Miteinander. Sozial kompetent ist demnach derjenige, der sich in einem sozialen Gefüge erfolgreich bewährt. Das muss nicht unbedingt bedeuten, Blinden über die Straße zu helfen, sondern kann auch darin bestehen, soziale Netzwerke aufzubauen, die im Bedarfsfalle von Nutzen sind. Höchste Sozialkompetenz beweist, wer Stil und Etikette auch dann noch wahrt, wenn diese von unhöflichen Zeitgenossen aufs Ärgste gebeutelt werden.

Sozialkompetenz und Takt

Wir wollen uns im Folgenden einige dieser Spezies herausgreifen und exemplarisch vorstellen. Die dabei zwangsläufig vorzunehmenden Typisierungen sind zwar ernst gemeint, jedoch nicht „bierernst“. Bei aller vielleicht zu kurz greifender Verallgemeinerung werden Sie jedoch die eine oder andere beschriebene Verhaltensweise in Reinkultur kennen gelernt haben. Selbstverständlich sind auch Mischformen anzutreffen.

Vorgestellt werden:

- Der Hinterhältige
- Der Nörgler
- Der Miesmacher/Pessimist
- Der Selbstgefällige/Arrogante
- Der Aggressive
- Der Choleriker
- Der Besserwisser
- Der Bremser

All diese Typen haben eins gemeinsam: Sie negieren alles, was in diesem Buch über Stil, Etikette, Ton und Takt und den Freiherrn von Knigge gesagt wurde.

Weshalb diese Typen so geworden sind, wie sie sind

Wieso gibt es Menschen, die in punkto „Benimm“ vollendete Meister oder vielleicht einfach nur begnadete Naturtalente sind und andere, die sich ständig danebenbenehmen und überall anecken. Im Wesentlichen sind dafür drei Faktoren verantwortlich.

Warum ecken manche Menschen überall an?

Lernprozesse

Viele Verhaltensweisen sind durch Lernprozesse entstanden. Wir haben im Laufe unserer Entwicklung unsere Umwelt genau beobachtet und dann imitiert (Lernen am Modell). Für manche Verhaltensweisen sind wir belohnt, für andere dagegen bestraft worden. Diese Sanktionen haben dazu geführt, dass wir bestimmte Verhaltensweisen stärker und andere dagegen schwächer ausgebildet haben.

Passiv-Aktiv-Umkehr

Die Passiv-Aktiv-Umkehr besagt, dass wir Opfererfahrungen aus der Kindheit im Erwachsenenalter oft in eine Täterrolle umkehren. Wer in seiner Kindheit grob und unhöflich behandelt wurde, der behandelt oft in seinem späteren Leben andere ebenso. Er fügt Anderen das zu, was ihm selbst angetan wurde.

„wie du mir so ich dir“

Sozialisation

Sozialisation bedeutet im Wesentlichen die Erziehung, die wir durch Elternhaus und Umwelt erfahren haben. Dabei bilden so genannte Rollenzuweisungen eine wesentliche Ursache für die Annahme bestimmter Verhaltensnormen.

Wer immer wieder zu hören bekam *„Unser Detlef ist ja so kränklich“*, wird später alles andere als ein besonders widerstandsfähiger Typ. Gleiches gilt für *„Das schaffst du nie“* oder *„Meine Tochter Julia ist ja völlig unmusikalisch“*.

Ein weiterer Grund für Menschen, sich unhöflich zu verhalten, kann darin bestehen, dass unter Umständen ihr Selbstwertgefühl angegriffen wurde. Unser Selbstwertgefühl wird dann gestärkt, wenn unsere Leistungen anerkannt werden, es wird geschwächt, wenn man uns diese Anerkennung versagt. Fehlende Anerkennung aber ist der stärkste Auslöser für normverletzendes Verhalten.

Fehlende Anerkennung ist der stärkste Auslöser für normverletzendes Verhalten

Ein erfolgreicher Umgang mit den „Antitypen“ ist entscheidend davon abhängig, wie Sie mit deren Selbstwertgefühl umgehen. Verletzen Sie es, animieren Sie sie zu ihrem negativen Verhalten. Stärken Sie es dagegen, beweisen Sie neben Ihrem Geschick im Umgang mit Menschen und einer hohen Sozialkompetenz die vollendete Beherrschung aller Benimmregeln.

Der Schlüssel zum Umgang mit den Anti-Typen ist ihr Selbstwertgefühl

9.3 Transaktionsanalyse

Um das Verhalten der „Anti-Typen“ zu verstehen und dann entsprechend reagieren zu können, müssen wir uns kurz dem psychologischen Begriff der „Transaktionsanalyse“ zuwenden.

Die Transaktionsanalyse ist eine psychologische Disziplin, die die zwischenmenschlichen Transaktionen (also den Austausch von Kommunikation und Verhaltensweisen) analysiert und erklärt. Dadurch erhalten wir wichtige Aufschlüsse über den Charakter unserer Kommunikationsprozesse. Wir erkennen, wieso es dabei zu Störungen kommen kann und wie diese zu verhindern bzw. zu beseitigen sind.

Störungen entstehen nach Auffassung der Transaktionsanalyse besonders dann, wenn Kommunikationspartner einander nicht als gleichwertig behandeln.

Störungen – wenn Kommunikationspartner einander nicht als gleichwertig behandeln

Die Transaktionsanalyse geht davon aus, dass die menschliche Persönlichkeit aus drei so genannten „Ich-Zuständen“ besteht und dass alles Verhalten, Denken und Fühlen durch diese drei Zustände bestimmt wird.

Die drei Zustände heißen im Einzelnen:

drei Ich-Zustände

- ELTERN-ICH (EL)
- ERWACHSENEN-ICH (ER)
- KINDHEITS-ICH (K)

Beim Eltern-Ich werden noch das „kritische Eltern-Ich“ und das „schützende Eltern-Ich“ unterschieden. Beim Kindheits-Ich gibt es das „natürliche Kindheits-Ich“ und das „angepasste Kindheits-Ich“.

Die Kennzeichen der drei Zustände der Transaktionsanalyse und typische Äußerungen zu dem jeweiligen Ich-Zustand

Eltern-Ich (EL)

kritisch (EL_k)

- wertet negativ
- verallgemeinert
- befiehlt
- bestraft
- schulmeistert
- moralisiert

„Können Sie nicht pünktlich sein?"
„Sie müssen immer daran denken, alle Beamten sind stur."

schützend (EL_s)

- wertet positiv
- hört zu
- hat Verständnis
- gleicht aus
- beruhigt
- tröstet

„Das tut mir aber sehr Leid."
„Morgen sieht die Welt schon wieder ganz anders aus."

Erwachsenen-Ich (ER)

- beobachtet
- informiert
- entscheidet
- hört zu
- denkt in Alternativen
- schätzt Wahrscheinlichkeiten ab
- überprüft Normen und Gefühle

„Können Sie mir sagen, wie spät es ist?"
„Bitte zeigen Sie mir Ihren Ausweis."
„Da haben wir ein Problem."

Kindheits-Ich (K)

natürlich (K_n)

- spontan, impulsiv
- direkt
- rebellisch
- aggressiv
- sucht Abwechslung und Spaß

„Die sind doch alle total verrückt."
„Das war alles total superschön."
„Ich bin der Größte."

angepasst (K_a)

- tut sich Leid
- ist hilflos
- traut sich nicht
- wartet, bis es besser wird
- ist unsicher

„Das können die mit mir doch nicht machen."
„Das schaffe ich alleine nicht."

Eine konfliktfreie, höfliche und unproblematische Kommunikation ergibt sich besonders dann, wenn Personen auf der Ebene des „Erwachsenen-Ichs" miteinander kommunizieren.

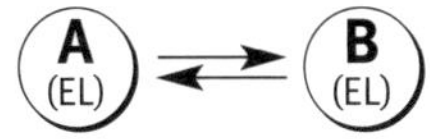

parallele Transaktionen sind wenig konfliktträchtig, weil sie sich auf der gleichen Ich-Zustandsebene abspielen

Beispiel 1

A: *„Ich bitte Sie aus Energiespargründen das Licht auszumachen."*

B: *„Das will ich gerne tun."*

Person A spricht hier aus der Erwachsenenperspektive und B antwortet auf derselben Zustandsebene.

Beispiel 2

A: *„Ab 10 Uhr hat hier das Licht aus zu sein. Oder haben Sie noch nichts vom Energiesparen gehört?"*

B: *„Ja gewiss, das ist ja auch sehr vernünftig. Ich war etwas nachlässig, das wird aber nie wieder vorkommen."*

Hier hat A aus dem kritischen Eltern-Ich-Zustand gesprochen und B aus dem angepassten Kindheits-Ich geantwortet.

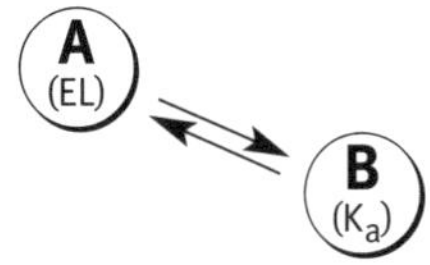

gekreuzte Transaktionen sind wenig konfliktträchtig, wenn Rollenerwartungen akzeptiert werden

Diese Kommunikation verläuft nur deshalb konfliktfrei, weil beide Gesprächspartner eine klare Rollenzuweisung akzeptieren und auch befolgen. Wer aus dem Eltern-Ich spricht, erwartet auch, dass ihm aus dem Kindheits-Ich geantwortet wird. Wenn der auf diese Weise Angesprochene seine Rolle als „Kind" akzeptiert, kann eine Kommunikation störungsfrei funktionieren. Anders verhält es sich, wenn der Angesprochene seine Rollenzuweisung nicht akzeptiert und aus einem unerwarteten Ich-Zustand antwortet.

Beispiel 3

A: *„Ab 10 Uhr hat hier das Licht aus zu sein. Oder haben Sie noch nichts vom Energiesparen gehört?"*

B: *„Ob ich das tue oder nicht, ist meine Entscheidung. Auf jeden Fall können Sie mit mir in einem ganz normalen Ton reden."*

Jetzt hat B seine Rollenzuweisung nicht akzeptiert und antwortet aus einem unerwarteten Ich-Zustand, nämlich dem Erwachsenen-Ich-Zustand.

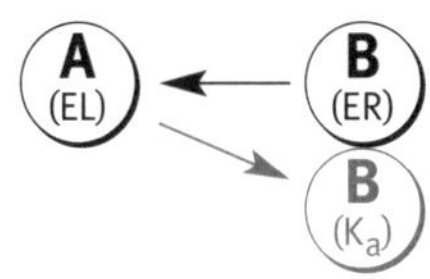

gekreuzte Transaktionen sind konfliktträchtig, wenn Rollenerwartungen unterlaufen werden

B könnte aber auch sich auf die Ebene von A stellen und aus dem Eltern-Ich-Zustand antworten: *„Wie reden Sie eigentlich mit mir? Wir sind doch nicht verlobt!"*

Übungen – Halten Sie jetzt die linke Randspalte zu und entscheiden Sie, um welche Transaktionen es sich hier handelt:

A: *„Wie spät ist es bitte?“*
B: *„Zwölf Uhr dreißig.“*

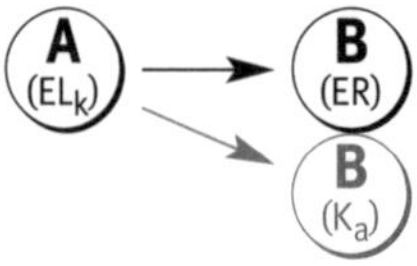

A: *„Seid Ihr eigentlich alle verrückt geworden?“*
B: *„Was glauben Sie eigentlich, wen Sie vor sich haben?!“*

A: *„Das will ich nie wieder hören!“*
B: *„Entschuldigung, tut mir leid.“*

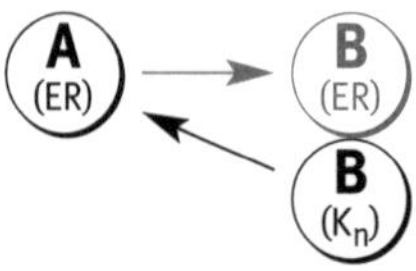

A: *„Guten Abend, was darf es denn sein?“*
B: *„Was ist das denn hier für ein Saftladen, hier gehe ich nie wieder hin, ich warte jetzt seit zwei Stunden, dass Sie endlich die Bestellung aufnehmen?“*

A: *„Die Männer wollen doch immer nur das eine.“*
B: *„Und die Frauen wollen das andere, nämlich die Brieftasche.“*

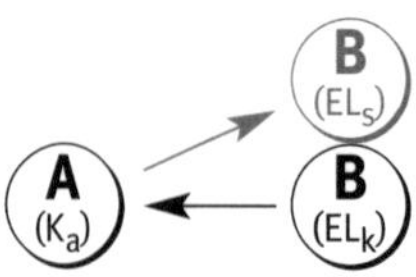

A: *„Mir ist heute irgendwie so komisch.“*
B: *„Hast wahrscheinlich zu viel gegessen, wie immer.“*

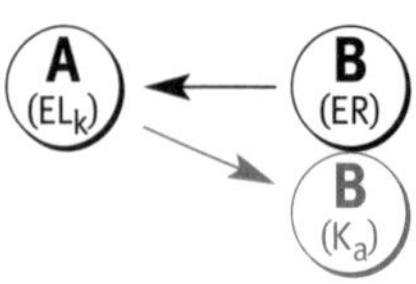

A: *„Können Sie denn nie pünktlich sein?!“*
B: *„Ich musste noch tanken, außerdem gab es einen größeren Stau.“*

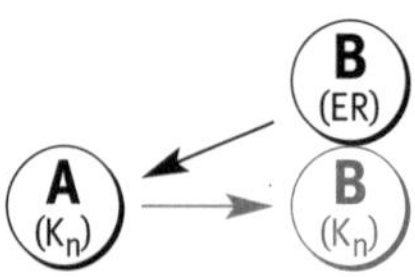

A: *„Ihr seid doch alle total bescheuert.“*
B: *„Wie kann ich Ihnen denn helfen?“*

9.4 Konfliktfreie Kommunikation ist höfliche Kommunikation

Sie sollten sich stets bemühen, aus dem Erwachsenen-Ich-Zustand zu sprechen

Sie sollten sich stets bemühen, aus dem Erwachsenen-Ich-Zustand zu sprechen. Dies allein ermöglicht eine konfliktfreie Kommunikation.

Ungehobelte Anti-Typen kommunizieren nicht aus der Erwachsenenperspektive, sondern sprechen aus dem Eltern-Ich- oder dem Kindheits-Ich-Zustand.

Wenn Sie sich nun darauf einlassen und ebenfalls aufgrund der erfahrenen Provokation den Erwachsen-Ich-Zustand verlassen, ist der Konflikt programmiert. Sie sollten daher stets auf der Hut sein, dem Anti-Typen nicht in die aufgestellten Fallen zu laufen. Wie auch immer er sich verhalten mag, verlassen Sie nie den Erwachsenen-Ich-Zustand.

Vermeiden Sie „Über-Kreuz-Transaktionen“

Vermeiden Sie auch „Über-Kreuz-Transaktionen“. Dazu ist es wichtig, dass Sie zu Beginn der Kommunikation aus dem von Ihrem Gesprächspartner erwarteten Ich-Zustand antworten. Nachdem Sie diese Erwartung erfüllt und den Kommunikationsakt im gegenseitigen Einverständnis begonnen haben, können Sie kontinuierlich in den von Ihnen eigentlich beabsichtigten Ich-Zustand übergehen.

Beispiel

A: *„Können Sie mir nicht einmal zuhören?“*

A spricht also aus dem Eltern-Ich-Zustand. Er erwartet nun von Ihnen eine Entschuldigung und Unterordnung aus dem Kindheits-Ich-Zustand. Demnach wäre eigentlich ein „Entschuldigung, kommt nicht mehr vor“ angebracht.

Sie haben aber gerade keine Lust, sich in diesen Zustand „hinabzubegeben“? Sie wollen es aber auch nicht zum Konflikt durch eine Über-Kreuz-Transaktion kommen lassen. Also antworten Sie zunächst in dem erwarteten Modus:

„Entschuldigen Sie bitte, es tut mir Leid, dass Sie den Eindruck hatten, es würde mich nicht interessieren, was Sie sagen“, und fügen danach aber sofort eine sachliche Erklärung aus dem Erwachsenen-Ich-Zustand an:
„ ... aber in dem Moment, als Sie mich ansprachen, bekam ich gerade einen wichtigen Anruf.“

Dies ist eine äußerst höfliche Methode zur konfliktfreien Gesprächsführung.

Sie lenken zunächst aus taktischen Gründen scheinbar ein, sind sozusagen „weich“ in der Formulierung, vertreten aber dennoch Ihre Meinung.

Sie haben mit diesem formalen Entgegenkommen keineswegs „klein beigegeben“ oder an Boden verloren. Sie haben lediglich ein höfliches „Friedenssignal“ an den Anfang Ihrer Entgegnung gesetzt.

9.5 Konsequenzen aus der Transaktionsanalyse für den Umgang mit „Anti-Typen“

Schauen wir uns nun die Anti-Typen ein wenig genauer an:

Der Hinterhältige
Transaktionszustand:
Kindheits-Ich

Verhalten:
- Arbeitet subversiv, spinnt Intrigen.
- Lobt, äußerst sich aber negativ über andere.
- Karriereorientiert, aber nur begrenzt erfolgreich, typischer „Mann aus der zweiten Reihe“.
- Schätzt sich selbst als hochintelligent ein, erweckt den Eindruck, immer bestens informiert zu sein.
- Wäscht seine Hände stets in Unschuld.
- Zieht seine Fäden hinter den Kulissen.
- Geht strategische Allianzen ein, wo sie ihm nützlich erscheinen.
- Streut Gerüchte aus, neigt zu Übertreibungen und Lügen.

Sozialisation und Charakterbild:
- Unglücklich und unzufrieden.
- Hat in der Kindheit keine offene Kommunikation kennen gelernt.
- Wurde von den Eltern oft zurechtgewiesen. Dadurch lernte er, seine Handlungen zunehmend heimlich durchzuführen.

Löst folgende Reaktionen aus:
- Angst und Furcht: „*Werde ich vielleicht das nächste Opfer seiner Intrigen?*“
- Verunsicherung: „*Was weiß er über mich? Wie redet er über mich?*“
- Neid: „*Hätte ich nur seine Kontakte und wäre stets so umfassend informiert.*“
- Zweifel: „*Ist er wirklich so fies? Manchmal kann er doch auch ganz nett sein.*“

SO WERDEN SIE SEIN OPFER:
- Sie versuchen ihn zu bessern und zu erziehen.
- Sie unterschätzen ihn.

STRATEGIE:
- Knüpfen Sie selbst ein effektives soziales Netzwerk, verbünden Sie sich mit seinen Gegnern.
- Analysieren Sie seine Vorgehensweise, ertappen Sie ihn auf frischer Tat.
- Sprechen Sie ihn auf sein Verhalten an.
- Signalisieren Sie ihm, dass Sie ihn durchschaut haben.
- Trainieren Sie Ihr Selbstwertgefühl, lassen Sie sich von ihm nicht verletzen.

Der Nörgler

TRANSAKTIONSZUSTAND:
Kritisches Eltern-Ich, angepasstes Kindheits-Ich

VERHALTEN:
- Hadert mit sich und seinem Schicksal.
- Wird schnell „lästig".
- Ist stets unzufrieden mit den Leistungen anderer.
- Tritt rechthaberisch auf, weiß alles besser.
- Weiß an allem und jedem etwas auszusetzen.
- Beschwört ständig den „worst case".
- Beschwert sich ständig.
- Lieblingsformulierung: *„Nein, weil ..."* und *„Ja, aber ..."*.

SOZIALISATION UND CHARAKTERBILD:
- Überwiegend negative Erfahrungen aus der Kindheit.
- Vermutlich durch ständige Unterdrückung seiner Triebabfuhr angestaute Wut und Aggression mit starker depressiver Komponente.

LÖST FOLGENDE REAKTIONEN AUS:
- Sein Umfeld sieht sich ständig gezwungen, Positionen rechtfertigen zu müssen.
- Wut und Ärger über seine ständigen Interventionen.
- „Lähmungserscheinungen" durch ständiges „Nerven".
- Zweifel, ob er nicht eventuell Recht haben könnte mit seiner Schwarzmalerei.

SO WERDEN SIE SEIN OPFER:
- Sie nehmen all seine Befürchtungen ernst und gehen ihnen nach.
- Sie lassen sich von seinem negativen Weltbild anstecken und stimmen in sein Wehklagen ein.
- Sie gehen auf seine Bedenken sachlich ein und versuchen sie zu widerlegen.

STRATEGIE:
- In der Sache nie zustimmen, aber jeden Satz mit *„Ich verstehe genau, was Sie meinen ..."* beginnen.
- Niemals seinem „Jammerzirkel" beitreten.
- Seine Schwarzmalereien auf die Spitze treiben, negative Befürchtungen ins Groteske überzeichnen.

- Ihm zeigen, was es bedeutet, wenn man alle von ihm skizzierten Probleme lösen würde. Dazu beispielhaft einige Probleme tatsächlich lösen.
- Kontakt nur auf das Allernötigste begrenzen, möglichst meiden.
- Niemals seine Nörgeleien persönlich nehmen.
- Freundlich bleiben.

Der Miesmacher/Pessimist

Transaktionszustand:
Kritisches Eltern-Ich, angepasstes Kindheits-Ich

Verhalten:
- Zeigt unterentwickeltes Selbstwertgefühl.
- Credo: *„Es ist mir nicht vergönnt.“*
- Neigt zu Depressionen.
- Hält Optimisten für naiv.
- Signalisiert, dass das Leben für ihn eine einzige Mühsal ist.
- Sucht die Schuld nicht bei sich, macht seine Umwelt für alles verantwortlich.
- Ist antriebsschwach, fühlt sich ständig überfordert.
- Ist egoistisch, nutzt andere aus, gibt aber nichts zurück.
- Neigt zur Schwarzmalerei.
- Hält Probleme für unlösbar.

Sozialisation und Charakterbild
- Überwiegend negative Erfahrungen aus der Kindheit.
- Vermutlich durch ständige Unterdrückung seiner Triebabfuhr angestaute Wut und Aggression mit starker depressiver Komponente.

Löst folgende Reaktionen aus:
- Mitleid und Bedauern.
- Zweifel, ob die eigene Position nicht doch zu optimistisch ist.
- Schlechtes Gewissen, da man ständig das Gefühl hat, ihm helfen zu müssen.

So werden Sie sein Opfer:
- Wenn Sie sich von seinem negativen Weltbild anstecken lassen.
- Wenn Sie seine Argumente sachlich analysieren und ihm vielleicht sogar Recht geben.
- Wenn Sie versuchen, ihn zu erziehen und zu einem glücklichen Menschen zu machen.

Strategie:
Im Wesentlichen ist hier die gleiche Strategie wie beim Nörgler angebracht.

Der Selbstgefällige/Arrogante

Transaktionszustand:
Kritisches Eltern-Ich

Verhalten:
- „Karriererist“ im negativen Sinne des Wortes.
- Giert nach Anerkennung.
- Typischer „Radfahrer“: buckelt nach oben, tritt nach unten.
- Teilt gerne aus, kann aber keine Kritik vertragen.
- Menschen sind für ihn nur Mittel zum Zweck.

- Soziales Miteinander ist für ihn stets ein Wettkampf.
- Macht einen eher oberflächlichen Eindruck.
- Umgibt sich gern mit Statussymbolen.
- Stark karriereorientiert und meist auch erfolgreich.
- Stark elitäres Bewusstsein.
- Mangelhaftes Sozialverhalten.

SOZIALISATION UND CHARAKTERBILD:
- Tief verborgene Unsicherheit, wird narzisstisch kompensiert.
- Ist als Kind nicht wahrgenommen worden.
- Bedürfnisse wurden nicht registriert und auch nicht befriedigt.
- Starke, aber diffuse Leistungsorientierung im Elternhaus.

LÖST FOLGENDE REAKTIONEN AUS:
- Verärgerung und Aggression.
- Neid aufgrund seiner nach außen getragenen Selbstsicherheit.
- Minderwertigkeitsgefühle.

SO WERDEN SIE SEIN OPFER:
- Wenn Sie versuchen ihn aufzuhalten.
- Wenn Sie versuchen ihn zu einem sozialen Wesen zu erziehen.
- Wenn Sie Konfrontation suchen.

STRATEGIE:
- Kontakt möglichst meiden.
- Ihn scheinbar gewähren lassen, sich nicht in den Weg stellen.
- Sehr gut informiert und vorbereitet in Gespräche mit ihm gehen.
- Soziales Netzwerk aufbauen, sich mit seinen Feinden verbünden.

Der Aggressive

TRANSAKTIONSZUSTAND:
Kritisches Eltern-Ich, natürliches Kindheits-Ich.

VERHALTEN:
- Unfähig, Kritik anzunehmen.
- Strenges Feind/Freund-Denken.
- Sieht seine Mitmenschen als Mittel zum Zweck an.
- Willkürakte gegen Menschen, die ihm ausgeliefert sind.
- Fordert von allen Unterordnung.
- Ist sehr launisch: Hat aber auch „nette“ Phasen.
- Spielt sich zur Führungsfigur auf, fordert von anderen Unterordnung.
- Unfähig, Schuld einzugestehen.
- Hat Vergnügen daran, Angst und Schrecken zu verbreiten.
- Lässt keine andere Meinung gelten.

SOZIALISATION UND CHARAKTERBILD:
- Verborgene Minderwertigkeitsgefühle, die durch besonders aggressives Verhalten kompensiert werden sollen.
- War als Kind oft Opfer aggressiver Akte der Eltern.
- Lebte vermutlich in ständiger Angst, die er durch Aktiv-Passiv-Umkehr bewältigte.

LÖST FOLGENDE REAKTIONEN AUS:
- Mitmenschen fühlen sich terrorisiert.
- Beklemmende Gefühle, sobald er sich nähert.
- Neid, da er sich „traut“, Ärger und Wut frei herauszulassen.

SO WERDEN SIE SEIN OPFER:
- Wenn Sie sich unterwerfen.
- Wenn Sie Angst und Unsicherheit zeigen.
- Wenn Sie seinen Kontakt meiden.
- Wenn Sie ihn provozieren.

STRATEGIE:
- Stets mutig und unverkrampft entgegentreten.
- Warten, bis seine „Anfälle“ vorbei sind.
- Die Türen, gegen die er gerne rennen würde, einfach öffnen und ihn ins Leere laufen lassen.
- Bei Gesprächen: Weich in der Formulierung, hart in der Sache.
- Immer wieder auf die Sachebene zurückkommen.
- Nicht zu aggressiven Reaktionen provozieren lassen.
- Niemals Angst oder Unsicherheit zeigen.
- Stets mutig und selbstbewusst entgegentreten, da ihn offen gezeigte Angst nur herausfordert.

Der Choleriker

TRANSAKTIONSZUSTAND:
Natürliches Kindheits-Ich

VERHALTEN:
- Sehr launisch, kann von jetzt auf gleich Tobsuchtsanfall bekommen.
- Reaktionen sind nie im Voraus einzuschätzen.
- Nachdem er sich ausgetobt hat, kann man wieder mit ihm reden.
- Entschuldigt sich nachträglich nicht selten für seine Wutausbrüche.
- Kennt kein „Gefühlsmanagement“, ist Sklave seiner Emotionen.

SOZIALISATION UND CHARAKTERBILD:
- In der Erziehung wurde nicht darauf geachtet, dass man Triebe und Temperament auch zügeln kann.
- Bekam oft seinen Willen, wurde „verwöhnt“.
- Im Elternhaus herrschte ungezügelte, von unvorhersehbaren Wutanfällen geprägte Atmosphäre.

LÖST FOLGENDE REAKTIONEN AUS:
- Furcht vor unvorhersehbaren Wutanfällen.
- Zweifel, ob seine Wutanfälle eventuell berechtigt sind.

SO WERDEN SIE SEIN OPFER:
- Wenn Sie ihm unsicher und ängstlich entgegentreten.
- Wenn Sie seine „Wutkurve“ nicht beachten und zu früh intervenieren.
- Wenn Sie ihn während seiner Wutphasen durch Widerspruch provozieren.

Strategie:
- Wutanfälle nicht persönlich nehmen.
- Akzeptanz seines ungezügelten Temperaments.
- Mit Reaktionen warten, bis er wirklich restlos ausgetobt hat.
- Sofern Unterbrechungen nötig sind: vehement und lautstark.
- Bei groben Beleidigungen den Raum verlassen.
- Stets auf der Sachebene bleiben, nicht provozieren lassen.

Der Besserwisser
Transaktionszustand:
Kritisches Eltern-Ich

Verhalten:
- Ist anerkennungssüchtig.
- Ist oft sehr interessiert und ständig bemüht, sich Sachkompetenz zu verschaffen.
- Ist selbstverliebt und liebt den „großen Auftritt".
- Wie das Wort schon sagt: Weiß aber auch wirklich alles besser.
- Ist unfähig wirklich zuzuhören. Schweigt nur, um den richtigen Zeitpunkt für seine „klugen" Interventionen zu finden.

Sozialisation und Charakterbild:
- Wurde im Elternhaus nicht anerkannt.
- Verfügt über starke Minderwertigkeitskomplexe, die er über gesellschaftliche Anerkennung zu kompensieren sucht.

Löst folgende Reaktionen aus:
- Neid über seine oft zu beobachtende Sachkompetenz.
- Wut und Aggression, da man ständig zurechtgewiesen wird.

So werden Sie sein Opfer:
- Wenn Sie sich auf Fach- und Sachdiskussionen einlassen.
- Wenn Sie seine Ausführungen kritisch bewerten und auf Fehlersuche gehen.
- Wenn Sie sich durch seine selbstsicher vorgetragene Kritik verunsichern lassen.

Strategie:
- Loben, loben, loben.
- Keinen Streit um Sachthemen beginnen.
- Schmeicheln, indem man ihn oft nach seiner Meinung fragt.
- Betonen Sie seine Funktion als Fachmann.
- Wenn er brauchbare Vorschläge vorbringt (was zuweilen tatsächlich geschieht): Bauen Sie sie sichtbar in Ihre Konzepte ein.
- Rivalitätsverhältnisse vermeiden.

Der Bremser
Transaktionszustand:
Angepasstes Kindheits-Ich

Verhalten:
- Stark pessimistische Züge.
- Beschwört dauernd den Notstand und den „worst case".
- Findet immer ein Haar in der Suppe.

- Ist unbeweglich, schwerfällig und arbeitet langsam.
- Behindert sich selbst durch Überpräzision.
- Ist unfähig, Entscheidungen zu treffen und sichert sich nach allen Seiten ab.
- Ist unfähig, Kritik anzunehmen und reagiert schnell aggressiv.

SOZIALISATION UND CHARAKTERBILD:
- Entscheidungsfreiheit wurde in seinem Elternhaus nicht als Erziehungsziel gesehen.
- Eltern waren selbst ängstlich und entscheidungsunsicher.
- Eltern waren oft rechthaberisch und unterdrückend.

LÖST FOLGENDE REAKTIONEN AUS:
- Stagnation von Entwicklungen.
- Verunsicherung darüber, ob das eigene Vorgehen vielleicht doch zu optimistisch ist.
- Aggressivität, da er jede Entwicklung blockiert und Prozesse verlangsamt.

SO WERDEN SIE SEIN OPFER:
- Wenn Sie sich von seinen Bedenken bei Entscheidungen bremsen lassen.
- Wenn Sie die offene Konfrontation mit ihm suchen.
- Wenn Sie versuchen ihn zu ändern oder zu erziehen.

STRATEGIE:
- Nicht beeinflussen lassen.
- Weiterhin kreativ, optimistisch und entscheidungsfreudig Prozesse vorantreiben.
- In seiner Gegenwart sachlich, freundlich und zugewandt bleiben.
- Ihn von Aufgaben fernhalten, bei denen es auf Schnelligkeit und Kreativität ankommt.
- Ihn dagegen dort einsetzen, wo es auf hundertprozentige Präzision ankommt.

10 GESUNDHEIT – WER GUT AUSSIEHT KOMMT GUT AN

„Ich bin unsportlich“, diesen Satz kann sich heute im Businessleben niemand mehr leisten. Bierbäuchige, Zigarren rauchende Bosse gibt es heute nur noch in Cartoons. Wer dynamisch und erfolgreich sein will, dokumentiert das auch durch „aufrechten Gang“, Fitness und Waschbrettbauch.

Die Gruppe der Nichtsportler wird immer kleiner. Vor 15 Jahren zählte der Deutsche Sportbund (DSB) in Frankfurt noch 19,5 Millionen Mitglieder. Im letzten Jahr waren es bereits 27 Millionen Bundesbürger, die sich in einem Sportverein aktiv betätigten. Zwar treibt immer noch ein Drittel der Bevölkerung überhaupt keinen Sport, dies gilt aber nicht für Fach- und Führungskräfte. Dort leisten sich absoluten Müßiggang nur noch rund 5 Prozent.

Minimalsport für Couch-Kartoffeln

Dabei kann man ganz nebenbei schon eine Menge für die körperliche Fitness tun. Man sollte einfach versuchen, den Sport in den Alltag zu integrieren. Jennifer Wade, Co-Autorin des Alltagssportratgebers „Basic Fitness" empfiehlt, statt des Aufzugs grundsätzlich die Treppe zu nehmen. Wer diesen guten Rat tatsächlich konsequent befolgt, spart sich viele Stunden Steppaerobic im Fitnesscenter.

den Sport in den Alltag integrieren

Die Hälfte aller Autofahrten führt zu Zielen innerhalb von nur drei Kilometern. Das sprichwörtliche „Autofahren zum Brötchenholen" ist verbreiteter, als man denkt. Das muss nun wirklich nicht sein, und das nicht nur aus gesundheitlichen Gründen. Neben dem ökologischen Aspekt würden sich auch manche Klagen über Benzinpreiserhöhungen erledigen, wenn intensiver darüber nachgedacht würde, ob die jeweils geplante Autofahrt wirklich nötig ist. Wer hier auf Fuß und Fahrrad setzt, muss sich am Wochenende nicht auf überfüllten Ausfallstraßen mit dem Fahrrad auf dem Dach in die Naherholungsgebiete quälen.

Wer beim Autofahren, in der Supermarktschlange oder hinter dem Schreibtisch seinen Bauch mehrfach nach innen zieht und einige Sekunden hält, nähert sich dem Waschbrettbauch ohne aufwändige Apparaturen.

leichte Übungen lassen sich überall durchführen

Beim Zähneputzen 16mal die Ferse zu heben und zu senken, fördert die Durchblutung und lässt schöne, muskulöse Waden entstehen. Um den Nacken zu entspannen, reicht es, das Kinn etwas zu senken und nach hinten zu ziehen. *„Sport sollte vor allem Spaß machen"*, sagt Thomas Wieke aus Wiesbaden, Redakteur und Autor von „Fit ohne Stress". *„Wir wollen zeigen, wie man mit geringem Aufwand fit werden kann"*. Thema des Buches sind vor allen Dingen Ernährung, Stretching und Fitnesstipps für das Büro. Denn hier verbringt man schließlich den meisten Teil des Tages.

Wer nun argwöhnt, dass diese Minimalübungen für Sportmuffel mehr dem Gewissen als dem Körper dienen, dem sei gesagt: „Steter Tropfen höhlt den Stein“.

Diese Meinung jedenfalls vertritt der Sportsoziologe Stollenwerk. Schließlich fehle vielen „korrekturresistenten Antimotorikern“ und Bewegungsverweigerern einfach die Motivation zum Sport. Es sei ihnen schlicht unangenehm, im Fitnesscenter neben tiefer gelegten Muskelpaketen zu trainieren. Manche trauen sich schon alleine aufgrund ihres Übergewichts nicht, überhaupt Sportkleidung zu kaufen.

Durch leichte, unkomplizierte Übungen kann man vielen Menschen die Angst vor dem Sport nehmen.

Was auf die Augen?

„Große Ereignisse werfen ihre Schatten unter die Augen“, spottet einst Udo Lindenberg in seinem bekannten Lied. In der Tat sind viele beim morgendlichen Blick in den Spiegel derart erschrocken, dass sie sich am liebsten wieder ins Bett legen möchten. Dick geschwollene Lider statt glatter, straffer Haut: „Idiopathisches Lidödem“ nennen es die Ärzte.

Es liegt zwar keine direkte Erkrankung vor, die Augen aber verschwinden hinter verquollenen Lidern und verleihen ihren Trägern nicht gerade das, was man ein dynamisches Outfit nennt.

Besonders bei Männern in den „besten Jahren“ sind ausgeprägte Tränensäcke möglich. Das kommt daher, dass bei zunehmendem Alter das Bindegewebe erschlafft und die Gewebsspannung der Lider beeinträchtigt. Dadurch können sich unter der Bindehaut dann so genannte Wasserspeicher bilden.

Medizinisch lässt sich dagegen kaum etwas tun. Deshalb wird gekühlt, gecremt und massiert, was das Zeug hält. Besonders effektive Linderung versprechen Hausmittel wie etwa Augenmasken aus Quark oder gekühlte Teebeutel. Dazu wird eine Tasse mit grünem Tee mit zwei Teebeuteln zubereitet, danach die Teebeutel in den Kühlschrank gelegt und etwa 5 Minuten auf die Augen gelegt. Das Tein zieht die Gefäße zusammen und regt die Durchblutung an.

„Gesundheit" – Auch beim Niesen gibt es eine Etikette

Wenn es Sie denn schon einmal erwischt hat, sollten Sie versuchen, Ihren Katarrh mit Haltung zu tragen. Nieser teilen sich im Wesentlichen in zwei große Klassen. Die einen sind die verzagten Unterdrücker. Die anderen vertreten eher die Meinung, dass sie nicht nur das Recht auf freie Entfaltung, sondern auch auf eine ebensolche Bazillenverteilung hätten.

Den Vertretern der Unterdrückerfraktion sei mit auf den Weg gegeben, was Prof. Oliver Kaschke, ausgewiesener Niesexperte, über diese Rohrkrepierer sagt: *„Beim Niesen fegt ein schlagartiger Auspressdruck der Lunge über die Atemwege."* Wird er nicht nach draußen gelassen, geht er in die Gefäße. Wenn diese ohnehin schon geschädigt sind, kann es zum Platzen kommen, auch das Trommelfell ist gefährdet. *„Das Niesen ist wie das Husten ein Schutzreflex, der dazu dient, die Atemwege frei zu halten"*, so Kaschke.

Die Form Ihres individuellen Niesgebarens ist stark von Ihrer persönlichen Konstitution abhängig. Große kräftige Menschen niesen von Natur aus lauter als kleine zarte Wesen. Wofür Sie sich entscheiden ist Ihre Sache, die Form des Niesens sollte allerdings zu Ihrem Typ passen.

Die Form des Niesens sollte zu Ihrem Typ passen

Für alle Niestypen jedoch gilt: Sie sollten sich beim Niesen abwenden und nach Möglichkeit ein Taschentuch verwenden. Wer beim Herannahen einer Niesattacke schnell den Blazer aufknöpft und sich links ins Innenfutter entlädt, ist auf dem glatten gesellschaftlichen Parkett sicherlich schon ausgerutscht. Dann doch eher die linke Hand, da die rechte noch als Begrüßungsorgan gebraucht wird. Und wer wollte da schon über einen Händedruck ca. 6 Millionen Bazillen empfangen?

„Gesundheit"?

Der noch bei Wilhelm Busch sehr populäre Wunsch: „Gesundheit!" oder „Wohl bekomm's!" ist seit ungefähr 50 Jahren aus der Mode, unterdrücken Sie daher diesen Gruß. Husten oder Magengrummeln werden ja auch nicht kommentiert.

11 Die neue Stelle: Knigge für die ersten Tage

Ein Arbeitsplatzwechsel bietet Chancen, birgt aber auch Risiken

Ein Arbeitsplatzwechsel und der damit verbundene Neuanfang bieten wichtige Chancen, bergen aber auch Risiken. Positive Aspekte ergeben sich vielleicht durch einen beruflichen Aufstieg oder die Verbesserung des Einkommens. Auch stellen sich neue Herausforderungen, der Verantwortungsbereich wird erweitert und die eventuell lästig gewordene Routine wird durch interessante neue Impulse unterbrochen. Gerade wer mit seinem alten Job unzufrieden war, unter Repressalien oder gar Mobbing litt, kann jetzt neu durchstarten.

Man kann sich nun bemühen, „alles anders und besser zu machen". Doch wird dies wahrscheinlich nur ein guter Vorsatz bleiben, es sei denn, man würde eine komplette Persönlichkeitsveränderung durchmachen. Da dies aber nicht die Regel sein dürfte, sollte man sich, was die Erfolge von Veränderungsprozessen angeht, vor Illusionen hüten. Auch beim besten Bemühen bleibt man doch der oder die Alte und entsprechend diesen Vorgaben wird man auch seine neue Arbeitssituation gestalten, seine soziale Stellung positionieren und seine Netzwerke knüpfen.

Hüten Sie sich vor Illusionen

„Wie man in den Wald hineinruft, so schallt es heraus"

In diesem Zusammenhang wird gerne eine Anekdote über einen amerikanischen Personalberater erzählt. Wenn dieser von wechselwilligen Klienten befragt wurde, wie denn das Betriebsklima in diesem oder jenem Unternehmen sei, so pflegte er dem Jobsuchenden nur eine kurze Frage zu stellen: *„Wie sind denn die Kollegen, Chefs und Mitarbeiter in Ihrer jetzigen Firma?"*. Wenn ihm daraufhin geantwortet wurde: *„Oh, die sind alle sehr nett, die Chefs sind fair und fördern mich, meine Mitarbeiter sind loyal und freundlich und meine Kollegen sympathisch, hilfsbereit und kollegial. Wir haben viel Spaß miteinander und treffen uns auch gerne außerhalb der Arbeitszeit"*, so antwortete er: *„Genauso sind die Menschen in Ihrem neuen Unternehmen."*

Auch wenn die Auskunft etwa lautete: *„Mein Chef ist unsympathisch und unfähig, er versteht überhaupt nicht mich zu motivieren, meine Mitarbeiter sind inkompetent und machen grundsätzlich etwas anderes als ich Ihnen sage. Meine Kollegen sind unfreundlich und mobben mich, wo sie können"*, antwortete er ebenfalls: *„Genauso werden auch die Menschen in Ihrem neuen Unternehmen sein."*

Das heißt natürlich nicht, dass man hilflos seinem Schicksal ausgeliefert wäre. Man kann immer aus alten Fehlern lernen, um neue zu minimieren und versuchen eine positive Sicht der Dinge zu gewinnen, was – wie die Anekdote zeigt – eine durchaus förderliche Grundeinstelung ist.

Damit dies gelingen kann, ist für neue Mitarbeiter ganz besonders die Kenntnis der richtigen Umgangsformen wichtig. Hier wartet nämlich auf den Jobwechsler eine ganze Reihe von Fettnäpfchen, die es auszusparen gilt.

Gerade auf den Jobwechsler wartet eine Reihe von Fettnäpfchen, die es auszusparen gilt

Im Wesentlichen lassen sich dazu drei Perspektiven, aus denen der oder die „Neue“ betrachtet wird, unterscheiden: die Chef-, Kollegen- und Mitarbeiterperspektive. Alle drei Personengruppen haben die Aufgabe, die ersten Tage und Wochen des „Neuen“ so angenehm und erfolgreich wie möglich zu gestalten. Auf der anderen Seite steht der neue Stelleninhaber, der seinerseits durch geschicktes und höfliches Verhalten die ersten hundert Tage mit Bravour meistern kann.

11.1 Der Chef und der neue Mitarbeiter

Da der Chef auch in der Businessetikette eine wichtige Rolle spielt, die der des „Gastgebers“ nahe kommt, wollen wir uns seinen Aufgaben zuerst widmen. Beginnen wir mit dem, was ein Chef möglichst vermeiden sollte. Der wohl gravierendste und leider auch häufig anzutreffende Fehler ist, sich nicht oder nur ungenügend auf die Ankunft des neuen Mitarbeiters vorzubereiten. Leider beginnt die „Vorbereitung“ nicht selten am Morgen des ersten Arbeitstages bei der Begrüßung des neuen Mitarbeiters. Manchmal kommt es nicht einmal dazu, weil der Chef abwesend ist. Das ist natürlich der größte Fauxpas, den man sich in diesem Zusammenhang erlauben kann. Außer Krankheit gibt es keinen wirklichen Entschuldigungsgrund dafür, den neuen Mitarbeiter nicht persönlich im Empfang zu nehmen. Der „erste Tag“ muss mindestens einige Wochen im Voraus präzise geplant werden. Hier werden die Weichen gestellt für eine zukünftig konstruktive Zusammenarbeit. Vor allem muss klar sein, was der Chef in der Einführungsphase persönlich übernimmt und welche Aufgaben er delegiert.

Der Chef hat eine ähnliche Rolle wie ein Gastgeber

Den ersten Tag des neuen Mitarbeiters präzise planen

Am Anfang steht eine Analyse, welche Aufgaben, Kompetenzen und Verantwortungsbereiche mit der neuen Stelle verbunden sind. Wichtig ist dabei eine präzise Zielsetzung: Was genau soll durch den neuen Mitarbeiter erreicht werden? Ist man sich dessen bewusst, wird eine exakte Stellenbeschreibung formuliert. Diese Stellenbeschreibung enthält nicht nur die Tätigkeitsfelder und Kompetenzen, sondern auch die vorher analysierte Zielerwartung. Der nächste Schritt ist die Auflistung der Überstellungen und Unterstellungen, um die Hierarchieebenen unmissverständlich zu klären.

Hierarchieebenen unmissverständlich klären

Zu dieser Frühphase gehört auch die Auswahl und Bestimmung möglicher Vertreter für krankheits- oder urlaubsbedingte Ausfälle des neuen Stelleninhabers. Dazu müssen auch Prokura und andere eventuelle Berechtigungen und Vollmachten geklärt sein. Jetzt wird auch ein „Pate" bestimmt, der den „Neuen" in den ersten Wochen leitet und wichtige Hilfestellungen bietet.

Ein „Pate" leitet den „Neuen" in den ersten Wochen

Zur Businessetikette gehört auch, dass im Vorfeld alle Chefs, Kollegen und Mitarbeiter umfassend über Sinn und Zweck der neuen Stelle informiert werden. Viele Anfangsprobleme entstehen vor allem dadurch, dass das Umfeld des neuen Mitarbeiters nicht wirklich von der Notwendigkeit der Stellenbesetzung überzeugt ist. Hier bietet sich ein Nährboden für Neid und Missgunst: Warum verdient der neue Kollege trotz geringerer Erfahrung genauso viel oder gar mehr als ich? War die Stellenbesetzung angesichts knapper Etats überhaupt nötig? Welche Nachteile habe ich jetzt zu befürchten: Kompetenz- oder gar Arbeitsplatzverlust? Nur wenn wirklich deutlich wird, dass keiner Nachteile durch die Stellenbesetzung erleidet, sind neue Kollegen/innen wirklich willkommen.

Neid und Missgunst der Kollegen vorbeugen

STELLEN SIE UNMISSVERSTÄNDLICH KLAR, DASS DER NEUE MITARBEITER EIN GEWINN FÜR ALLE IST.

Er oder sie wird eine wichtige Hilfe sein, wenn es darum geht, Arbeitsbelastung zu verteilen, Expansionen Gewinn bringend voranzutreiben und letztlich Arbeitsplätze zu erhalten. Selbstverständlich muss allen Beteiligten der neue Stelleninhaber auch als Person bekannt gemacht werden. Dazu werden alle Beteiligten schon frühzeitig mit den biografischen Daten, Qualifikationen, Ausbildungsgängen usw. des neuen Stelleninhabers vertraut gemacht.

Checkliste für die Einführung eines neuen Mitarbeiters **PRAXIS**

1. Stelle benennen und mit Arbeitsbeginn und Dauer der Probezeit beschreiben.
2. Stellenbeschreibung an den neuen Mitarbeiter aushändigen.
3. Anforderung, Zielsetzung, spezielle Aufgaben, Vollmachten und Kompetenzen mitteilen.
4. Arbeitsplatz vorbereiten und einrichten.
5. Paten festlegen und einweisen.
6. Mitarbeiter über den neuen Kollegen informieren.
7. Ausreichend Zeit für die Begrüßung und Einweisung des neuen Mitarbeiters einplanen.
8. Einführung und Begrüßung des neuen Kollegen.
9. Aushändigung aller erforderlichen Unterlagen.
10. Neuen Mitarbeiter mit seinem Paten bekannt machen.
11. Betriebsbesichtigung.
12. Definition des Teams, zu dem der neue Mitarbeiter gehören wird.
13. Einweisung in Sicherheitsbestimmungen.
14. Information über alle Regelungen, die neben den normalen Arbeitsabläufen wichtig sind wie Urlaubsregelung, Pausenzeiten usw.
15. Detaillierte Information über Aufgabenstellung und Kompetenzen.
16. Einweisung in die „Produktionsmittel".
17. Offene Diskussion über mögliche „Fettnäpfchen" und Anfangsprobleme.
18. Informationen über die Stellenzuweisung innerhalb der Hierarchieebenen.
19. Informationen über Unternehmensleitlinien.
20. Vorstellung des vorbereiteten Karriereplans.
21. Einführung in Qualitätsmanagement und -sicherung sowie betriebliches Vorschlagwesen.
22. Transferkontrolle aller übermittelten Informationen.

Lassen Sie den neuen Mitarbeiter in den ersten Tagen nicht aus den Augen. Das heißt nicht, dass Sie ihn ständig „beäugen“ oder kontrollieren. Sie können aber schon in den ersten Tagen Anhaltspunkte dafür erkennen, wie sich der Mitarbeiter in Zukunft im sozialen Gefüge bewähren wird. Nur so lassen sich Chancen ausbauen und Problempotenzial minimieren. Führen Sie in den ersten Tagen auch schon ein erstes, noch relativ allgemeines Mitarbeitergespräch. Ermuntern Sie Ihren Mitarbeiter, Fragen zu stellen und seine ersten Eindrücke zu schildern. Besprechen Sie mit Ihrem Mitarbeiter dessen persönliche und berufliche Perspektiven und zeigen Sie Wege auf, wie deren Erreichung in Ihrem Unternehmen möglich ist. Stellen Sie aber auch Ihre persönlichen Erwartungen an den neuen Stelleninhaber vor.

Ermuntern Sie Ihren Mitarbeiter, Fragen zu stellen und seine ersten Eindrücke zu schildern

Den Mitarbeiter nicht mit Details überfordern

Sprechen Sie dazu auch offen über Ziele. Überfordern Sie sich und Ihren neuen Mitarbeiter dabei aber nicht mit kleinkrämerischen, zu konkreten Details. Vor allem nötigen Sie niemanden, beispielsweise präzise Zahlen zu nennen. Wer zum Beispiel hofft, einen Vertriebsmitarbeiter dadurch motivieren zu können, dass er ihn zu Aussagen zwingt wie: *„Bis Jahresende will ich 250 Einheiten verkaufen“*, der hat das Kapitel „Mitarbeitermotivation“ nicht richtig verstanden. Eine solche Zielvorgabe ist trotz ihres konkreten Charakters eine viel zu abstrakte Größe, um sie sinnvoll als persönliches Zielerreichungsinstrument anzuwenden. Hinter dieser leider weit verbreiteten Methode steckt der naive Glaube, ein nummerisch exakt gestrecktes Ziel biete aus sich heraus den Motivationsschub, es auch zu erreichen. Eine Zahl aber wie „250 Einheiten“ macht mich weder freundlicher, kommunikativer, intelligenter, eloquenter noch fleißiger oder erfolgreicher. Sie setzt mich vielmehr einem zusätzlichen diffusen Druck aus, der mich eher behindert als mir im Arbeitsalltag wirklich weiterhilft.

Die Fixierung auf quantitative Größen gehört zum klassischen Instrumentarium der problematischen „extrinsischen Motivation“. Diese „äußere“ Motivation wie Kennzahlen, Incentives, materielle Belohnungssysteme usw. verpufft wirkungslos, wenn sie nicht von einer inneren Motivation getragen wird.

„Intrinsische“ Motivation schaffen

Zu einer inneren oder „intrinsischen“ Motivation gehört insbesondere der selbst entwickelte Wille, immer „besser zu werden“, also seine eigenen Talente und Fähigkeiten aus eigenem Antrieb heraus stetig weiterzuentwickeln. Der erfolgreiche Mitarbeiter wird nicht durch seinen Chef motiviert, sondern bringt die Eigenmotivation mit. Er sieht Erfolg als sportliche Herausforderung an und kann es aus persönlichen Gründen nicht ertragen, irgendetwas schlecht zu machen oder minderwertige oder erfolglose Arbeit abzuliefern. Wer aber von dem Ehrgeiz beseelt ist, seine Sache gut zu machen und seine persönlichen Anlagen und Kenntnisse stetig zu optimieren, der wird quasi „automatisch“ gute Arbeit leisten. Vorausgesetzt natürlich, er ist auch wirklich gut. Und wenn er es nicht ist, helfen ihm auch keine noch so präzisen Kennzahlen.

Erfolgreiche Mitarbeiter bringen immer Eigenmotivation mit

Eigentlich sind die viel gepriesenen konkreten Zielvereinbarungen nichts anderes als ein Ausdruck tiefsten Misstrauens. Wer seinen Mitarbeitern vertraut, dass sie sich stets ihren Fähigkeiten entsprechend optimal einsetzen, kann sich in den meisten Fällen sicher sein, dass sie auch ihren individuellen Möglichkeiten entsprechende optimale Resultate erzielen.

Gewähren Sie neuen Mitarbeitern einen gewissen Vertrauensvorschuss, das motiviert stärker als Kontrolle und starre Zahlenvorgaben.

11.2 Wenn Sie einen neuen Kollegen bekommen

Wenn Sie einen neuen Kollegen oder eine neue Kollegin bekommen, so gilt als erster Höflichkeitsgrundsatz: Fairness!

Als erster Höflichkeitsgrundsatz gilt: Fairness!

Geben Sie dem oder der „Neuen“ eine Chance.

Davon profitieren Sie, die gesamte Belegschaft und letztlich das Betriebsklima. Bieten Sie Ihre Hilfe an, helfen Sie aber auch unaufgefordert – ohne allerdings Ihre Hilfe aufzudrängen. Seien Sie dabei Lehrer, ohne zu schulmeistern, aber auch Schüler, ohne sich anzubiedern. Jeder kann von jedem lernen; auch wenn der neue Kollege in Ihrer Sphäre noch keine Erfahrung hat, so können Sie sicherlich von seinen anderweitig erworbenen Erfahrungen profitieren.

jeder kann von jedem lernen

Beschäftigen Sie sich schon im Vorfeld eingehend mit dem neuen Kollegen und auch mit der neuen Stelle. Machen Sie sich mit den biografischen Daten des Neuen vertraut und studieren Sie die Stellenbeschreibung. Führen Sie mit Ihrem Chef, Kollegen und, wenn vorhanden, natürlich auch Mitarbeitern Gespräche über alle Veränderungen, die zu erwarten sind.

Sorgen Sie für einen gut vorbereiteten Arbeitsplatz

Sorgen Sie dafür, dass der neue Kollege einen gut vorbereiteten Arbeitsplatz vorfindet. Leider passiert es nicht selten, dass neue Mitarbeiter in den ersten Stunden „dumm herumstehen" und sich Bürostühle, Schreibtische, PC und Arbeitsutensilien erst mühsam organisieren müssen. Begrüßen Sie den neuen Kollegen persönlich mit Handschlag und Nennung seines Namens. Stellen Sie sich dabei selbst namentlich vor.

Gehen Sie auf den neuen Kollegen zu

Wichtig ist, dass Sie auf den Kollegen zugehen und nicht etwa warten, bis sich dieser zu Ihnen begibt.

Seien auch Sie sich Ihrer Gastgeberrolle bewusst und behandeln Sie den Neuen entsprechend wie einen Gast.

Wenn Sie merken, dass es passt (beispielsweise, wenn Sie zum Paten bestellt wurden oder der neue Kollege zu Ihrem unmittelbaren Arbeitsumfeld gehört), stellen Sie Ihren Kollegen dem „Neuen" vor. Erläutern Sie dabei kurz, welche Aufgaben und Funktionen die Vorgestellten einnehmen. Überprüfen Sie auch, ob die Informationen, die der Chef in seiner Einführung vermittelte, auch wirklich „angekommen" sind und gleichen Sie eventuell zutage tretende Defizite aus.

Schreiten Sie bei Übertretungen ungeschriebener Gesetze und Regeln sofort helfend ein

Seien Sie insbesondere so fair, bei Übertretungen ungeschriebener oder geschriebener Gesetze und Regeln sofort helfend einzuschreiten. Bedenken Sie stets, dass der neue Kollege nicht über alle Gepflogenheiten, die Ihnen vielleicht selbstverständlich erscheinen, informiert sein kann. Lassen Sie ihn daher niemals ins offene Messer laufen, wenn Sie bemerken, dass er sich ohne böse Absicht irgendwelchen heiligen Kühen nähert oder an Tabus rührt. Gehen Sie dabei aber behutsam vor, seien Sie weder arrogant noch schulmeisternd und überfordern Sie den Neuen nicht mit zu vielen Details und Informationen. Belassen Sie es vielmehr bei kurzen Hinweisen, die Sie ruhig an mehreren Tagen wiederholen können.

Das kann sich Ihr Gegenüber wesentlich besser merken, als wenn Sie ihn am ersten Tag mit geballten Informationsladungen bombardieren.

Seien Sie auch mit negativen Beschreibungen irgendwelcher Verhältnisse oder Personen zurückhaltend, hüten Sie sich vor Klatsch und Tratsch und vermeiden Sie, sich beim Neuen sofort „Liebkind zu machen". Verhalten Sie sich höflich, freundlich, achten Sie aber auch auf eine angemessene und natürliche Distanz. Versuche, den Neuen auf Ihre Seite zu ziehen, Verbrüderungen oder das Angebot, sich gegenseitig zu duzen, sind am Anfang fehl am Platze. Auch hier ist allerdings Fingerspitzengefühl angesagt, der Neue darf nicht zu Beginn in eine Außenseitersituation gedrängt werden. Alle Umgangsformen müssen auf die Branche und die jeweilige konkrete Unternehmenskultur abgestimmt werden. Für eine konservative Bank gelten da sicherlich andere Regeln als für eine flippige Werbeagentur. Wenn sich zum Beispiel alle duzen und dies auch den allgemein lockeren Umgangston bestimmt, sollte selbstverständlich auch der Neue gleich in dieses Klima integriert werden. Je nach Situation kann damit aber auch bis zum nächsten Betriebsfest gewartet werden.

Halten Sie sich mit negativen Äußerungen zu Personen oder Verhältnissen zurück

Überlegen Sie gemeinsam mit Ihren Kollegen, ob Sie nicht für ein kleines Willkommensgeschenk sammeln können. Dazu eignet sich am besten ein Blumenstrauß, der dann einige Tage den Schreibtisch ziert.

Vielleicht ist ein kleines Willkommensgeschenk angebracht

11.3 Wenn Sie einen neuen Chef bekommen

Für Ihre Karriere von besonderer Bedeutung kann es sein, wenn „der Neue" Ihr neuer Chef ist. Dass Sie sich über diesen schon frühzeitig genau informieren, ist nicht nur ein Gebot der Höflichkeit. Neben persönlichen Daten sollten Sie alles in Erfahrung bringen, was für Ihre berufliche Situation wichtig und nach Möglichkeit förderlich ist. Informieren Sie sich anhand aller zugänglichen Quellen (ehemalige Mitarbeiter, Vorgesetzte, Kollegen, Geschäftsberichte, eventuell Veröffentlichungen, Internet, Industrie- und Handelskammer) über Werdegang, Arbeitsweise, Führungsstil, besondere Vorlieben bis hin zu Hobbys und Interessen.

Informieren Sie sich vorab über Ihren zukünftigen Chef

Sie müssen unbedingt wissen, mit welchem „Cheftyp" Sie es in Zukunft zu tun haben werden. Ist Ihr neuer Chef ein ganz normaler sympathischer Mensch oder spielt er weniger beliebte Rollen wie „der kleine Diktator“, „der große Schweiger“, „der arrogante Aufsteiger“, „der Profilneurotiker“, „der Unberechenbare“?

Vor allem müssen Sie wissen, was der neue Chef von Ihnen erwartet. Da darf es keine Überraschungen geben. Erkunden Sie, ob er mehr Wert auf Qualität oder Quantität einer Arbeit legt, ob er Jasager oder Querdenker bevorzugt, wie seine Einstellung zu Arbeitszeiten, Freizeitverhalten usw. ist.

Niemand erwartet von Ihnen, dass Sie sich allen Anforderungen, Steckenpferden und Spleens anpassen, Sie sollten sie nur kennen. Wie Sie dann damit umgehen, ist Ihre Sache.

Zeigen Sie vom ersten Tag an Flagge

Wichtig ist, dass Sie vom ersten Tag an Flagge zeigen. Stellen Sie sich persönlich vor, gehen Sie auf Ihren Chef zu und sorgen Sie dafür, dass er sehr schnell weiß, wer Sie sind. Seien Sie dabei herzlich und freundlich, biedern Sie sich aber nicht an. Taschenträger und Speichellecker sind oft weniger beliebt, als sie erhoffen. Selbstverständlich bieten Sie tatkräftige Hilfe an und führen ihn in alle relevanten Angelegenheiten ein. Ihr Ton sollte dabei weder kumpelhaft, belehrend noch unterwürfig sein. Hüten Sie sich vor Diskussionen, widersprechen Sie nicht und verteidigen Sie keine alten Zöpfe. Dokumentieren Sie Veränderungsbereitschaft und Lernwilligkeit.

Dokumentieren Sie Veränderungsbereitschaft und Lernwilligkeit

Dass Sie Ihrem Chef niemals das Du anbieten dürfen, ist selbstverständlich. Sollten Sie allerdings einander schon duzen, weil eventuell Ihr neuer Chef Ihr früherer Kollege war, so müssen Sie das Du beibehalten. Ein einmal gewährtes Du kann nicht wieder in ein Sie umgewandelt werden.

11.4 Das Verhalten als neuer Stelleninhaber

Das Verhalten in den ersten Tagen schafft bleibende Eindrücke im neuen Umfeld

„Die ersten Tage sind die schwierigsten und entscheiden darüber, wie die nächsten Jahre werden“, dieser Satz eines Personalchefs zeigt, wie wichtig die ersten Stunden und Tage für den Neuankömmling sind. Sie entscheiden oft darüber, wie der neue Kollege vom eingespielten Team angenommen wird und welche Rangfolge ihm in der „Hackordnung“ zugewiesen wird. Es ist daher nicht verwunderlich, wenn der Stellenantritt wie jede neue, ungewohnte Situation zunächst einmal Un-

sicherheit erzeugt. Das ist ganz natürlich und dazu sollte man auch stehen. Je weniger davon allerdings nach außen dringt, umso mehr wird der neue Kollege respektvoll in die Gruppe aufgenommen.

Um hier eine möglichst vorteilhafte Position zu erreichen, sollte der neue Stelleninhaber folgende Schritte beherzigen:

Das richtige Verhalten für den „Neuen" PRAXIS

1. Schon einige Zeit vor dem Stellenantritt die Stellenbeschreibung, den Kompetenzrahmen und die Aufgabenstellung sowie den Arbeitsvertrag genauestens lesen und verinnerlichen. Gegebenenfalls sollte dazu ein Fachanwalt für Arbeitsrecht konsultiert werden.

2. Die Vorstellung bei Kollegen, Mitarbeitern und Vorgesetzten sollte bereits vor dem Stellenantritt erfolgen. Dadurch wird der Effekt des „Neu-Seins" am ersten Tag etwas gemildert. Außerdem haben Sie auf diese Weise Gelegenheit, die unterschiedlichen Charaktertypen kennen zu lernen und sich vorbereitend darauf einzustellen. Wer schon zu Beginn zum Beispiel Grundkenntnisse über das Hobby seines Chefs mitbringt, kann sofort mitreden und erwirbt sich möglicherweise wichtige Pluspunkte. Andererseits kann man sich auch auf Tabus und Fettnäpfchen vorbereiten und so beim Start schlimme Fehler vermeiden.

3. Versuchen Sie auf keinen Fall, in den ersten Tagen Ihre Stelle und Ihren Arbeitsplatz zu „revolutionieren". Lassen Sie die ersten Tage eher ruhig angehen, hüten Sie sich vor Aktionismus. Dies gilt insbesondere auch für Verbesserungsvorschläge, mit denen Sie gerade am Anfang sehr zurückhaltend umgehen sollten.

4. Nutzen Sie die ersten Tage dazu, mit möglichst allen Beschäftigten des Unternehmens in Kontakt zu kommen. Bei größeren Unternehmen beschränken Sie sich dabei auf Kernarbeitsgruppen. Achten Sie aber darauf, dass Sie nach Möglichkeit niemanden auslassen.

5. Besserwisser und Schulmeister werden als sehr unhöflich und unangenehm empfunden. Seien Sie zu Beginn mehr Schüler als Lehrer.

6. Akzeptieren Sie zunächst die bestehenden Strukturen.

7. Vergleichen Sie die offiziellen Organigramme und Hierarchiestrukturen mit der realen, ungeschriebenen Rangfolge. Wenn Sie Abweichungen feststellen, orientieren Sie sich ausschließlich an der inoffiziellen Hackordnung, ohne dabei jedoch vorgeschriebene Formalien zu verletzen.

8. Verärgern Sie Ihre neue Umgebung nicht mit Vergleichen aus Ihren früheren Arbeitsstellen. Mit Bemerkungen wie *„In meiner alten Firma haben wir das aber anders gemacht"* machen Sie sich selten Freunde.

9. Passen Sie sich zunächst dem Dresscode Ihrer Kollegen an. Sollten Sie zur Erkenntnis gelangen, dass Ihre Kollegen eigentlich für ihre Aufgabenstellung, Kundenkontakt usw. „underdressed" sind, fügen Sie sich zunächst diesem vorgegebenen Rahmen. Wenn es dann aber in Rücksicht auf Ihre eigene Karriere, Akzeptanz bei Kunden, Vorgesetzten usw. förderlich sein sollte, beginnen Sie erst nach einigen Wochen oder Monaten mit einem „Kleidungs-Upgrade". Gehen Sie dabei aber unbedingt schrittweise vor, schockieren Sie Ihre Umgebung nicht mit Sprüngen vom Schlabberpullover zum Nadelstreifenanzug.

Durch übertriebenen Arbeitseifer macht man sich bei Kollegen und Mitarbeitern unbeliebt

Wer eine neue Stelle antritt, verfällt zuweilen dem Irrglauben, durch übertriebenen Arbeitseifer zu demonstrieren, was für ein „toller Hecht" er ist. Abgesehen davon, dass dieses Tempo selten durchgehalten werden kann und ein späteres Nachlassen dann sehr unangenehm auffällt, macht man sich durch ein solches Verhalten bei Kollegen und Mitarbeitern äußerst unbeliebt.

Zur genauen Einschätzung des notwendigen Arbeitseinsatzes bedarf es genauer Kenntnisse aller innerbetrieblichen

Strukturen, Aufgabenstellungen, Arbeitsabläufe, Sicherheitsbestimmungen und dergleichen. Über all diese Kenntnisse kann niemand verfügen, der erst wenige Tage in einem Unternehmen ist. Selbst wenn Sie bemerken, dass Ihre Kollegen und Mitarbeiter wesentlich effektiver und auch schneller arbeiten könnten, behalten Sie diese Erkenntnis zunächst einmal für sich. Übertreffen Sie selbst die Arbeitsleistung Ihrer Kollegen nicht oder nur äußerst geringfügig. Auch wenn es schwer fällt: Selbst wenn im neuen Unternehmen einiges im Argen liegt oder sogar chaotische Zustände bestehen, sollten Sie sich davon am Anfang nicht dazu verleiten lassen, Kritik zu üben.

Besonders betrifft dies Absolventen von Ausbildungsgängen, die frisch von Schulen, Universitäten oder anderen Ausbildungsstätten in die Berufswelt eintreten. Zwischen Theorie und Praxis liegen oft Welten. Vielleicht wird sogar aus Sicht Ihrer Ausbildung gegen nahezu jede Regel effizienter Arbeitsabläufe, Sicherheitsbestimmungen, gesetzliche Auflagen, Strategien und Methoden, wissenschaftliche Erkenntnisse usw. verstoßen. Sich damit abzufinden, wird von vielen verständlicherweise als Zumutung empfunden. Wer sich jedoch zu früh dagegen auflehnt und diese Auflehnung lautstark nach außen vertritt, erleidet meist erhebliche Nachteile.

Absolventen von Ausbildungsgängen sollten die Praxis zunächst nicht an der Theorie messen

Einstand direkt nach dem Eintritt?

Wann ist der richtige Zeitpunkt für den „Einstand“, also die kleine Feier, mit der der neue Kollege offiziell in den Kreis der etablierten Belegschaft aufgenommen wird? Wer diese Zeremonie schon in den ersten Tagen zelebriert, geht ein hohes Risiko ein. Er kennt noch nicht wirklich die Fallstricke, die bei allen beruflichen, halbprivaten oder privaten Aktivitäten lauern.

Bevor man seinen Einstand gibt, sollte man sich zuerst umfassend orientieren was üblich ist

Folgende Fragen müssten erschöpfend geklärt werden:

- Sekt oder Selters? Welche Qualität und Quantität an guten Gaben wie Speisen, Getränken usw. sind im Unternehmen üblich und werden von Ihnen erwartet?
- Ist Alkoholgenuss am Arbeitsplatz überhaupt erlaubt?
- Wann sind Einstände üblich – morgens, mittags oder nachmittags?
- Dürfen private Feiern überhaupt während der Arbeitszeit und in den Betriebsräumen veranstaltet werden?

Da man naturgemäß erst eine gewisse Zeit der Orientierung benötigt, um diese Fragen wirklich zu klären, empfiehlt es sich, mit dem Einstand eine gewisse Zeit zu warten. Mancher Knigge-Ratgeber empfiehlt, mit dem Einstand bis zum erfolgreichen Abschluss der Probezeit zu warten. Dies hat sicherlich den Vorteil, dass man dann bestens über die Umfangsformen im Unternehmen informiert ist. Sollte jemand die Probezeit nicht „überleben" und vorzeitig ausscheiden, so hätte er beim Ausfall des Einstandes Kosten gespart und es wäre ihm auch eine gewisse Peinlichkeit erspart geblieben. Zu bedenken ist allerdings bei einem solch späten Einstand, dass je nach Position die Probezeit bis zu sechs Monaten betragen kann und ein Einstand danach von den meisten Beteiligten vermutlich als viel zu spät eingeschätzt würde.

Erkundigen Sie sich, welcher Zeitraum üblich ist

Erkundigen Sie sich also auch hier vorher, welcher Zeitraum für einen Einstand allgemein als angemessen empfunden wird. Vertrauen Sie bei dieser Informationsbeschaffung aber nicht nur auf eine einzige Person. Sie wissen nie genau, mit welcher Absicht die gewünschten Auskünfte erteilt werden und ob die Person die Sachlage wirklich genau einzuschätzen vermag. Befragen Sie besser mehrere Kollegen, ohne dass diese „Mehrfachbefragung" allerdings zu stark auffällt oder als lästig empfunden wird. Versuchen Sie stets, bei solchen Auskünften auch zwischen den Zeilen zu lesen.

Verhaltens-Knigge für die ersten Tage **PRAXIS**

- Nicht sofort jedem das „Du" anbieten. (Ausnahme: Das „Du" ist allgemein üblich.)
- Seien Sie zu allen herzlich und aufgeschlossen, vermeiden Sie aber allzu frühe „Verbrüderungen".
- Hüten Sie sich vor Cliquenwirtschaft und Seilschaften. Lassen Sie sich nicht von irgendeiner Seite vereinnahmen.

- Widersetzen Sie sich Versuchen, sich „vor einen Karren spannen“ zu lassen. Neue Kollegen werden von der etablierten Belegschaft gerne dazu verwendet, Kräfteverhältnisse neu zu gewichten.

- Äußern Sie niemals Kritik an Vorgesetzten oder Kollegen, selbst wenn diese berechtigt ist und auch von anderen gefördert wird. Am Anfang kennen Sie die Informationswege noch nicht und wissen nicht, wem was von wem zugetragen wird.

- Lassen Sie sich auf keinen Fall in irgendwelche bestehenden Streitigkeiten einbinden. Nehmen Sie auch keine Stellung zu bestehenden Konflikten oder Querelen. Antworten Sie stets höflich, dass Sie zunächst einige Zeit brauchen, um sich eine eigene Meinung bilden zu können.

- Orientieren Sie sich nicht an Gerüchten. Gerüchte sind für Neueinsteiger keine zuverlässige Informationsquelle. Überhaupt ist auch später davon auszugehen, dass Informationen, die von mehreren Personen weitergegeben werden, nach den Gesetzen der „stillen Post“ stark gefärbt oder gar verfälscht werden.

- Übertriebener Arbeitseifer freut nur Ihren neuen Chef. Vergessen Sie bei dieser Freude über dessen Lob und Anerkennung aber nicht, dass Sie sich damit bei allen anderen sehr unbeliebt machen. Beim anschließend zu befürchtenden Mobbing kann Ihnen Ihr Chef in der Regel nicht helfen. Orientieren Sie daher Ihr Arbeitstempo zunächst an den üblichen Gepflogenheiten.

Weiterführende Literatur

- *Bareiss, H.:* Wie isst man das? 77 schwierige Gerichte. Augsburg 1999
- *Commer, H./V. Thadden, J.:* Manager Knigge 2000. Düsseldorf 1997
- *Hanisch, H.:* Kulinarischer Knigge. Umgangsformen rund um Essen und Trinken. Niedernhausen 2001
- *ders.:* Knigge für Beruf und Karriere. Freiburg 2001
- Ruhleder, B.: Umgangsformen im Beruf. Offenbach 2001
- *v. Au, F.:* Der neue Knigge. sichere Umgangsformen für alle Gelegenheiten. München 2001
- *Wrede-Grischkat, R.:* Mit Stil zum Erfolg. München 2001

Internet

- Infos zum Dress-Code: *www.hemdenbox.de*
- Seminare und Einzelberatung in allen Benimm-Fragen: *www.business-training-centre.de*

Stichwortverzeichnis

Adelsprädikat 36
Adresse 71
Aktives Zuhören 59
Alkohol 17
Amtsschimmel 68
Anklopfen 156
Anrede 33;
persönliche 37 ff.;
schriftliche 37 ff., 71
Anstoßen 26
Anti-Typ 160 ff.
Anzug 110 f.
Arbeitskreis für moderne Umgangsformen 10
Atemtechnik 97 ff.
Aufzug 155
Augenkontakt 85
Aussprache 100
Auto, Sitzordnung im ~ 154 f.

Baron 36
Begrüßung 15, 33
Besteck 18 ff.
Besteckfehler 20 f.
Bestellung 16
Besuchskultur 144 ff.
Betreffzeile 72
Bier 26
Briefkultur 63
Briefpapier 76
Briefstil 64
Briefumschlag 78

Casual Friday 123
Chef de rang 17
Code, elaborierter 56;
restringierter 56

Datum 71
Denglisch 107
Distanzzone 93
Dress-Code 110 ff.
Duzen 43 f.

Einkaufen, preiswertes 125 ff.
Eltern-Ich 166
E-Mail 81 f.
Empfang 143
Erwachsenen-Ich 166
Esskultur 29 ff.

Feedback, akustisches 61
Feilschen 125
Fensterbrief 79
Festtagsgedeck 19
Freiherr von Knigge 10 f.

Garderobe 14, 83
Gastgeber 14
Gedeck 18 ff.
Gesetz, ungeschriebenes 9
Gesprächsatmosphäre, positive 87
Gesundheit 176
Getränke 85
Graf 35
Grußformel 74

Handschrift 77
Handy 62 f.
Herrenhemd 111 f.
Hosenanzug 110

Imitation 120

Karriereweg 88
Kindheits-Ich 166
Kleiderordnung 110 ff.
Kommunikation 32 ff.;
konfliktfreie 169
Kompetenz, kommunikative 95
Kondolenzbesuch 147 ff.
Kontakt, erster 33
Korkig 25
Körpersprache 93
Kostüm 110 f.
Kragenformen 111 f.
Krankenbesuch 144 f.
Krawatte 114 f.
Krawattenknoten 116
Kunde 134 ff.,
unhöflicher 137
Kundengespräch 139

Lächeln 92

Meldeformel 52
Messer und Gabel 22
Minimalsport 177
Modeschmuck 119

Nachfragen 140
Niesen 179

Paraphrasieren 60
Passiv-Aktiv-Umkehr 164
Pfeife 160
Preisspiel 131
Preisverhandlung 142

Rabattgesetz 127
Rauchen 84, 158 ff.
Restaurant 13

Rhetorik 94 ff.

Schminken 15, 121 f.
Schmuck 119
Schnitzer,
sprachlicher 101
Schuhe 123
Sekretärin 83
Selbstvorstellung 88
Serviette 22
Siezen 43 f.
Socken 114 f.
Sozialisation 164
Speisekarte 16
Sprechen 97 ff.
Stammkunde 128
Stelle, neue 180 ff.
Substantivierung 67

Telefonieren 47 ff.
Telefonierzeiten 57
Textilfehler 117
Tisch und Tafel 13 ff.
Tischsitten 13 ff.
Tischwahl 14
Titel, akade-
mischer 34 ff.
Toast 28
Toilette 157
Transaktions-
analyse 165 ff.
Trauerkleidung 147
Trendsetter 9
Treppe 155

Unterschrift 75

Veranstaltung,
kulturelle 149
Verbinden 53
Verhandeln 133
Visitenkarte 45 ff.
Vorstellungs-
gespräch 83 ff.;
Dramaturgie
des ~ 86 ff.

Wein 23 ff.
Weingläser 24
Wortschatz 96

Zigarre 160
Zugabeverordnung 127
Zuständigkeit 138

Das professionelle 1x1
Hans-Michael Klein
Cross Culture – Benimm im Ausland
Internationale Businessetikette
Länderbesonderheiten
Cornelsen